郷土
homeland
表象と実践
representations & practices

「郷土」研究会 編

嵯峨野書院

はじめに

「郷土」という言葉から何が想起されるだろうか。「離郷」し「故郷」をもつものにとって、その「郷」は、どこか「懐かしさ」を思わせるものかもしれない。実際、多くの文学や歌がこの感情――郷愁――をもとにつくられてきた。演歌などこの主題なくしては成立しないほどである。逆に同じ土地にずっと暮らしつづけるものにとっては、「郷」は単に生活する地域を指すだけの言葉としてイメージされるものかもしれない。商店街の「郷土愛――お買い物は地元の商店で」などという看板を見ると、「懐かしさ」とはまた別の次元で、まさに「地元」という意味でそれが語られていることがわかる。いずれにせよ、「郷土」がごくありふれた言葉となって流通しているのは事実である。

本書は、そのごくありふれた「郷土」について様々な角度から検討を加えるものである。ふだんの会話では、自分の住んでいる場所や地域を指す何の変哲もない語であるこの「郷土」というものについてなぜ検討を加える必要があるのだろうか。生まれてこの方住み続けている場所を「郷土」と呼ぶことに何か問題でもあるというのだろうか。その何の変哲もなさ、つまりその自明性、そこに問題が隠されているのである。これを検討しようとする理由は二つある。ひとつは、後述するところであるが、それが近代国民国家の形成と連動して「つくられたもの」であるにもかかわらず「自然」にそこにあるものと考えられがちな事態、言い換えると、地理的想像力によって構築されたものであるにもかかわらず人間や社会にとって所与の、本質的なものと考えられているからであって、それが「自然」化し「自明のもの」となるプロセスを明らかにする必要があること。もうひとつは、このプロセスを稼動させる装置的な枠組がいったん成立したのち、それがどのような範囲にまで影響を及ぼし、どのような局面において作動していたかを明らかにする必要があることである。

前者については、主として第1部において、「郷土教育」という実践をめぐって検討される。対象となる時期と場所は、一九世紀後半から二〇世紀前半の日本と米国である。郷土教育が実際にどのようなテクストを用い、どのようなカリキュラムにおいて実践されていたのか、またそこにはどのような思想的意図が込められていたのか、これらのことがまず明らかにされねばなるまい。また、郷土教育は狭義の学校教育に限定されるわけではない。学校の外で、そうしたカリキュラムと並行しながら、どのような実践が郷土意識を高めるために行われていたのか、より広いコンテクストにおいて検討する必要があるだろう。そのためにここでは、地理歴史唱歌や民藝運動、また同時代のアメリカ合衆国における歴史協会の活動を追ってみることにした。

後者については、第2部と第3部において検討される。第2部は、いわば郷土意識の展開あるいはその応用についてみるものである。一九二〇年代の日本新八景選定における日本各地での立候補運動、第二次大戦期の翼賛運動に動員された郷土の民俗芸能、イングランドにおける民謡リヴァイヴァルとその場所、大都市を郷土とするものの郷土意識、また高度成長期における出郷者の都市でのネットワーク形成と、多岐にわたるが、直接的間接的いずれにせよ、その根底にあるのは郷土というものに関わる意識である。

第3部では、郷土なるものの表出形態それ自体を対象化するのではなく、郷土——あるいは空間尺度を変え国土ないしは地域——が、アカデミアや政治的言説レベルでどのように対象化され措定されてきたかという、いわば認識論的な問題について検討する。民俗学や民藝、また民具研究において郷土はどのように対象設定されていたのか、第二次大戦期に日本という郷土が世界の中でいかなる役割を果たすものと位置づけられていたのか、また沖縄という地域（そこに住むものにとっては郷土）が中央政府にその位置の自己規定を示して見せる際にどのような自己像が描かれているのか、これらのことが検討される。各章の紹介は三つに分かれたそれぞれの部の「イントロダクション」で行っているのでそちらも参照されたい。

つづいて、本書の構成上、また通読する上で必要な基礎知識となるであろう郷土教育および郷土研究の流れを整理しておきたい。「郷土」という言葉は、教育や研究の場でどのように使われてきたのだろうか、そのことについて考えてみよう。

初等教育のなかで郷土的要素が最初に加味された教科は「地理」であった。[2] 学制や教育令の公布は小学校の普及を進めたが、その教育内容は地方の実状と大きく離れたものであったため、各府県は管内地誌を刊行して、それを教科書として使用したのである。

一八九〇年（明治二三）に教育勅語（教育ニ関スル勅語）が発布されると、勅語は道徳教育・国民教育の基本とされ、次第に国家の精神的支柱として重大な役割を果たすこととなった。その翌年に制定された小学校教則大綱は、尋常小学校の教科に日本地理を加えるときには「郷土ノ地形方位等児童ノ日常目撃セル事物ニ就キテ端緒ヲ開キ」とし、日本歴史でも「郷土ニ関スル史談ヨリ始メ」と規定した。ここで初めて「郷土」という言葉が用いられ、直観教授の題材とすることが明確に示されたのである。

しかしながら、郷土地誌や郷土史談を編纂し、それに頼って知識を授けることの弊害を認めたためか、一九〇〇年（明治三三）の小学校令改正では、尋常小学校の教科から地理と日本歴史がなくなり、郷土教材に関する事項も除外された。さらに一九〇三年に成立した国定教科書制度は、教育内容の画一化をもたらすことになった。一方、日露戦争の影響で村落社会の窮乏が進み、町村財政は破綻の危機に陥った。そのため、一九〇八年から内務省を中心に地方改良運動が本格的に推進され、町村是の作成、部落有林野の統一、農事改良、神社合祀などが行われ、中央集権体制の再編が図られた。また、大正天皇の皇太子時代の巡啓などを記念して各地で県誌や郡誌が盛んに作られた。[3]

一方において、学術研究のなかで「郷土」が、いつどのように用いられたのかを詳細に把握することは容易ではない。しかし、よく知られているのは新渡戸稲造邸で開催された「郷土会」の活動であろう。新渡戸は、一八九八年刊の『農業本論』のなかで「地方学《じかたがく》」を唱導した。それは「地方《じかた》」に関する事柄を悉く研究しようとするもので、村落社会の実証的な調査を啓蒙したことに特色がみられる。[4] 晩年、新渡戸は「其頃は郷土なる語が今日の如く学問の対象として行はれてゐなかつたから、我輩は昔より伝へ来つた『地方』なる文字を借りて、今日の郷土の意味に用ひた」と述べている。[5]

こうした新渡戸の考えに共鳴したメンバーが集い、一九一〇年（明治四三）から一九一九年頃まで「郷土会」の活動が行われた。「郷土会」という名称は最初からのものではなく、仮にそう呼んでいるうちに親しい言葉になったという。[6] 主要なメンバーは柳田國男のほか、地理学を専門とする小田内通敏、牧口常三郎、正木助次郎、農政学・農業経済史を専門とする有馬頼寧、石黒忠篤、小平権一、小野武夫、那須皓らであった。[7]

この「郷土会」の活動と並行して、柳田は一九一三年（大正二）の創刊から一九一七年の休刊まで、雑誌『郷土研究』の編集に携わる。この紙面の性格をめぐっては、柳田と南方熊楠との間で、農政学と民俗学という二つの要素をどう扱うかで激しい応酬があった。[8] のちに柳田は、教育者の間では郷土科という語も使われていたが、この雑誌以前に郷土研究という熟字はなかった、あの当時「郷土」という語の感じが、故郷・田舎または地方などという語よりも、別に強い一種の観念を与えるように思われたからこれを採用した、と述べた。また、「郷土」は新しく起った言葉だけに、万人が万人とも、一つずつ持っているものという心持に、使用せられることができた、という。[9] こうして、「郷土研究」という言葉が広く使われるようになったのである。

なお、柳田のいう郷土科とは、ドイツのハイマートクンデの訳として定着した用語である。明治三〇年代後半から大正期にかけては、地理・歴史・理科の直観初歩教授として郷土科を特設すべきとの主張や、郷土の理解を深め郷土を発展させることを目的とする教育の郷土化の主張が現れた。

一九三〇年（昭和五）、文部省が師範学校に対して郷土研究施設費の交付を始め、尾高豊作・小田内通敏らが郷土教育連盟を設立する。それを契機として、「郷土教育運動」が急速に展開し、「郷土教育」や「郷土地理研究」に関連する膨大な著書・論文が生み出された。また、郷土調査、郷土資料の収集展示、郷土読本の編纂などが盛んに行われた。この運動は昭和恐慌期に興隆したため、次第に農山漁村経済更生運動とも結びつき、郷土認識建設運動から、国体観念や日本精神を強調する観念的精神運動へと変質していった。[10]

さらに、日中戦争の開始にともない国家総動員法が公布され、大政翼賛会が発会し、総力戦体制の構築がすすむ。文部省の事業として山梨県などで「綜合郷土研究」の指導をした小田内は、その成果を次のように述べている。「われわれの郷土生活は、……有機的結合による『一つの生き物』としての機能をもち、それが郷土人の透徹せる体験となり、その累積によつて動かすことの出来ない思想と感情が生み出されるに至ることを明かにし得たのである。……そこから育成される思想と感情は、国家社会思想構成の細胞として重要な役割を果たしつつある」と。[11] 郷土の科学的な研究を説いていた小田内も、精神主義的な母胎として「郷土」を措定するようになったのである。

一九四一年には、小学校は国民学校と改められ、皇国の使命の自覚を児童に求めた。それは児童の体験から超越した抽象的理念の世界であったため、国史と地理に分化する前に「郷土の観察」という新しい科目を置き、郷土愛から国土愛に拡張できるよう意図した。いわば「皇国」を想像させるため「郷土」が取り込まれたのである。

戦後ＧＨＱは、軍国主義的教材の削除、修身・国史・地理の授業停止を命じ、教育改革が行われた。一九四七年公布の「学校教育法」には、小学校教育の目的の一つに「郷土及び国家の現状と伝統について、正しい理解に導き、進んで国際協調の精神を養うこと」をあげ、新しく導入された社会科でも郷土に関する学習は大きな位置を占めた。[12]「郷土」にかわり「身近な地域」が登場するのは一九六九年改訂の中学校学習指導要領であった。[13]戦後も「郷土」が否定されなかったのは、初期社会科が児童生徒の生活経験を尊重し、問題を解決する力の育成をねらいとしたため、郷土教育の方法的意義を認めたことが要因であろう。

以上の、いわば通史的な理解と並行して必要となるのは、今日における「郷土」研究の状況把握であろう。郷土教育運動に関するまとまった研究としては、伊藤純郎の著書[14]があるが、以下では本書とのかかわりで「郷土」を考える補助線となるものにだけごく簡単に触れておく。

歴史社会学者の佐藤健二は、「郷土教育運動」が勃興する一九三〇年代に行われた柳田國男の講演「郷土研究と郷土教育」（一九三二年）にふれながら、当時の言説空間に差し挟まれた柳田の異議が押し開く「郷土」概念の可能性を慎重に見定めようとしている。[15]これは第10章での検討課題となるものであるが、評価の視点も異なるので紹介しておく。この講演で述べられた「我々は……郷土を研究したので無く、郷土で或ものを研究しようとして居たのであつた」という柳田の主張から、佐藤は「郷土で」という文言は在地主義的な郷土研究の推奨を意味するものではなく、むしろ方法としての「郷土」を強調するものだというもうひとつの解釈を引き出してくる。つまり「郷土」とは、閉曲線で描き出すことのできるような特定の「場所」、つまり現実の地域などではなく、「それぞれの身体に、いわば所与の素材として与えられている日常」、「実践として使いこなされ再生産されている『意識感覚』のありようそのもの」なのだと。佐藤はこのように論じることで、生まれ育った空間によって成型され、自身の認識手段として現在的に使いこなす身体と感覚に焦点を当てるものとして「郷土」を再概念化したのである。

このような考え方は、佐藤自身も指摘するように、当時の人文地理学や郷土教育における「郷土」——それは、地図上の実線で囲い込まれた範域である——概念とは、いささか様相を異にしているように思われる。

第2章でも述べられることだが、児童が日常的に目の当たりにする「郷土の事物に端緒を開く」という明治期の地理教育では、「郷土」を通してより上位のスケールの空間（たとえば、国土）を想像的に理解させることと、あるいは逆に日本のなかで自らの「郷土」を位置づけて理解させる方法がとられていたことを考えれば、「部分的で断片的な観察を普遍化していくため」に必要だとして佐藤が重視する「比較の作業」を獲得していたとも言えなくはない。方法としての「郷土」は、あいまいながらも生成していたと考えられるのである。問題は、その後の郷土教育のなかで、郷土が位置づけられる空間的範域を「一国」、つまり日本に限定していったことにあったと言えよう。

「故郷は都市空間のなかで発見され、その故郷を同郷会が形あるものとして誕生させていった」と指摘し、「故郷」という概念が一八八〇年代に誕生したことを明らかにした歴史学者の成田龍一は、その著書『「故郷」という物語』のなかに「「故郷」と郷土研究」という一節を設けて[16]、一八八〇年代以降「故郷」がとくに多く語られる時期を次のように同定した。すなわち、「一九三〇年代前半はそのひとつの時期で、学校教育のなかで、「郷土」教育が論議される」と。ここでは、「故郷」と「郷土」が同一視されているのだが、「郷土」と「故郷」とは「イコール」で結ばれるような関係にあるのだろうか。

冒頭で触れたことに関連するが、たとえば、「そこから出る空間的移動と、すでに出ているという時間的事後性」とが「故郷」を可能にする、という上野俊哉の指摘[17]、あるいは、文部省唱歌の「故郷」に寄せて「生活の拠点を移し、対象化が行われたとき、その対象の不在を媒介にして、想像力の中空に浮かび」あがる光景が「故郷」である、という内田隆三の議論[18]を踏まえて言えば、まさしく上野の言う「そこ」、内田の言う「その対象」こそ「郷土」ということになるだろう。この点について佐藤は、鉄道の敷設に代表される近代的な交通網の発達にともなう社会の流動性の高まりによって、「故郷」の発見がノスタルジックに強調されることを認めつつも、それは「すでに身体に織りこまれている行動や感覚」の特性を認識することに役立つことでしか意味を持たない、と批評する。

いずれにせよ、「明確に言語化されていない日常」としての「郷土」が明確化するのは空間的な移動によって距離が生じたときであるのだが、そのときにはすでに過去のものとして「故郷」へと転じてしまっているところに、「郷土」の経験における困難がある。経験的に知っていることを知識に転換する空間表象が必要とされるのは、まさにそのためなのである。また、はたして「故郷」以前に「郷土」は表象されえないものだろうか。このあたりの事情については、理論的な考察と同時に史料の発掘等、事実関係の洗い出しが必要になる。本書の執筆者に与えられた今後の課題といえよう。

ともあれ、「郷土」が実体としての特定の空間的範域を必要とする地理的想像力であることには変わりはない。本書の諸章で、その多様な実像について把握していただければ幸いである。

注
1―地理的想像力については、荒山正彦・大城直樹編『空間から場所へ―地理学的想像力の探求―』古今書院、一九九八年、参照。
2―以下、郷土教育に関する記述は、海後宗臣・飯田晁三・伏見猛彌『我国に於ける郷土教育と其施設』目黒書店、一九三二年、伏見猛彌『我国に於ける直観教授・郷土教育及び合科教授』日独書院、一九三五年、による。
3―柳田國男『郷土生活の研究法』『柳田國男全集二八』ちくま文庫、一九九〇年（初出一九三五年）、七〇―七一頁。行幸啓の意味については、原　武史『可視化された帝国―近代日本の行幸啓―』みすず書房、二〇〇一年、に詳しい。
4―関戸明子「新渡戸稲造の『地方学』とその村落研究の思想」『奈良女子大学文学部研究年報』第三四号、一九九一年、六八―八八頁。
5―新渡戸稲造「郷土を如何に観るか―郷土研究の多方面―」『郷土』第一号、一九三〇年、二―四頁。
6―柳田國男編『郷土会記録』大岡山書店、一九二五年、一頁。
7―関戸明子「昭和初期までの村落地理学研究の系譜―小田内通敏の業績を中心に―」『奈良女子大学地理学研究報告』Ⅳ、一九九二年、一六七―一九一頁。
8―山下紘一郎「郷土会とその人びと」（柳田国男研究会編『柳田国男伝』三一書房、一九八八年）三九五―四四四頁、四八一―四八八頁。

9―柳田國男「郷土研究ということ」『柳田國男全集二七』ちくま文庫、一九九〇年(初出一九二五年)、二八九―二九一頁。柳田國男「郷土研究の将来」『柳田國男全集二六』ちくま文庫、一九九〇年(初出一九三一年)、四六二頁。
10―伊藤純郎『郷土教育運動の研究』思文閣出版、一九九八年。
11―小田内通敏『日本郷土学』日本評論社、一九四〇年、二一―二二頁。
12―班目文雄「社会科地理教育の歩み―昭和二〇年代の社会科地理―」『地理』二二巻三号、一九七七年、二一―二八頁。
13―朝倉隆太郎「社会科地理教育の歩み―昭和三三年度改訂中学校社会科地理について―」『地理』二二巻三号、一九七七年、三四―三七頁。
14―前掲、伊藤『郷土教育運動の研究』。
15―佐藤健二「郷土」(小松和彦・関 一敏編『新しい民俗学へ―野の学問のためのレッスン26―』せりか書房、二〇〇二年)三一一―三二一頁。
16―成田龍一『「故郷」という物語―都市空間の歴史学―』吉川弘文館、一九九八年、一八―一九頁。
17―上野俊哉『ディアスポラの思考』筑摩書房、一九九九年、一〇一頁。
18―内田隆三『国土論』筑摩書房、二〇〇二年、七六頁。

(関戸明子・加藤政洋・大城直樹)

目次

第1部 郷土意識の形成

近年、「故郷」をめぐる議論がさかんである。成田龍一は『「故郷」という物語』のなかで、一九九〇年代までの議論や言説を総括しつつ、「故郷」にまつわる語りが生起する三つの局面を同定した。[1] すなわち、①「故郷」という概念が誕生した一八八〇年代（成立期）。この時期に「故郷は都市空間のなかで発見され」た。つまり、出郷＝上京した者たちの語りを通じて「故郷」が誕生した、言い換えると家郷や郷土が言説空間のなかで「故郷」に再構成されたのである。ついで、②大衆文化のなかで「故郷」が消費される一九三〇年代。これは、いわば「故郷」という概念の「転態期」に相当する。そして、③高度経済成長期を経た後、「故郷」が日本の原風景とでもいうべき場所として再発見される一九六〇年代後半から一九七〇年代前半にかけての「変容期」。これら三つの局面を通じて、「故郷」なるものが構築されたわけである。

成田の手際のよい整序によって明らかとなるのは、「故郷」とは歴史的に形成され、そして変容を重ねてきた一概念であるということだ。ひるがえって、出離する対象と措定される「郷土」はどうだろう。「郷土」もまた、「故郷」と同じく歴史的に形成された概念なのだろうか。もしそうであるならば、「郷土」なる概念が形成された局面と契機、そしてその概念が有する実践的な意味を問う必要があるだろう。第1部の諸論文は、「故郷」という想像／創造された場所概念に暗黙裡に前提されている（と思われる）「郷土」に対して問いを立て、その解明に少なからず寄与しようとするものである。

郷土（教育）をキーワード（あるいはテーマ）とする第1部にあって、アメリカ合衆国ニューヨーク州シラキュースの歴史協会（一八六二年設立）の活動（なかんずく、地域を展示するという営為）に焦点を当てた第4章の福田「地域の展示と「私たち」の生成」は異色である。だが、そこでは、第1部の各論に通底する、きわめて重要な論点が提示される。それは、論文の冒頭で述べられるように、「地域やその歴史を記録し表現すること」は、それらの「知識を共有すべき『私たち』を創出することにほかならない」というものだ。

それぞれ主題を異にするものの、群馬、長野、鳥取を取り扱った第1章〜第3章の各論は、いずれも郷土教育の実践的な特徴として、歴史と地理に関わる資料の収集、そして観察に基づき——つまり、史誌と地誌から——「郷土」なるものが時間的・空間的な範域として概念化されることを論じる。福田にならって言えば、共通の過去と共有する風景を「郷土」という概念で理解することによって、「私たち」が創出されるのである。その際、第1章〜第3章の各論でも指摘されるように、「郷土」の空間スケールの可変性、あるいは上位スケール（すなわち、国土としての日本）への接続には留意しておく必要があるだろう。というのも、第1章の関戸論文で詳細に検討されるように、家郷と国家、そしてそれぞれに対する愛着（愛郷心と愛国心）をつなぎ合わせる役割を、郷土教育が少なからず果たしたからである。要するに、郷土教育を通じて生み出される「私たち」とは「国民」なのだ。じっさい、郷土教育を実践する機関は、「国民錬成の道場」（第1章）、あるいは「国民養成場」（第2章）と位置づけられていたのである。

第3章で郷土教育運動の勃興期に成立した民藝運動を検討する小畠が、成田の同定した三つの局面にふれつつ述べるように、明治期の郷土教育（第2章）、昭和初期の民藝運動（第3章）、そして戦中期の郷土教育（第1章）は、「私たち」という同一性をローカル／ナショナルなスケールで構築する実践の変奏と考えられるのである。

（加藤政洋）

1—成田龍一『「故郷」という物語—都市空間の歴史学—』吉川弘文館、一九九八年。

●第1章 戦時中の郷土教育をめぐる制度と実践
——群馬県師範学校・女子師範学校の事例を中心に

関戸明子

1 はじめに

本章では、郷土と国家、愛郷心と愛国心を想像的に結びつけるため、戦時中に、郷土教育がいかなる役割をもったのかを考えてみたい。そこで、地理科を中心とした郷土研究・郷土教育を対象に、初等教育およびそれを担った教師を養成した師範学校における制度の変化を跡づけ、当時の教育政策の意図を読みとることを試みる。それとともに教育現場における具体的な様相を把握するため、群馬県師範学校・女子師範学校とその附属小学校の実践案を取り上げて考察する。以下では、まず明治期以降の郷土教育の動きについて略述しておきたい[1]。

郷土教育は明治初期にペスタロッチの直観教授や実物教授の影響を受け、地理教育や理科教育の初歩として始められた。明治一四年（一八八一）には小学校教則綱領第一四条に「地理ハ中等科ニ至ツテコレヲ課シ先学校近傍ノ地形即チ生徒ノ親シク目撃シ得ル所ノ山谷河海ヨリ説キ起シ」と学校の近く地形から始めて児童の観察力を養成することを求めるようになった。さらに教育勅語が発布された翌年の明治二四年（一八九一）に制定された小学校教則大綱の第六条には、愛国心の養成という目標とともに「尋常小学校ノ教科ニ日本地理ヲ加フルトキハ郷土ノ地形方位等児童ノ日常目撃セル事物ニ就キテ端緒ヲ開キ」と記された。こうして「郷土」という言葉が使われ、実地の観察に基づきながら、地球儀・地図・写真などを示し、児童の熟知する事物から比較類推させ確実な知識を得させる、という直観教授や実物教授の方法がより明確に示された。

しかし明治三三年（一九〇〇）の小学校令改正では、地理は尋常小学校の科目からはずれ、郷土に関する学習が除外された。これは、郷土誌・郷土史を教科書として使い、もっぱら事項の暗誦・暗記を求める授業の弊害が認識されたためと推察される。さらに明治三六年（一九〇三）には国定教科書制度が成立し、以後は全国共通の教育内容を学ぶことになった。

第一次世界大戦後になると学校制度の拡充が求められるようになり、大正八年（一九一九）の小学校令施行規則の改正では、科学教育の改善、国民精神の涵養のため、理科・地理・日本歴史の週当たり時間数が増やされた。そして、画一化した教育に対する反省から教科として郷土科を特設すべきという主張がみられるようになった。また、児童の生活経験の深化を目的とし、経験を生み出す場である郷土を主観的体験的に捉えようとする教育も試みられた。

こうした動向のなかで、昭和五年（一九三〇）、郷土教育が再び文部省の政策に組み込まれた。この年から二年間、文部省は師範学校に郷土研究施設費を交付し、翌年には師範学校規程を改正して地理科の最終学年（第一部では第五学年）に「地方研究」を課した。そこでは、実地の調査を重視して研究法を指導するとともに、地方の沿革と情勢を理解することで就職地において適切な教育を行うことのできる教師の養成が目的とされた。こうして、郷土観念の付与、郷土意識の培養、郷土愛の涵養を目的として、郷土調査・郷土資料の収集・郷土読本の編纂・郷土室の経営などの活動が盛んに行われた。
さらに、満州事変後の社会情勢の変化、経済的な疲弊のなかで、郷土教育は農山漁村経済更生運動と結びついていく。文部省は昭和一〇年（一九三五）に師範学校への郷土研究施設費を少額ながらも復活させ、「綜合的郷土教育」を提唱する。これは、郷土を情緒的に把握することで愛国心の涵養を目指し、学校のみならず村民も対象にした全村教育として実践されたと位置づけられている。[2]

2　教学刷新と郷土教育

昭和一〇年（一九三五）には、国体観念・日本精神を根本として学問・教育の刷新の方途を議論するために教学刷新評議会が設置された。その答申にしたがい、昭和一二年（一九三七）末に教育審議会が成立した。この教学刷新にともなう師範学校教授要目の改正は昭和一二年に行われている。そこで地理科の教育内容は次のように規定された（国立公文書館所蔵「大正一五年~昭和一八年　師範学校令及其解釈」による）。

地理ニ於テハ自然及人類生活ノ情態ヲ理会セシメ両者ノ相互関係ヲ明ニシ特ニ人類ガ自然ヲ利用開発シテ世界各地ノ文化ヲ形成セル所以ヲ知ラシメテ我ガ国民性・国民生活・国勢発展ノ因由ヲ明瞭ニシ諸外国トノ比較ニ依リテ我ガ国ノ特性及世界ニ於ケル我ガ国ノ地位ヲ正シク把握セシメ以テ国民精神ヲ涵養シ国家ノ興隆ト民族ノ発展トニ資スルト共ニ国民教育者タルノ信念ヲ啓培スルコトヲ要ス
日本地理ノ教授ニ於テハ我ガ国土ノ情勢及国勢発展ノ由来ヲ詳ニシ愛国心ノ涵養ニ資スルト共ニ地方研究ト相俟ツテ愛郷心ノ養成ニ力ムベシ

外国地理ノ教授ニ於テハ我ガ国ト密接ナル関係ヲ有スル地方及事項ヲ比較的詳細ニ取扱ヒ我ガ国ノ情勢ヲ比較ノ基礎ト為シ以テ国民的自覚ヲ喚起スベシ

地理概説ノ教授ニ於テハ特ニ我ガ国ニ関スル事項ニ立脚シテ地理的理法ヲ知ラシムルト共ニ我ガ国勢ヲ明ニシ之ガ発展ニ貢献スベキ識見ノ育成ニ力ムベシ

地理教授法ノ教授ニ於テハ小学校ニ於ケル地理教授ノ理論及方法ヲ会得セシメ併セテ教材ノ研究ヲ為サシムベシ

地方研究ノ教授ニ於テハ実地ノ観察及調査ニ重キヲ置キテ地理研究法ヲ会得セシメ且郷土ノ実状ヲ認識セシメ以テ其郷土ニ適応スル教育者ノ養成ニ力ムベシ

このように地理科では、日本地理、外国地理、地理概説、地理教授法、地方研究が課されて、国民精神の涵養、国家の興隆、民族の発展、国民教育者たるの信念の啓培、愛国心の涵養、愛郷心の養成、国民的自覚の喚起、国勢の発展に貢献すべき識見の育成といった目的が掲げられた。これらの目的は昭和六年改正の師範学校教授要目にはみられなかったもので、国家主義的なねらいを強調する内容へと変化した。

前述の教育審議会は戦時下の教育改革の構想を議論し、昭和一三年（一九三八）一二月に国民学校案を答申した。改革の目的は、皇国主義思想を確立し、軍国主義的社会で実践的に役に立つ人材を育成することにあった。答申においては、教科を再編して知識を統合し、その具体化を図ることが求められている。[3]

この答申を受けて、群馬県初等教育研究会は昭和一四年（一九三九）に「綜合教育」を主題として取り上げている。この研究会は大正一四年（一九二五）から男女両師範附属校と郡市学事会の共催で、両校が交互に当番校になって年一回開催されてきた。[4] この時の研究会の報告をまとめた『綜合教育の研究』には一七本の論文が収録されている。[5] その序には「我々は皇国の道に帰一すべき小国民の錬成の為に、所謂自由主義・

主知主義的傾向のあつた従来の教育を反省しなければならぬ。一面にはその分科教授より生ずる弊風を除去し、又他面には従来の綜合的教育主張の反動性を慎重に批判検討し、正しく力強き全体の立場に立つ教育の方途を探求しなければならない」とあって、この「綜合教育」は大正期の新教育運動でみられた児童中心主義に立つ「合科教育」とは一線を画するものとして考えられていたことがわかる。

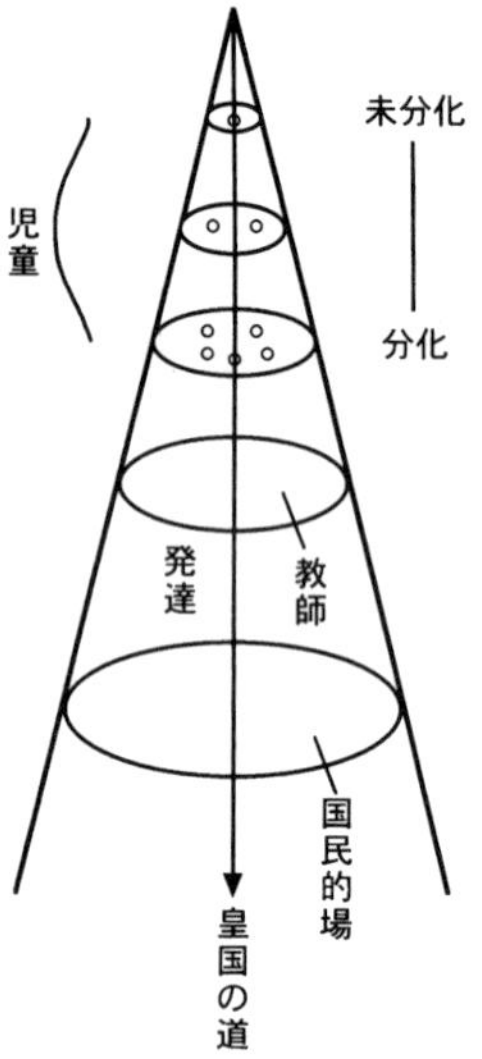

図1－1　群馬県女子師範学校附属校における全体教育の指導原理

（出典）女師附属校研究部（1939年）11頁の図を編集して作成。

以下、この研究会の当番校であった群馬県女子師範学校附属校研究部による「本校に於ける全体教育」と題した論文を取り上げたい。[6]ここでいう「全体教育」とは、自由主義的な従来の綜合的教育を反省し、全体性・事実性に立脚して、あるべき姿の国民教育の方法を展開しようとするものであるという。また、児童は単なる一個人ではなく、学級や家庭や郷土を背景として立つものとして認識され、過去より将来に向かって無窮に発達する国民的場における一員として認識されてくるよう指導しなければならないと述べる。

図1－1は論文掲載の図を清書したもので、タイトルは表示されていない。本文ではこの図を直接的には説明していないが、関連する部分で次のような論理を展開している。

児童や教師の行為は常に何らかの場において行われている。場とは、学級や家庭や郷土であり、国民的場の究極としての国家である。場が発達すれば個体や集団も発達し、個体や集団が発達すれば場も発達する。その発達の根底には道徳が存する。かくてその究極は国体につながり皇道につながるのである。教師の位置は、かかる国民的場の一表現としての教材と児童との媒介をなすものである。

ここでは、教育審議会の答申した国民学校に関する要綱にある「教育ヲ全般ニ亘リテ皇国ノ道ニ帰一セシメ、其ノ修練ヲ重ンジ各教科ノ分離ヲ避ケテ知識ノ統合ヲ図リ其ノ具体化ニ力ムルコト」という趣旨にしたがい、[7] 児童が全体主義的な国家体制のなかに位置づけられていることがわかる。

さらに、我が校では全体教育の指導原理として、推論原理・作業原理・郷土原理・協同社会原理の四つを従前より考慮してきたと述べている。推論原理とは児童の体験と洞察力に相応の題材を用意し推論を行わせることをいう。作業原理と郷土原理では、見る・聞く・考える・手足を動かすなどの作業をすることと、児童に未分化の生のままの学習対象である郷土を提示することが結合したとき、正しき直観が行われ綜合も行われ得ると論じる。協同社会原理では、協同学習こそ児童本然の社会性に立つもので全体的綜合の到達点である、しかも学級社会は我が国民的場を背景とし、郷土の動向を背景として形成されるものでなければならないと説く。

また、児童心意の発達分化と教材の発達によって、各教科は次第に明瞭な形態を取って現れてくるので、中高学年における分科は必然的なものであるとした上で、女子師範学校附属小学校では、全体教育を次の四種に類型化している。それは、各教科内における綜合、国民学校案における教科の綜合、卒業期等における綜合、浅間高原学舎における全体教育の四つである。分科と綜合の割合は、学年進行にしたがい量的に移動するとし、この関係は図1-2のような模式図で表されている。

具体的にはどのような実践が行われていたのだろうか。まず、原型的な教授過程は、①予備（題材の設定、方法の考察）、②教授（直観・推論、表現）、③整理（反省）という三段階教授を採用していた。論文では、一年生の生活題材による教授要項の実際として、四月・五月の細

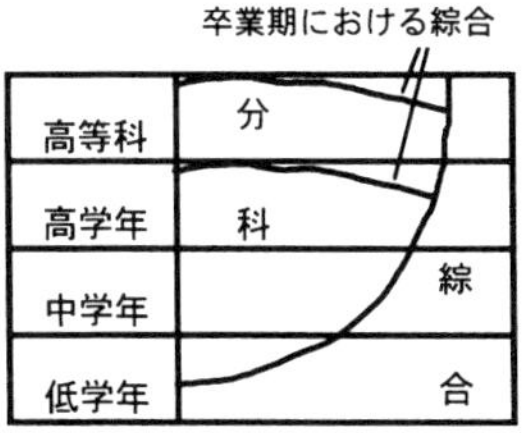

図1-2　全体教育における綜合と分科の割合の変化

（出典）女師附属校研究部（1939年）37頁の図を編集して作成。

表1-1　群馬県女子師範学校附属小学校一年生の生活題材の実際
（4月第4週と5月第5週の部分）

題　材	教　授　事　項	教科書及び教科との連関
私のうち （付・幼稚園）	家の様子 　人数、父母・兄弟等 　犬や猫、玩具のこと 家から学校までのこと 　途中のもの 　左側通行・道の横断注意 幼稚園の思い出 幼稚園訪問	修身「私のうち」 国語「ココマデオイデ」 　「コイコイシロコイ」 　「オトウサン、オカアサン」 　「ススメススメヘイタイススメ」 算術「人のお勘定」「順序数」「数字」 図画・手工「私のうち」「幼稚園」 唱歌「私の人形」
天長節 （靖国神社祭） （開校記念日）	式のこと 　御真影奉拝・教育勅語のきき方 市中の様子 　日の丸の旗 観兵式のお話 靖国神社のお祭 開校記念日のお話	修身「天長節」 国語「オヒサマアカイ」 　「ヒノマルノハタ」 図画・手工「国旗作り」「オヒサマ」 唱歌・遊戯「君が代」「日の丸の旗」 　「兵隊さん」
お節句 （護歯デー） （新田公記念日）	お節句由来の話 鯉のぼりの製作 護歯デー 　歯磨教練及び虫歯の話 新田公記念日 　銅像の説明 　講堂訓話の訓練	修身「元気よく」 国語・体操「お節句学芸会」 　「鯉のぼり上げ」 　作文「私のうちのお節句」 図画・手工 　鯉のぼりの個人製作と共同製作 算術「数字と数系列」

（注）教授事項については一部省略した。
（出典）群馬県初等教育研究会『綜合教育の研究』（1939年）より作成。

日案と六月以降の題材の一覧が掲載されているが、ここでは四月第四週と五月第五週の部分を表1-1に取り上げた。この週から授業は当分一日二、三時間とあるので、一つの題材に三日とったとすれば六時間から九時間程度が使われていたことになる。この表にあるように、各教科が適宜結合されて郷土に関する題材の学習を行うとともに、児童の自発的、作業的な活動も重視されている。ただし、天長節にあわせて、日の丸が教材として集中的に配当され、御真影・教育勅語が取り上げられるなど、一年生の時から国体観念の徹底が図られていることがわかる。このような生活題材の選定は、日常的な生活が国家の統制のもとに組み込まれた当時の状況では必然のことといえる。

このように、群馬県女子師範学校附属小学校の「全体教育」を検討すると、児童の経験の場である郷土を直観的教材として扱う方法原理と、皇国の道にのっとり国家に有為な人材を育成しようとする目的原理とが巧みに接合されていたことがわかる。

3 国民学校と「郷土の観察」

教育審議会の答申に基づき昭和一六年(一九四一)に国民学校令が公布され、この年の四月から従来の小学校は国民学校と改められた。国民学校の目的は、国民学校令第一条の「国民学校ハ皇国ノ道ニ則リテ初等普通教育ヲ施シ国民ノ基礎的錬成ヲ為スヲ以テ目的トス」という言葉に集約されている。[8]「皇国ノ道」とは、教育勅語に示された「斯ノ道」であり、「天壌無窮ノ皇運ヲ扶翼」すべき国民としての生き方とされ、その「基礎的錬成」をなすために国民学校が設置されたのである。

国民学校の課程は初等科六年・高等科二年で、義務教育年限は八年とされたが、二年間の延長は戦時非常措置により延期されたまま終戦となった。教育内容の大きな変化としては、皇国民の錬成のための教科再編があげられる。初等科では、表1-2に示したように、国民科(修身、国語、国史、地理)、理数科(算数、理科)、体錬科(体操、武道)、芸能科(音楽、習字、図画、工作、裁縫)の四教科に統合され、学校行事や団体訓練、共同作業が重視された。[9]

国民学校令施行規則で、国民科は「我ガ国ノ道徳、言語、歴史、国土国勢等ニ付テ習得セシメ特ニ国体ノ

表1－2　国民学校初等科における教科・科目と授業時数

教科	科目	一年	二年	三年	四年	五年	六年
国民科	修身	10	11	2	2	2	2
	国語			8	8	7	7
	国史				1	2	2
	地理					2	2
理数科	算術	5	5	5	5	5	5
	理科			1	2	2	2
体錬科	武道					6	6
	体操	5	6	6	6		
芸能科	音楽			2	2	2	2
	習字	3	3	3	男5 女3	男5 女3	男5 女3
	図画						
	工作						
	裁縫				女2	女2	女2
合　計		23	25	27	31	33	33

（注）　▒▒の部分が「郷土の観察」。
（出典）　国民学校令施行規則より作成。

精華ヲ明ニシテ国民精神ヲ涵養シ皇国ノ使命ヲ自覚セシムル」ことを要旨とし、「皇国ニ生レタル喜ヲ感ゼシメ敬神、奉公ノ真義ヲ体得セシムベシ」とされた（第二条）。また、国民科地理は「我ガ国土国勢及諸外国ノ情勢ニ付テ其ノ大要ヲ会得セシメ国土愛護ノ精神ヲ養ヒ東亜及世界ニ於ケル皇国ノ使命ヲ自覚セシムルモノ」と規定され、「初等科ニ於テハ郷土ノ観察ヨリ始メ我ガ国土及東亜ヲ中心トスル地理ノ大要ヲ授ケ我ガ国土ヲ正シク認識セシムベシ」とある（第六条）。

ここにみえる「郷土の観察」とは、地理・国史に分化する前の初等科第四学年に置かれた新しい科目である。この教師用教科書として、文部省は昭和一七年（一九四二）三月に『郷土の観察』を発行した。本書は総説・各説・附録の三部構成からなる。附録には教育上関係する軍事取締法規が掲載されており、測量・撮影・模写・模造などの行為が機密漏洩につながらないよう注意されている。以下、この科目の内容を本書から探りたい。

「郷土の観察」は「郷土に於ける事象を観察させ、郷土に親しみ、郷土を理会し、これを愛護する念に培ふことを目標とする。しかも事象を単なる事象として取扱ふものでなく、常に自然と結び、文化と結んで考察せしめ、また事象をその存在と発展の相に於いて把握させる修練をなさしめ、以て国民科地理及び国民科国史の学習の基礎たらしめることを期する」ための科目である。[10]そして「郷土の観察」の意義は次のように説かれている。

国民科の目的である皇国の使命といっても、児童の体験・理解から超越した抽象的理念の世界であるから、児童の心身の発達に即応するよう考慮せねばならない。「郷土の観察」は、児童の生活環境としての郷土を観察させ、児童の興味を喚起させ、愛護の念を養う具体的な学習であることに意義がある。しかも「郷土は皇国の一部であり、わが国土の縮図である。郷土の事象を観察、把握することは、やがてわが国土国勢の具体的な理会に資し、国史の一環としての郷土の認識に資せしめる。郷土愛の培養は国土愛護の精神に拡張せられ、皇国の使命の自覚に昂揚せらるるものである」。[11]

こうして、国民科地理・国民科国史の基礎として「郷土の観察」を学び、〈郷土愛の培養―国土愛護の精神―皇国の使命の自覚〉と高められることが期待されたのである。

次に「郷土の観察」の指導方針をみたい。そこには「一．事象を実際に観察し、考察、処理する態度を導くこと、二．事象を関係的に考察するやうに導くこと、三．作業を重視すること、四．児童心身の発達に即応して程度を考慮すること、五．国防に関する指導に考慮すること、六．他科目・他教科と密接なる連絡のもとに指導すること」とある。[12]この六項目のうち、五以外は、従来から郷土教育のなかで主張されてきたことで方法論的に目新しいものではない。

また、取扱上の注意には次の五つがあげられている。[13]一には「児童用書を編纂しないこと」とある。二の「教材の選択と排列」では「一．展望、二．学校、三．山・川・海など、四．気候、五．産業、六．交通、七．村や町、八．神社と寺院、九．史蹟」と例示する。ただし、土地の実情に即して教材を取捨、補充して細案を編成することとある。三の「授業時間の配当」では、一週一時となっているが、時間割を固定するのではなく、融通して適切に指導するよう求めている。四には「教具」として、掛地図や模型、標本、写真、児童に配布する地図などが必要としている。五の「指導上の注意」には、「イ．観察に際しては常に秩序を重んじ、乱雑に流れぬやう、団体訓練に留意すること、ロ．正しい郷土愛護の精神に培ひ、偏狭な郷土愛や排他的な観念に陥らしめないこと、ハ．教師は観察事項について予め実地調査をなし、指導に支障なきやう準備すること、ニ．観察の地域が要塞地帯や、軍規保護法の定むる区域にあるものは、……法規にふれぬやう注意すること」の四点が掲げられている。

ここでは教科書を編纂しないとある点に着目したい。これは、従来の郷土教育が各地で作られた『郷土読本』に頼って児童に知識を注入するだけにとどまりがちだったこと、体系だったテキストほど机上での指導に終始しがちだったことを戒めたものと考えられる。観察や体験を重視することで、郷土愛という情意を陶冶することを目指したといえよう。その一方で、偏狭な郷土愛や排他的な観念に陥らしめないとの注意もある。そこには、郷土愛から皇国の使命の自覚へと児童の認識が拡充されていくことを妨げないようにとの意図がみえる。

4　群馬県師範学校附属国民学校の実践

さらに「郷土の観察」の実践のあり方について、群馬県師範学校附属国民学校の事例から検討したい。同校は国民学校令施行の前年より実践的な研究に取り組み始め、昭和一六年（一九四一）六月に『国民学校教授の実践的研究』を出版した。本書のなかで、国民学校の教育内容について、次のように述べている。[14]

国民学校教育は、皇国の道の修練に朝宗される五教科の教科教育である。国土と国民性とに根をおくところの、児童の具体的な生活の世界である「生活の教育」を基底とし、この地盤の上に、生きた文化の教育、

「理性の教育」が打ち立てられる。さらに、児童が自己を越えた全体の生命にふれ、一個の私が公の私となり、一個の児童が皇民としての自らを初めて感得するような「象徴の教育」によって、貫かれ生命づけられ統一づけられねばならない。

こうした教育体制を図1-3のような模式図をもって表している。図中にある実業科は高等科から新たに加わる教科である。このように国民学校における教科の統合は、学問上の分類ではなく、皇国民の錬成という教育目標のためであることが明確に把握されている。

「郷土の観察」も同様の観点で捉えられている。直接的な目的は、国民科地理の基礎的陶冶、国民科国史の基礎的教養、郷土認識への素地の啓培にあるとしながら、究極の目的は、「正しき郷土認識・国土認識を通して郷土愛護の精神・国土愛護の精神の涵養を図る」ことにあると説いている[15]。

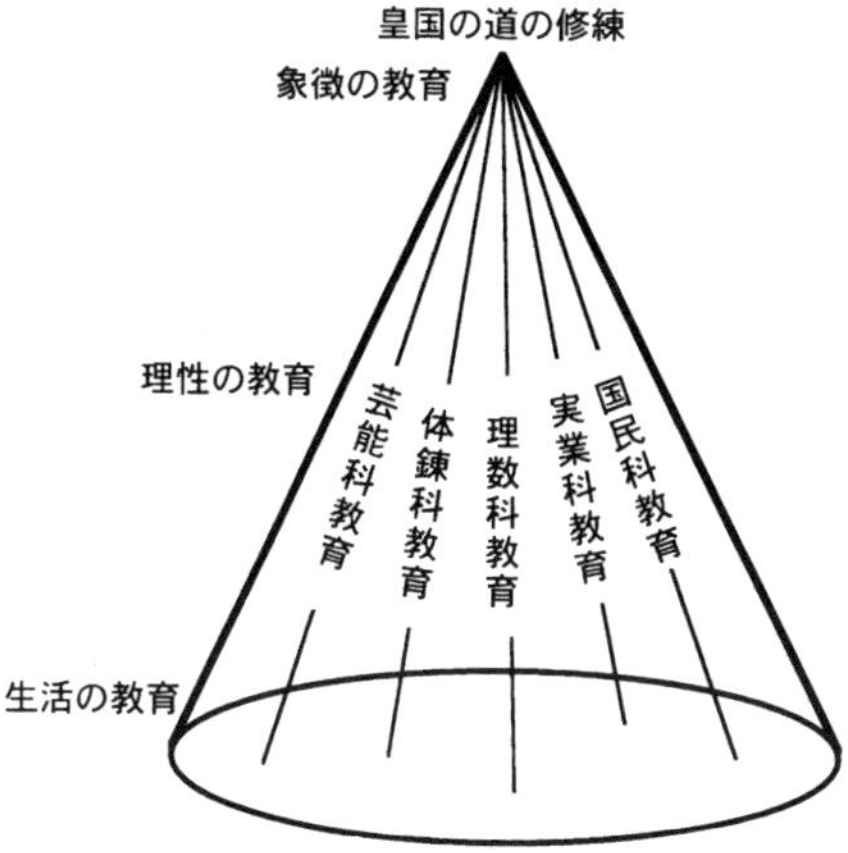

図1-3　国民学校教育の模式図

（出典）群馬県師範学校附属国民学校（1941年）11頁の図を編集して作成。

教授上の重点でも「国民学校教育に於ける郷土は、国土の一肢体であつて、郷土の先人がこの風土に順応してこの国土を開発させ、地方文化を創造発展せしめつゝ、皇国の道を実践し来つた地盤であり、現在する郷土人によつて之が伝承され、更に将来の郷土人によつて、今日より以上の発展がなされるべきところの地盤である」と郷土を位置づけている。さらに「郷土の観察」は郷土読本の読解によって代えるのではなく、臨地指導を中心に具体的直観をとおして教授が進められるべきとし、「真の体得はどうしても行を通さなければならない」と説く[16]。この「行」については、附属校の森泉賢吾による「行の立場と綜合教育」という論文で扱われている。[17] 要約すれば、「行」とは、目的性・現実性・一体性・能動性・親和性の五つの性質をもつ修養であるという。すなわち、目的に向かい、現実の上に立ち、主客・心物一体で、能動的に、億兆一心協同して活動することを、行の教育と説いている。そこには、国民学校を「国民錬成の道場」にたとえる考えとの共通点がうかがえよう。

それでは、表1-3によって群馬県師範学校附属国民学校における「郷土の観察」の一年間のカリキュラムを検討したい。これをみると、教師用教科書に示された、展望、学校、山・川・海など、気候、産業、交通、村や町、神社と寺院、史蹟という配列順とは異なり、季節や行事を考慮して決められていること、地理的事象を中心に歴史的理科的事象も取り入れられていることがわかる。系統的な構成ではなく、題目ごとに多様な内容が組み入れられていることに特色がみられる。また、年二回の郊外教授以外は、いずれも学校を中心に近接した地域を取り上げており、観察すべき項目を細かく列挙している。

さらに、教授の実際として、五月の前橋公園、二月のからっ風の二つの事例を簡単に紹介しておきたい。[18]

［前橋公園］

一　出発前の指導

児童を玄関前に整列させ印刷物を配布し、今日の観察事項を把握させる。

二　現地における指導

児童の既知の事項はできるだけ発表させ、教師は補説をする。

1　第二公園の新緑鑑賞―桜の満開時と新緑を比較し、季節の推移を悟らす。

2　臨江閣別館―明治天皇の御座所を拝観。大正天皇・今上天皇の謹話をする。

3　護国神社―英霊に感謝を捧げる。遺族に対する心構えを考えさせる。

表1－3　群馬県師範学校附属国民学校における「郷土の観察」の教授要目

	題　　目	時間	観察場所ならびに観察物	観察教授要項
4月	私達の学校	2	学校の屋上・行幸記念碑	上毛三山遠望・方位の指導
	私の家	2	自分の家	家の見取図・家の系譜
5月	前橋公園	3	臨江閣・護国神社	沿革説話・英霊への感謝
	市日	1	立川町弁天通	販売状況・購買者調査
6月	河川しらべ	3	広瀬川・風呂川	用水・水力発電
	夏の郊外	1	勢多郡南橘村	麦刈・田植・灌漑
7月	市場しらべ	3	青果市場・魚市場	配給状況・品名産地調査
9月	工場しらべ	3	水交社・麻屋デパート	製糸・集繭・女子工員の出稼
	八幡様	2	県社八幡宮	武運長久祈願・神国日本の祭祀
10月	果樹しらべ	2	農事試験場園芸分場	嗜好果樹調査・試験栽培
	龍海院	2	龍海院是字寺	酒井侯墓参・祖先祭祀の指導
11月	官衙・銀行しらべ	3	群馬県庁・群馬会館	官衙の機能・政治的性格の把握
	秋の郊外	1	勢多郡南橘村	稲刈・麦蒔・節米奨励
12月	交通しらべ	4	前橋停車場	系統調査・乗降客状況・時刻表
			前橋商工会議所附近	交通調査・積荷調査
1月	都心しらべ	3	桑町商店街・麻屋デパート	都心の変遷・商店調査
2月	からっ風	3	学校の屋上・勢多郡桂萱村	山々の遠望・からっ風と生活
3月	旅行地のまとめ	3	日本全図・群馬県全図	修学旅行地の回顧

（注）観察場所ならびに観察物、観察教授要項については抜粋して示した。
（出典）群馬県師範学校附属国民学校『国民学校教授の実践的研究』（1941年）より作成。

4　彰忠碑―日露戦役の碑で郷土の先人の功績を偲ばせ、今事変での上毛健児の活躍を説話する。（中略）

6　下村翁銅像―前橋市発展の先覚者、初代市長としての功績を説話する。

（中略）

10　利根河原―河原に下りて流水を観察。冬と現在の水量を比較させ、水量増加の理由を考えさせる。

三　現地における総括

感想を発表させ、市民生活と前橋公園との関係、公共用地のあり方を考えさせる。

四　帰校後の指導

本日の整理は綴り方表現によることを話し、宿題を課す。次時は綴り方発表と地図化表現作業をすることを告げて解散する。

［からっ風］

一　出発前の指導

屋上で体験したからっ風について前時の復習。観察事項の印刷物を配布する。

二　現地における指導

1　農家への挨拶

2　農家とからっ風についての観察―家の向き、周囲、構造等を観察する。

3　観察事項の発表と理由の考察―家の北西に生垣がある。家の向きは南面で、北側には窓が少ない。家の北裏に稲荷が祀ってある。庭が傷まないよう藁を敷いておく。

4　郷土の先人とからっ風についての説話―赤城山麓の火山灰地帯を苦労して開墾し、郷土の先人はからっ風をよける工夫をした。なかなか科学的創造的な生活をしていた。

5　農夫への感謝―飲食物を無駄にしない。勤労をいとってはいけない。

6　農家への挨拶

7　帰途の観察―農夫の働きぶり、生垣、家の構造、庭などを観察させる。

三　帰校後の指導

からっ風は農家ばかりでなく他の産業にも影響していることを説話し、からっ風と上州人気質について反省させてみる。洗眼・うがいをすべきことを注意して解散する。

前者の［前橋公園］の事例では、寺社や史蹟などに関する説話が多く、敬神崇祖の念や偉人の功績の理解を深めるといった観念的な活動が中心である。そのなかで、桜と新緑、水量の変化を比較することで季節の推移を考えさせる理科的な内容が取り入れられていることに留意したい。一方、［からっ風］の事例では、自然環境と人々の生活とのかかわりを観察のなかから考察させるよう仕向けている。

このように「郷土の観察」では愛国心の涵養がうたわれるものの、児童の発達段階への対応、教科を統合した学習方法、現地での観察の重視など、明治期以降に試みられてきた郷土教育の教授方法がここに結実したという側面を見逃すことはできないであろう[19]。

なお「国土愛護ノ精神ヲ養ヒ東亜及世界ニ於ケル皇国ノ使命ヲ自覚セシムル」とされた国民科地理と「郷土の観察」は、図1-4のような関係で示されている。それぞれの教材は、初等科四年―郷土の観察、五年―日本地理、六年―日本地理と東亜地理、高等科一年―世界地理、二年―国勢地理と配当された。郷土の観察と日本地理をとおして把握された内からの視点と、東亜地理と世界地理をとおして把握された外からの視点をもとに、国民科地理の帰結点である国勢地理において、皇国の使命を自覚させるという目的が達せられるよう求めたのである。

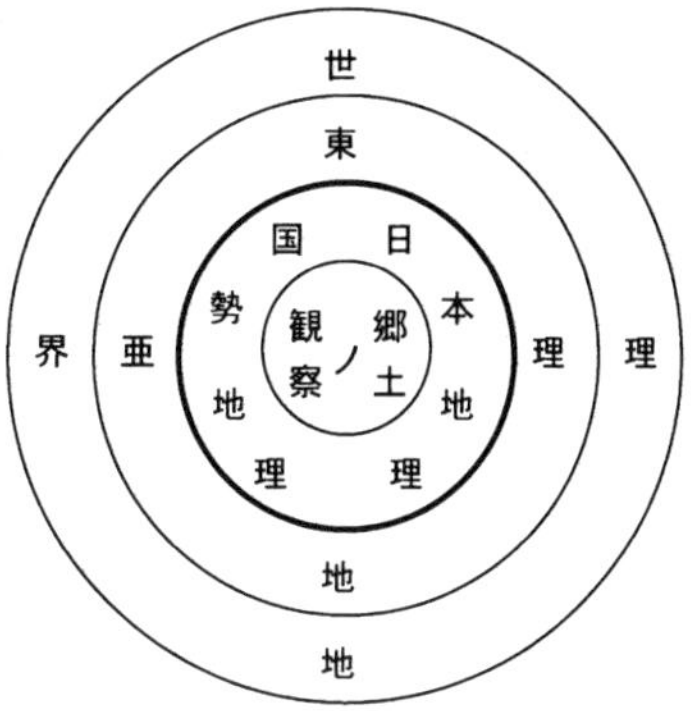

図1-4　国民科地理教材の関係図

（出典）群馬県師範学校附属国民学校（1941年）89頁の図を編集して作成。

5　「郷土の観察」における郷土をめぐる言説

ここまで、群馬県師範学校の事例を取り上げてきたが、最後に「郷土の観察」という新設の科目の実施にあたって、各地でどのように郷土という題材が位置づけられたのかを考察したい[20]。「郷土の観察」の指導は教師用教科書の発行される昭和一七年度からとされたが、試行的に実施されたところも少なくなかった。とくに研究実験校である各地の師範学校附属小学校が先導的な役割を果たした。それらの指導要目などを集めたのが、広島県高等師範学校附属国民学校国史・地理研究部による『全国における「郷土の観察」の実際』

である。二〇校分の事例が収録された本書は、昭和一七年(一九四二)九月に刊行された[21]。

本書の趣旨の部分には、「郷土の観察」に関する人々の意見はあまりにも雑然として帰趨するところを知らないというありさまであり、それぞれの郷土の違いに応じて指導要目もさまざまなものがあることに気づいたので、お互いに研究を深める必要を感じるようになったと、刊行の動機が記されている。具体的には、題材選択の基礎方針、指導要目の一覧、実際指導の具体例の三項目に分け、各校に原稿を求めて、それを編集したものである。以下では、『全国における「郷土の観察」の実際』に収められた「題材選択の基礎方針」のなかにみる郷土をめぐる言説を示していく。

• 青森県師範学校附属国民学校(引用部分は四頁、以下同じ)

「児童の生活力が深く根ざして、そこから成長していく土地が郷土である。」「統一されてゐる郷土の真の姿が、我が国の使命の具体的表現の場であるといふ観察のもとに……皇国の一部として郷土の姿を認識し得る如き、教材の選択がなされねばならぬ。」

• 栃木女子師範学校附属国民学校(七頁)

「郷土は皇国の伝統的精神が宿り、皇国の道が独特の様相で現れてゐる具体的実現相であるから、皇国の縮図と言ふべきものである。」「題材の選択には国家・国土・国勢といふ普遍に即するものを第一に求めねばならぬ。」

• 富山県師範学校附属国民学校(二八頁)

「郷土の正しき認識を喚起するものにより、自らの郷土愛の精神を育成し、而もこの郷土愛は閉ぢた郷土愛などではなくどこどこまでも発展的に開いた郷土愛であり、国家へまで発展すべき重要性を持つものである故、かくした教材には勿論重点を置いた。」

• 大阪府女子師範学校附属国民学校(三〇頁)

「郷土の観察は単なる郷土の地理ではない。国土敬仰の基盤である。又国土愛護の最重要なる対象物である。」「題材は大御心に絶対随順し奉るの伝承的志向に於て、土地と地上物とが統一されてゐる国土の一部分であると云ふ使命のもとに……具体的であり、又本質的なものを選択する。」

・岡山県師範学校附属国民学校（三七頁）

「郷土愛の精神は単なる『頑迷固陋』なものでなく、郷土は国家の有機的な一細胞であつて、郷土を愛する心は、直ちに国土を愛する心となるやうに指導せねばならぬ。」

これらの学校では、いずれも郷土は皇国の一部であり、縮図である、一細胞であると捉えていることがわかる。郷土という直観的材料を観察することによって、〈郷土愛の培養―国土愛護の精神―皇国の使命の自覚〉と次第に児童の認識を拡充させるという国民学校教育の意図をよく体現した方針が取られている。こうして「皇国」を想像させるために「郷土」が取り込まれ、愛郷心＝愛国心というイメージが構築されたといえよう。しかし、国民科地理・国民科国史をつなぐ科目として新設された「郷土の観察」は、「外地」における教育では矛盾が現れていた。次に台湾と朝鮮の二つの附属国民学校の例をあげる。

・台北第二師範学校附属国民学校（五二頁、六〇頁）

「国語力が内地人の児童に比して劣つて居り、風俗習慣を異にして先ず皇国民としての新生活運動に邁進しなければならない本島人子弟教育の特殊性から考へても……児童の最も多く居住してゐる地域の取扱を重視することが先づ大切である……。」「領台以前の歴史的事項に深入りして説くことの不可は述べるまでもないことで、風俗習慣を改め、島国民としての真の生活をなさうとしてゐる今日、郷土に古くからあるといふ理由で……それを取扱ふことによつて、何の利益にもならないものが多い……。」

・朝鮮全州師範学校附属国民学校（六二―六三頁）

「郷土なる概念は通俗的にも科学的にも定義が種々ある如く意義が種々あつて概念が不明確となり易く、

而も稍もすれば独善感を混入して誤れる郷土愛、偏狭にして歪曲された郷土愛を連想し易い欠点をもつ。……朝鮮では郷土を生活環境とより具体的に改めてゐる。」「朝鮮に於ては斯る（国史の理解に活用できる郷土の）史実は内鮮一体に由来する史実以外になく……取扱に於ても特別な注意をもつてせねば反つて教育上弊害を来す心配もあるので『観察』中の特に国史的観察を除外して地理的観察のみに限定する事にした……。」

このように、台湾の事例では、日本統治以前の歴史的事項は扱われず、郷土愛もあまり強調されていない。指導要目の一覧をみても、史蹟などはまったく取り上げられていないのである。さらに朝鮮の事例では、郷土という言葉すら使われず、歴史的観察はすべて除外されている。そこでは、郷土愛の高揚を避けるため「生活環境の地理的観察」という名称で「郷土の観察」が実践されていた。台湾や朝鮮が単に日本の一地方であるのならば、郷土愛の培養が皇国の使命の自覚につながるはずである。しかし教育現場では、偏狭な郷土愛は民族主義運動に結びつくとの危惧がいだかれていた。とくに郷土の歴史的事項の扱いは、共通の言語や歴史をもつ集団であるべきとされた「国民」の教育、「国民」の統合という問題と直接的にかかわるため、操作され排除されたといえる。

6　おわりに

群馬県女子師範学校では学生に「郷土研究」を課していた。ほとんどの「郷土研究」が出身地の歴史や地理を考察しているなかで、昭和一六年度の一部五年生の論文に「小野村に於ける郷土の観察について」と題するものがある（群馬大学附属図書館所蔵）。これは、四月「私の学校及忠魂碑」、五月「私の村」、六月「養蚕・私の家・梅雨」というように「郷土の観察」の年間の指導計画を立案したものである。

その序文には「なつかしい我郷土であつても郷土研究となると困つてしまつた。大した事の無い平凡な村である。……何をしたらと思つた終に郷土の観察の大体をする事にした。国民学校の国民科郷土の観察と云ふものが如何なる物であるかも良く理会出来ぬのに細目を作ろうとする。厚顔物である。然しやれるだけ国民学校の方針にそふつもりである」とある。「郷土の観察」は新設科目だけに、勤務地での実践経験のない教員にとっては戸惑いの多いものであったと思われる。

昭和一八年（一九四三）になると師範学校教科教授及修練指導要目が制定され、師範学校における国民科地理の教授方針は次のように示された（国立公文書館所蔵「大正一五年〜昭和一八年 師範学校令及其解釈」による）。

一 皇国ヲ主体トシテ東亜及世界ニ於ケル生活圏トシノテ陸・海・空及国家活動ノ情態ヲ地理的ニ考察セシメ我ガ国土国勢ヲ詳ニシ国民的自覚ヲ深カラシムベシ

一 東亜及世界ノ現勢ヲ究メテ大東亜ノ建設ト高度国防国家体制確立トノ地理的意義ヲ闡明ニシ皇国ノ使命ヲ体得セシムベシ

一 郷土ノ国家的意義ヲ明ニシ郷土ニ対スル認識ヲ深メテ愛国愛郷ノ念ヲ養フト共ニ其ノ研ノ方法ヲ会得セシメ教育実践ノ根柢ニ培フベシ

一 教育者タルノ責務ヲ自覚セシメ学習ノ過程ニ於テ国民学校国民科地理ノ精神ト其ノ教育ノ要諦トヲ会得セシムベシ

この改正で国民科地理は高度国防国家体制の確立という目的が前面に打ち出された。また従来の「地方研究」は「郷土研究」となった。指導要目には「郷土研究ハ国史国土ノ一環タル郷土ノ直観的綜合的理会ヲ得シムルト共ニ郷土研究ノ方法ヲ会得セシメ愛国愛郷ノ精神ヲ涵養シ郷土ノ振興ヲ通ジテ国運ノ発展ニ貢献スルノ信念ヲ啓培スルモノトス」、「郷土研究ハ郷土ニ於ケル自然及人文ノ地理的歴史的綜合調査研究並ニ郷土ニ於ケル教育ノ方法ニ関スル研究ヲ課スベシ」とあって、国民学校「郷土の観察」の教育内容に合わせたものになったことがわかる。こうして「郷土の観察」に関連して、教育現場での実践や教員の養成が進められたのである。

しかしながら、文部省綜合学事視察の群馬県総評で「いづれの学校でも奉安殿の御設置、皇大神宮の奉斎、大麻奉戴、朝礼、強行軍、各種記念日、集団勤労作業、勤労奉仕、徒歩励行等すべて実践的鍛錬的にやってゐる。従来知的なものも行的に作業的にやってゐるのはよい。でもまだまだ心構へが入ってゐない」と督学官が述べた言葉に表されるように[22]、戦局が逼迫するにつれて知的な活動は形骸化し、学校は次第に心身修練の場へと変質していった[23]。授業も停止状態に陥り、皇運の扶翼といった観念のみが国民統合のために徹底され、郷土教育の方法的な役割は終焉した。

注

1―昭和一二年（一九三七）頃までの動向については次のもので論じている。関戸明子「群馬県における郷土教育の展開―明治期から昭和初期まで―」『群馬大学教育学部紀要（人文・社会科学編）』第五一巻、二〇〇二年、一三一―一五三頁。

2―伊藤純郎『郷土教育運動の研究』思文閣出版、一九九八年、三六一―三九二頁。

3―国立教育研究所編『日本近代教育百年史　第五巻　学校教育3』国立教育研究所、一九七四年、八八七―九〇五頁。

4―群馬県教育史研究編さん委員会編『群馬県教育史　第四巻（昭和編）』群馬県教育委員会、一九七五年、一七六―一七七頁。

5―群馬県初等教育研究会編『綜合教育の研究』群馬県初等教育研究会、一九三九年。

6―女師附属校研究部「本校における全体教育」（前掲、群馬県初等教育研究会編『綜合教育の研究』）一―五二頁。

7―文部省編『学制百年史 資料編』帝国地方行政学会、一九七二年、二五一頁。
8―文部省編『学制百年史 記述編』帝国地方行政学会、一九七二年、五七三―五七七頁。
9―前掲、『学制百年史 資料編』一一六―一一七頁。
10―文部省編『郷土の観察』文部省、一九四二年、総説三三頁。
11―前掲、『郷土の観察』総説三五頁。
12―前掲、『郷土の観察』総説三七―四〇頁。
13―前掲、『郷土の観察』総説四〇―四七頁。
14―群馬県師範学校附属国民学校編『国民学校教授の実践的研究』東洋図書、一九四一年、一〇頁。
15―前掲、『国民学校教授の実践的研究』九七―九八頁。
16―前掲、『国民学校教授の実践的研究』九八―九九頁。
17―森泉賢吾「行の立場と綜合教育」(前掲、群馬県初等教育研究会編『綜合教育の研究』)一四九―一六七頁。
18―坂上安太郎「郷土の観察教授の実践問題」『群馬県教育』昭和一六年六月号、一九四一年、三〇―四〇頁。
19―「郷土の観察」は、戦後の地域学習を方法的に先導したとも位置づけられている。中川浩一「地域学習を方法的に導いた『郷土ノ観察』」『社会科教育研究』第七四号、一九九六年、二三―二九頁。
20―愛知県の実践案については次のもので検討されている。安藤正紀「国民学校時代の学校地理(1)―『郷土の観察』を中心に、現代的意義を考える―」『地理学報告』第四九号、一九七九年、二一―三〇頁。
21―広島県高等師範学校附属国民学校国史・地理研究部編『全国における「郷土の観察」の実際』目黒書店、一九四二年。
22―『群馬県教育』昭和一七年三月号、一九四二年、八頁。
23―第五次国定教科書を切り口として国民学校における教育内容を考察したものに、入江曜子『日本が「神の国」だった時代―国民学校の教科書をよむ―』岩波新書、二〇〇一年、がある。また、戦時期の子どもの生活、教育経験を検討したものに、大門正克『民衆の教育経験―農村と都市の子ども―』青木書店、二〇〇〇年、一四六―二三二頁、がある。

●第2章

郷土教育と地理歴史唱歌

加藤政洋

1　はじめに

長野県そして「信濃教育」における明治三〇年代は、「地理歴史唱歌」の時代といっても過言ではない。現在では県歌「信濃の国」として知られている「信濃国」（明治三二年）をはじめ、「郷土史料　小諸唱歌」（明治三六年）、「北安曇郡歌」（同）、「上伊那郡地理歴史唱歌」（同）、「地理歴史参考　小県郡《ちいさがたぐん》歌《か》」（明治三七年）など、それぞれの地域の「地理」と「歴史」を詠う唱歌が、この時期に相次いで制作されたのである。このような動きを、各地の教育者・識者の間に広まった単なるブームと見なすこともできるだろう。しかし、「地理歴史唱歌」が実際の教育現場で教材として使用されていた、つまりそれを児童が歌っていたという事実を見逃すことはできない。児童たちはそれらを歌唱することを通じて、慣れ親しんだ日常の生活世界を「郷土」なるものとして理解し、「郷土」にまつわる知識を獲得していったからである。実のところ、当時、尋常小学校における「郷土誌」の重要性に対する認識が高まるなかで、児童にわかりやすく教育する方法を模索していた教師たちが、「信濃国」に範をとった「地理歴史唱歌」を教材として採用（あるいは制作）しはじめていた。

本章では、明治後期に高まりを見せた「郷土誌」教育論に見られる「郷土誌」の位置づけ、そして「郷土誌」と「地理歴史唱歌」の関連を検討することで、初等教育における「郷土誌」教育への積極的な取り組みが「地理歴史唱歌」を要請したこと、そして「郷土誌」と「地理歴史唱歌」とが「郷土」に実定性を与えたことを明らかにしたい。

2　地理教育と郷土誌

まず、信濃教育会の雑誌『信濃教育』（明治一九年創刊）に県内各地の教育者が発表した地理教育および郷土誌に関する論文を手がかりにして（表2-1）、明治期における郷土誌教育の動向を検討してみたい。地理教育と郷土誌のそもそもの結びつきは、知られるように、明治初期に導入されたペスタロッチ流の「直観教育」法、そして、尋常小学校の日本地理を「郷土地形方位児童ノ日常目撃セル事物」に関する学習からはじめると規定した「小学校教則大綱」（明治二四年）にあると思われるが、郷土誌の重要性に関する議論が高まりを見せるのは明治三〇年代半ばのことである。

「郷土」という語をタイトルにもつ最初の論文は、山崎岩二「郷土地歴の教授に就て」である。山崎は、「郷土地理は、地理を学ぶの初歩である、郷土歴史は、歴史を講ずるの礎である」と位置づけ、「地理歴史」の教育は「愛国心を養成するが目的で、……地理に於ては、自分の生れたる地、自分の辺にある産物から、自分の国土に延き及ぼし、自国を富まし自国を強からしむる所の、殖産興業の志想を、養成しむる」のだと主張する。

本文中での言及はないが、「小学校教則大綱」第六条には「日本地理及外国地理ハ日本ノ地理及外国ノ地理ノ大要ヲ授ケテ人民ノ生活ニ関スル重要ナル事項ヲ理会セシメ兼ネテ愛国ノ精神ヲ養フヲ以テ要旨トス」と定められており、山崎の主張はこの条項を踏まえたものであろう。これより先に、有賀旭峰「地理学ノ教育的価値ヲ論ズ」が、「地理ハ現在ノ歴史ナリ故ニ愛国的精神活動ノ新進路ヲ示ス」ことに地理学の教育目標を設定しているのも第六条に則ったものである。

ところで、明治三三年の「小学校令」改正により、いったんは尋常科での選択教科となっていた「地理」は完全に閉め出され、逆に高等科における「地理」は必修となった。鈴木「現今ノ地理教授ニツキテ」は、そうした制度的な変更に対する教育現場からの異議申し立てであり、「予常ニ現今ノ地理教授ヲ笑テ曰ク」、「尋常科ニ於テ基本観念ヲ等閑ニ付シ去リテ敢テ顧ミズ、地理的課題ノ出ルガマ、ニ、生半熟ニ教授シ置クコト第一ノ過失」、「高等科ニ入リテ初メテ夢ノ醒メタル如ク、驚キアワテ、基本観念ヲ作ラントスルワ、逆戻リノ芸当ニシテ第二ノ過失」と断じている。つまり、「尋常科用国語読本」には「地理的空間的事項」があまた含まれるにもかかわらず、地理教育がないために児童がそうした「地理的事項」を充分に理解することができない。したがって、その「予備的知識」として「郷土誌」を教授することで「基本観念ヲ作リ置くことが必要であると説く。鈴木によると、この時期、「日本地理ヲ教授スルニ先立チ郷土誌ヨリ初メザルベカラズトハ、現今教育者一般ノ言明スル所」であった。

松下金六「地理教材ノ研究」においても、「地理教授ノ出発点」を「郷土地理ヨリスルコトニハ殆ド一致セリ」とされ、「郷土地理教授ノ目的」は「教授ハ已知ヨリ出発スベキコト近キヨリ遠クニ及ブベキコト等ノ心理的原則ニヨリ、郷土ニ於ケル観念ヲ明了ニシ一般地理学ヲ学ブノ基礎知識ヲ与フル事、換言スレバ比

表2-1 『信濃教育』掲載の関係論文

発表年	巻号	タ イ ト ル	著 者
明治24年	52-1	信濃地理歌	たけのや主人
明治30年	127-4	地理教授ニ就テ	勝山直人
	129-6	地理教授ニ就キテ（承前）	
明治31年	138-3	地理学の真相並に中学教育に於ける此学の位置	村瀬米之助
	139-4	地理学の真相	
	140-5	地理学の真相	村瀬米三郎
	145-10	信濃教育論	濱幸次郎
	146-11	信濃教育論（承前）	
	147-12	信濃教育論（承前）	
明治32年	149-2	地理と美術	村瀬米之助
	152-5	小学校唱歌教授細目	内田慶三ほか
	153-6	地理学ノ教育的価値ヲ論ズ	有賀旭峰
	153-6	長野県小学校用唱歌	内田慶三・浅井洌
明治34年	180-9	郷土地歴の教授に就て	山崎岩二
明治35年	184-1	小学校ニ於ケル地理教授法ニ就イテ	堀内順之助
	192-9	現今ノ地理教授ニツキテ	鈴木江
明治36年	199-4	郷土ニ関スル教材表	唐澤貞治郎
明治37年	211-4	地理歴史参考 小県郡歌	村松清陰
	215-8	地理教材ノ研究（上）	松下金六
	216-9	地理教材ノ研究（下）	
明治45年	303-1	郷土誌教授につきて	池内生
	304-2	地理予備教授と郷土誌教授（続二）	
	307-5	地理の基礎観念の養成に就いて	雨宮義衛
	308-6	地理の基礎観念の養成に就いて	
	311-9	北安曇郡林業地理唱歌	愛渓生

較ノ尺度ヲ授クルコト」にあり、加えて「郷土ヲ知ラシムルコトヨリ愛郷心ヲ養フコト」であると主張する。後述する「郷土」を起点としてスケールアップしてゆく教育法は（図2-1）、この時期に確立されていたのであった。

明治後期の「郷土誌」教育のあり方を総括した池内「郷土誌教授につきて」（別題「地理予備教授と郷土誌教授」）が、①「郷土誌教授は単に地理教授の基礎観念を与ふべき予備教授のこと」、②「郷土誌教授は……郷土に関する知識を与へ兼て愛郷心を養ふべきもの」と二つに分けて整理していることからも、「郷土誌教授」を「予備教授」と位置づける地理教育が確立し、「愛郷心」の醸成がその教育効果として認識されるようになっていたことがうかがわれる。

こうした傾向のなかで、雨宮義衛「地理の基礎観念の養成に就いて」は、明治前期の地理教育史を、「郷土誌」教育のあり方から明治一五年前後の「定義時代」、明治二〇年前後の「略解時代」、そして明治二三年以降の「誤れる郷土誌時代」の三期に分けて整理した。すなわち、「定義時代」とは、「地理の用語に定義をつけた時代を指」し、例えば、「土地の僅かに高き所を丘陵と言ふ」、あるいは「丘陵の更に高きものを山と言ふ」といった具合である。「略解時代」は、例えば、「山の解」として「山には木あるものあり又石多くして木の多きものあり又低きものあり高きものあり……」というように「定義を具体的にした」に過ぎない。「誤れる郷土誌時代」とは、明治二三年に郷土誌が小学校の教科となったことを受けて「一府一県の地理」を「教材」とした時期を指している。

雨宮は三期とも「郷土誌の一大要素たる直観と言ふ事を、そっちのけにして教授」した結果、「地理教授」は「不成功に終」わったと断じる。そして、「郷土」とは「人民が自然上並に人事上一定の関係を有する地にして此所に於て始めて受けたる印象は永久持続して深き感情を伴生し延いて其人の個性に迄強き影響を及ぼす土地」であり、また「郷土は全国の縮図である故に郷土をよく理解すれば全国引いては地球を理解する

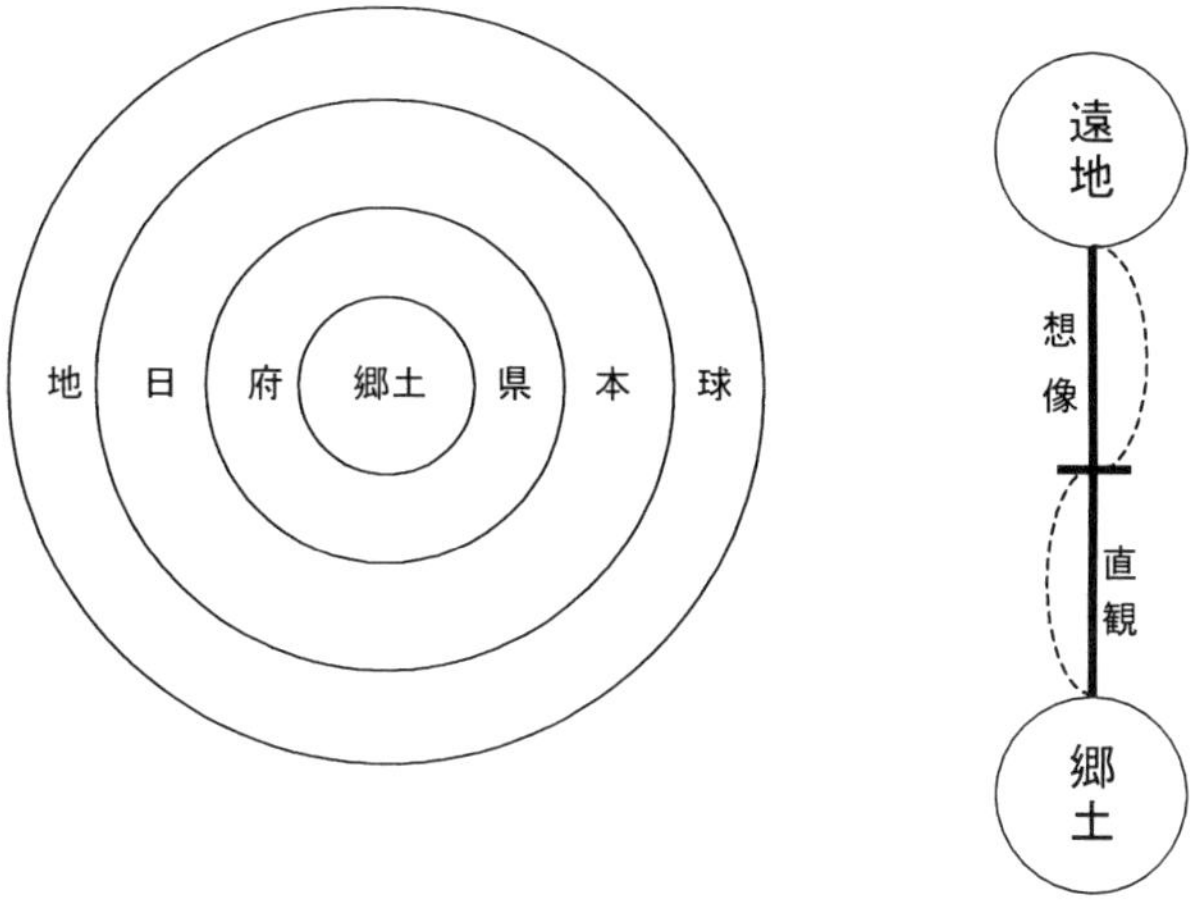

図2－1　郷土教育の概念図（雨宮「地理の基礎観念の養成に就いて」(1912年）より作成）

根底となる」ということを前提して（図2-1）、「郷土誌教授の目的」を「一般地理を学ぶに欠くべからざる地理的基礎観念をつくる」、「郷土其物を知らしむ」、「地図を読む力を養ふ」、そして「愛郷心を起さしむる」ことにあると結論づけた。特にこの三点目については、「郷土を教授するによりて〔愛郷心を〕一層喚起しなくてはならぬ何となれば愛郷心は愛国心の基であるからである」と、その理由を明確にしている。

以上のように『信濃教育』誌上では、「直観教育」に基づいた「郷土誌」教育に関する議論が展開されていた。そして、「郷土誌」の教材として「地理歴史唱歌」が利用されはじめるのもこの時期のことである。

3　郷土教育と地理歴史唱歌

濱幸次郎の「信濃教育論」

ところで、地理教育との関わりについてはふれられず、「郷土誌」に言及することもほとんどないものの、郷土教育としての「信濃教育」の必要性を最初に説いた注目すべき論考に濱幸次郎「信濃教育論」がある。これは、明治三一年に三回にわたって『信濃教育』に連載された。

この論文の冒頭で濱は、「信州教育」を「信州の地の理に考へ」、「信州の歴史に徴し」、「信州の現時に鑑み」、「将来永遠の主義方針を画」す「教育的作業」と位置づけた上で、「家風」、「町村風」、「信州風」（信濃の国風）、さらに拡大して「日本風」というように、行政域を単位とした地理的スケールが「風を形成」していると説く。そして、この「風」が「各個人を立派なる者」に「陶冶」するという風土論的な観点から、「郷国の地理歴史」を通じて「過去現在の人情風俗を基礎として深く考」えることの必要性を主張した。この「信濃教育」は、「信州人の人格に目標を立て」、「信州人」を「帝国の臣民」に適応させ、「教育勅語の精神を達」し、そして「国の進歩発達に一大利益」をもたらすものと位置づけられる。濱にとって、このことこそが「信州教育の理想」であり「目的」だったのである。

濱はさらにこの「目的」を「国家思想を造るの前に、郷国的思想を固めんとする」と換言する。なぜなら、「州風」に「陶冶」された人物は「一家人としては能く一家の面目を保ち、一郷人としては能く一郷の約束を守り」、「日本国人としては能く国民たる本文を竭」するからである。濱のこうした主張は、ナショナリティの先行性を暗黙裡に想定しつつ、審級としての「風」を強調することで「信州教育」を担保していると言わなければならない。このような「信州教育の理想」を、濱は「郷土教育の達せしむべき到着点」と位置づけていることから、この一連の論文で展開された「信州教育」論とは長野県の「郷土教育」論と言えるだろう。

濱が想定する具体的な「郷土教育」のありようは、「信州の地理歴史人情風俗」に関する教育である。例えば、「日本帝国の地図」を繙けば、境域十州にまたがる「中央」にあって山系の集結した水系の源に位置することを強調する「地理」論、そこにある「天然」を「不屈の精神」をもって「山を変して畑となし……富源を発く」という「人情」論、そして「信州の地に於ける人民の風俗気質は……武健」であることを、歴史的人物（建御名方命、木曽義仲、真田昌幸、太宰春台、佐久間象山など）の気質に求める「歴史」論がその中心となる。

結局のところ、濱の「信濃教育」論は、かれ自身の言葉どおり、たんなる「土地自慢」＝「信州自慢」に矮小化し、いっそう郷土主義的な響きに変調してゆく。完結稿で「蓋し京地或は辺海の民は、狡猾軽噪の傾ありて、真摯誠実の風に乏し、我が美風を以て、彼の弊風を矯むるにあらずんば、遂に我国風を如何せん、此武健にして信義に厚き風に化せずんば、遂に我国運を皇張する能はざるなり」と述べる濱は、「信州人は、実に日本の運命を左右すべき力」があると主張し、「信州の歴史地理と、人情風俗に鑑み」た「一案を提出」するのだった。すなわち、「信州教育の主義は益信州国粋を発揮して、以て日本全国に光被せしめんとするにあり、換言すれば、武勇敦厚の風を助長して、世の弊害禍根を刈除せんとするなり、武勇敦厚、これ実に我信州の地理歴史が指示する方向にして、亦現今の悪傾向に対する無二の薬石たるなり、思ふにこれ独り信州の薬石たるのみならず、亦日本の薬石なり」、というのである。

濱の主張は、明治に成立した行政域である長野県（＝信州）を所与の「郷土」として事後的に「地理」と「歴史」を構築し、そこに理念的な「風」を幻視するかのごとく見いだす郷土主義の一端を示している。明治維新後、紆余曲折を経て確定した（古代の信濃と境界線を同じくする）県域が郷土のスケールとして措定される点については注意しておかなくてはならないが、この濱の示した枠組みと「郷土」の範囲が、地理歴史唱歌の範となる浅井洌「信濃国」に援用されるのだった。[1]

地理歴史唱歌の特徴

これまで見たとおり、明治三〇年代半ば以降、長野県における地理教育では郷土誌をその導入に位置づける教育法が一般化し、「愛国心」の起点となる「愛郷心」を涵養する知として「郷土誌」が確立されはじめていた。そして冒頭で述べたように、「地理歴史唱歌」が盛んに制作されたのもこの時期のことである。

明治三二年、信濃教育会は「現今小学校ニ課スル唱歌ノ有益ナルハ論ヲ俟タズト雖トモ其ノ書悉ク善シト称スベカラズ殊ニ明治二十七八年戦役ノ際刊行シタル唱歌集ノ如キ敵愾ノ気ノ溢出シタル所ナルヲ以テ当時国民ヲ奮励スルニハ適シタリキト雖トモ其ノ事平ゲル今日尚之ヲ襲用スルハ児童ヲ教養スル所以ニアラズ……」という理由から、「小学校唱歌科教授細目編纂委員会」を組織し「唱歌細目」を編纂する。

この「唱歌細目」の「新作」として採用されたのが、浅井洌（師範学校教諭）の作詞にかかる「信濃国」、「諏訪湖」、「村上義光」、内田慶三（同）による「浅間山」、「川中島」、「養蚕」であった。いずれも地理、偉人、主要産業に関わる唱歌であるが、とりわけ「信濃国」は、県下の小学校で教材として使用され、地理歴史唱歌制作ブームの火付け役となったのである。問題は、それらが唱歌の主題ではなく、郷土教育において利用されたことだ。

明治三四年に発行された歌集『信濃唱歌』には、「信濃国」を含む新作三編が収録されている。編者である村松今朝太郎は新作を収録した理由を以下のように述べた[2]。

口調よく歌はれたるものは、文章もて綴られたるものよりも覚え易く、又、暗誦し易し。余、曩《さ》きに、自国を重んずるあまり、信濃名勝詞林・信濃名勝誌・善光寺案内等をものして、名勝の尊ぶべきを世に案内せり。今、県下諸種の学校生徒をして、容易く、我、信濃の名勝を会得せしめんと思ふ一片の微衷より、人々のものせるを集め、己れのをも加へて、逐次世に出さんとす。思ふに、山河秀霊の気は、善く人の品性を陶冶し、徳育に裨益する所少からざるが故なり。信濃国・川中島・浅間山の三歌は、信濃教育会より、此集の主旨を賛助せられて転載することを許されたるものなり。

現在でもことあるごとに歌われる県歌（「信濃の国」）として有名であることからもうかがわれるように[3]、

信濃国

信濃の国は十州に
山は聳えて峯高く
松本伊那佐久善光寺
海こそなけれ物さはに

四方に聳ゆる山々は
浅間は殊に活火山
流れ淀ます行く水は
南に木曽川天龍川

木曽の谷には真木茂り
民のかせきは紙麻綿
しかのみならす桑取て
細きよすかも軽からぬ

尋ねまほしき園原や
木曽の桟かけし世も
くる人多き束摩の湯
しるき名所とみやびをが

旭将軍義仲も
春台太宰先生も
皆この国の人にして
山と聳へて世に仰き

吾妻はやとし日本武
うがつとんねる二十六
道ひとすちに学ひなば
古来山河の秀でたる

境つらぬる国にして
川は流れて末遠し
四つの平は肥沃の地
萬たらわぬことそなき

御岳乗鞍駒か岳
いつれも国の鎮めなり
北に犀川千曲川
これまた国の固めなり

諏訪の湖には魚多し
五穀のみのらむ里やある
蚕養の業の打ひらけ
国の命をつなくなり

旅のやどりの寝覚の床
心してゆけ久米路橋
月の名にたつ姥捨山
詩歌によみてぞ伝へたる

仁科五郎信盛も
象山佐久間先生も
文武のほまれたくひなく
川と流れて名は尽きす

嘆き給ひし碓氷山
夢にも超ゆる汽車の道
昔の人にや劣るべき
国は偉人のあるならひ

濱の「信濃教育論」の理念にそって郷土の地理歴史を簡潔に表現している「信濃国」は、まさに「学校生徒をして」「口調よく歌はれたる……暗誦し易」い唱歌であり、児童に「郷土誌」を教えるにはうってつけの教材であった。

例えば、当時の「尋常二学年」の「郷土誌」について論じた鈴木「現今ノ地理教授ニツキテ」は、「〔小県郡の〕次ニワ信濃国ノ縮地ニヨリ長野県ノ大体ヲ想像セシム、コワサマデ困難ノコトニアラズ、児童ワ信濃国ノ唱歌ヲ暗誦セルガ故ニ、此唱歌ノ内容丈ヲ充分説明シテ了解セシメ、信濃地図ニヨリテ信濃国唱歌ヲ想起シ得ルニ至ラシムヘシ」と教育内容を紹介している。つまり、発表からわずか三年後には児童が「暗誦」できるほど親しみのある「教材」として、地理歴史唱歌「信濃国」は郷土誌教育に取り入れられていたのであった。

当時の郷土誌教育の目的が「郷土に於ける地理的事実即自然及人文上の現象を明かにすると同時に日本全国より視たる郷土の地位、産業、交通、住民の分野等にわたりて実質的知識を充実し之によって自然に愛郷の精神を喚起せしめ」ることにあったことを考えれば（池内「郷土誌教授につきて」）、地理歴史唱歌は「郷土」の「実質的知識」を児童に教える郷土誌の教材として制作されたと考えることもできるだろう。代表的な唱歌が「郷土誌料」や「地理歴史参考」というタイトルを冠していることは、その証左となる。

したがって、「郷土」の地理と歴史がたくみに詠み込まれた「地理歴史唱歌」は「郷土誌」の一種であるとも言えなくはない。上田町在住の鈴木が郷土誌教育のために「地理ノ要素」として抽出してきた寺社仏閣、小中学校、郡役所、銀行、停車場、警察署、裁判所、税務署、監獄、山、川、近郊村が、ことごとく「上田周遊唱歌」[4]に詠み込まれ、村松清陰作「地理歴史参考 小県郡歌」には、段落ごとに「総論、山、川、名邑、旧蹟、温泉、神社、古刹、産物、偉人、結論」と「郷土誌」を構成する主な要素が明示されているのである。地理歴史唱歌にはさまざまなスタイルがあるが、その特徴のひとつは、「信濃国」に範をとり、村松が示す

地理歴史参考　小県郡歌

其一（総論）
小県の郡中に
人は十万戸は二万
田野産業うちひらけ
鉄路は郡をつらぬきて
三十五ヶの町村は
生計いとゞ豊なり

其二（山）
東部の山は籠の塔
烏帽子四阿いと高く
ふるき名所の菅平
今は開墾牧場地
南部にたてる和田峠
大門峠は古戦場

其三（川）
郡の中部を貫きて
千曲八千曲末遠き
千曲の川は水清く
河鹿なく音も心地よや
神川依田川塩田川
何れもこゝに注ぐなり

其四（名邑）
北国街道要路にて
其名もしるき上田町
製糸商業さかんなり
長久保和田の駅路は
中山道の筋なれど
今は昔のさまならず

其五（旧蹟）
徳川氏の大軍と
戦いたりし真田氏の
築き建てつる上田城
城はあれても桜花
やまと心のかぐはしく
残る櫓も物ふりぬ

其六（同上）
村上氏のとりでなる
米山城や戸石城
千軍万馬の声たえて
峰の松風こえ寒し
丸子神川上田原
ともに聞えし古戦場

其七（温泉）
温泉場はさはにして
別所田澤に沓掛に
其他鹿教湯に霊泉寺
何れ劣らぬ出湯なり
病のみかは避暑によく
夏はことさら賑ひぬ

其八（神社）
塩田の村に鎮座ます
生島足島神社あり
是ぞ国幣中社にて
宝物多く社地ひろく
大宮、山家、白鳥の
三つの社もいと古し

其九（古刹）
寺に名を得し国分寺
大法寺内の三重の
塔に昔ぞしのばるゝ
さては別所の安楽寺
八角四重の古塔あり
安和二年に建てしとぞ

其十（同上）
小泉村の大日堂
外に名たゝる北向堂
こゝなる観音名も高く
余我の将軍維茂の
昔の事も今の世に
語りつたへて残るなり

其十一（産物）
城下河原の桑畑は
郡中一と称へられ
春蚕の種の製出は
こゝなる郡を本場とぞ
上田紬に上田縞
その名は古来世に高し

其十二（偉人）
六文銭の旗印
高くかゝげし驍将の
昌幸信之幸村の
事蹟は史上に著るしく
志士の名を得し赤松氏
あたら毒手に斃れたり

其十三（同上）
力士雷電為右衛門
相撲の業にたちすぐれ
天下無双といはれたり
俳人白雄もその道の
すたれを起し三傑の
一人としも呼ばれたり

其十四（結論）
かゝる楽土に生れ得て
たのしくすめる人々よ
愛郷心をふりおこし
互につとめはげみなば
如何なる業をもなし遂て
誉は世々につたはらん

ような地理歴史の要素を詠み込んで「郷土」をひとつの領域として表象することにあった。

4 「郷土誌」と「地理歴史唱歌」――久保田俊彦（島木赤彦）の教育実践を事例に――

「玉川村村勢調査」

「郷土誌」としての「地理歴史唱歌」の一例として、後にアララギ派を代表する歌人・島木赤彦として知られることになる久保田俊彦の作品を取り上げてみたい。久保田は、明治二三～二七年に庸教員として、明治三三～三七年に訓導として、そして明治四四年に校長として、三度にわたり赴任した玉川小学校（諏訪郡玉川村、現茅野市玉川）で、独特な教育活動を展開したことで知られている。訓導時代には、言文一致の作文指導や歴史的仮名遣いの否定など、自身の考えた独創的で革新的な教育を実践し、禰牟庵《ねむあん》と名づけた神之原の宿直室で同僚たちと文学論、教育論、人生論を語り合うなど、教育者として玉川小学校の全盛期とも称される一時代を築き上げた。

そうした教育実践のなかでもここで特に注目したいのは、訓導時代の明治三四年に村の生活・産業を全般的に調査し、翌三五年に報告書としてまとめた「玉川村村勢調査」[5]、ならびに明治三五年に作詞された「玉川村の歌」である。

「村勢調査」とはいかにも唐突であるが[6]、いったいどのような目的で実施されたのであろうか。「調査」の冒頭に掲げられた久保田自身の「緒言」からは、その目的のみならず教育者としてのかれの思想が浮かび上がってくる。

①　小学校ワ国民養成場デアル。即チ、国民トシテ最、完全ナル人物オ養成スル所デアル。抑、今日ニ於ケル国家ノ単位ワ町村デ、町村ワ国家ニ於ケル唯一ノ自治体デアル。町村民トシテ最、健全ナル人民ワ、即、国民トシテ最健全ナル国民デアル。小学校ニ於テワ一般国家的観念オ児童ニ授ケルト同時ニ、所住町村ナルモノ、観念オ充分ニ授ケネバナラヌ。

②　顧ミテ我国ニ於ケル町村自治ノ現状オ視レバ、実ニ幼稚極マッテ居ル。人民ワ部落ノ小利以外ニ其ノ眼光オ放ツコトガ出来ヌ。議員デサエ、多クワ其ノ例デアル。村吏議員等ノ選挙ニ至ッテワ百弊四出、殆、収拾ス可カラザル状態デアル。昨年壮丁ノ徴兵体格検査オ行ッタ際、某郡デ各壮丁ニ就キ、其ノ所在町村名オ問ウタニ、十中ノ八九ワ正常ナル答ガ出来ナイデ、多クワ部落ノ名オ以テ答エタトユー事デアル。又以テ今日ノ人民ガ如何ニ町村ナル自治団体ニ対シテ幼稚ナル考エオ持ッテ居ルカガ分カル。

③　小学校ニ於テワ国民教科トシテ町村自治体ノ大体オ授ケルト共ニ更ニ自己所属ノ町村ニ於ケル実際ノ知識オ授ケル必要ガアルト思ー。

④　コノ帳簿ワ高等科初学年ニ授ク可キ郷土誌ノ部分オ除イテ尋常科四学年及ビ高等科終リノ学年ニ授ク可キ材料オ蒐集シタノデアル。

この「緒言」は、久保田によって想像された共同体、そして「町村民」=「国民」を生産するエージェントとしての教育者の像を結んでいる。まず、①では小学校を「国民トシテ最、完全ナル人物オ養成スル」機関、すなわち「国民養成場」と明確に定義する。明治二三年の町村制施行でつくりだされた町村を「国家ノ単位」でありかつ「国家ニ於ケル唯一ノ自治体」と位置づけることで、「町村民トシテ最、健全ナル人民ワ、即、国民トシテ最健全ナル国民デアル」という論理を導出する。そして「児童」を「健全」な「町村民=国民」に馴致するために、教育者としての久保田は「小学校ニ於テワ一般国家的観念オ児童ニ授ケルト同時ニ、所住町村ナルモノ、観念オ充分ニ授ケネバナラ」ないと考えた。[7]

ところが、久保田の目に映った町村自治の現状は「実ニ幼稚極マ」るもので、村民の帰属意識が「部落」（旧藩政村）にあることを嘆く（②）。[8]そうした状況を改善すべく、「小学校ニ於テワ国民教科トシテ町村自治体ノ大体オ授ケルト共ニ更ニ自己所属ノ町村ニ於ケル実際ノ知識オ授ケル」こと（③）、すなわち「郷土誌」教育を通じて、新しい行政域に統合される「健全」な「町村民」に訓育することが必要となる。

つまり、「玉川村村勢調査」とは、「自己所属ノ町村ニ於ケル実際ノ知識」の集成と言えるだろう。実際に④で明言されているように、「調査」は「郷土誌」の教材を収集するために行われたのであった。[9]

この「調査」を資料として、国家ないしは町村の「観念」を児童に直接教え込んだかはさだかでないが、以後、それに基づく新たな教育が実践されることになる。

「玉川村の歌」

「玉川村村勢調査」がまとめられた年、久保田は「玉川村の歌」という唱歌を作詞している。[10]以後、「玉川村の歌」は玉川小学校の「唱歌」科目において尋常科、高等科を問わず全学年の教材として用いられ、戦前の卒業生なら誰もが口ずさむことのできる歌となった。

十二段落からなる「玉川村の歌」には、春の村の様子がまるで一幅の風景画のように美しく描き出されている。冒頭の三段落で、諏訪地方の風景を象徴する八ヶ岳と諏訪湖、同じく、山浦地方を象徴する「大泉山」、「柳川」、「小泉山」が描かれ、八ヶ岳と諏訪湖の「中空」に位置する名勝「多留姫の瀧」を仲立ちにして鳥瞰的な視点はなめらかに玉川村へと移されてゆく。小泉山の「峯」から「山浦」のなかに望む「玉川村」の春（四・五段落）、養蚕業、農業、漆器業、製鋸業などの村を代表する産業（六—八段落）、「菊澤遊園」、

玉川村の歌

高きを見ずや八ヶ岳
深きを見ずや諏訪の湖
山と水との中空に
白絲さらす多留姫や

瀧のしぶきに常ぬれて
千代の緑の色深き
大泉山の山松に
藤波かかる春のくれ

麓を洗ふ柳川の
早瀬の水をめぐらして
ここにも立てる山姫の
姿やさしき小泉山

峯に登りて眺むれば
見る目も廣き山浦に
玉川村の九區の春
竝ぶも嬉し我が前に

上るひばりに引く霞
桃咲き交る七百戸
菜種の花も咲き續く
故郷の春のうつくしや

蠶飼ひの業のいそぎにと
あれ見よ父母は野に出でて
桑を切るなり鎌とりて
畑を打つなり鍬取りて

苗代小田に水いれて
今年を祈るはらからは
樂しさ胸にあふれつつ
田打の歌を謠ふなり

蠶種商ふ家多に
漆を磨く穴山や
山田の里の鋸も
冬をいそしむ夜の歌

人勇健に相和して
民醇朴に睦びつつ
此の風土に落ちざらば
樂しからずや我が郷土

少年血氣胸燃えて
半夜燈火に書をひらき
勇奮萬苦を貫かば
樂しからずや我が前途

雲井に浮ぶ富士の根は
紫色に暮れそめぬ
見よや菊澤遊園の
松吹く風の花吹雪

山田の里の製絲場に
入日の影ものこるなり
夕べになるや粟澤の
鐘の響も聞えつつ

夕餉かしぎて待たすらむ
軒端に靡く夕けむり
上らん月も惜けれど
樂しき家に歸らまし

「粟澤観音」、「山田の里の製糸場」などの村の名所（十一・十二段落）から構成され、九・十段落には反語的結びをもつ同一の形式で「郷土」が描かれる。

明治三五年という制作年を考えれば、時流に乗った地理歴史唱歌のひとつということもできるが、偉人などの「歴史」に相当する部分が欠落している。とはいえ、同時期の他の唱歌に見られる形式的な構成に比べれば、異色と言わざるを得ない。

偉人などの「歴史」に相当する部分が欠落しているとはいえ、明治三五年という制作年、そして「玉川村村勢調査」に基づくと思われる「桃咲き交る七百戸」の戸数、山田の鋸や穴山の漆器業といった地場産業、養蚕や製糸場などの情景描写に鑑みれば、「玉川村の歌」もまた、地理歴史唱歌のひとつと言えるだろう。問題は、この唱歌が教育現場で児童たちによって実際に歌われていたことだ。

久保田にとって、小学校とは「国民ノ養成場」、すなわち「国家のイデオロギー装置」（アルチュセール）である。そして、当時の「郷土誌教授」論に立ち返れば、地理歴史唱歌は、児童に「自己所属ノ町村ニ於ケル実際ノ知識」を授けると同時に、「郷土誌」の変奏として愛郷心を惹起・涵養することを目的として制作されていた。つまり、地理歴史唱歌を歌唱するというその身体的な実践のなかに、児童を「健全」な「町村民＝国民」に「養成」するというイデオロギーが埋め込まれていたのである。

5　おわりに

長野県において明治三〇年代に成立した地理歴史唱歌は、郷土教育と密接に関連した一種の郷土誌であった。「直観」される範囲ではなく特定の行政領域の地理と歴史を「実質的知識」として学習することで、（おそらく、それまで意識することなく日常的に接してきた）周囲の「風景」は「郷土」に転換される。つまり、「郷土誌」の学習、そして「地理歴史唱歌」の歌唱を通じて、特定の行政単位に合致する「郷土」の実定性が獲得されてゆくのである。いわば、この時期に「郷土」は誕生したのだ。もちろん、それが、閉域的な空間（地理）と同じ過去（歴史）とを前提する空間表象の一形式として仮構されたものであることはいうまでもない。[11]

だが、「郷土」の空間スケールは可変的である。たとえ齟齬があるにせよ、例えば「日本」という、より上位のスケールに接続される回路もまた同時に構築されていたはずだ。その可変性を支える空間表象のメカニズムの解明は、今後の課題としなければならない。

注

1―市川健夫・小林英一『県歌 信濃の国』銀河書房、一九八四年、二九六頁。

2―村松今朝太郎編『信濃唱歌』上原書店、一九〇一年、一八頁。ちなみに、村松は「村松清陰」の筆名で「地理歴史参考 小県郡歌」などを作詞した人物である。

3―①井出孫六『信州奇人考』平凡社、一九九五年、二九三頁。②内田康夫『「信濃の国」殺人事件』講談社文庫、一九九四年、三五六頁。

4―宮川 勇『上田周遊唱歌』信濃週報社、一九〇八年、四二頁。

5―①茅野市立玉川小学校編『玉川小学校百二十年の歩み』茅野市立玉川小学校、一九九三年。②久保田俊彦『赤彦全集 第九巻』岩波書店、一九七〇年。

6―この調査は、形式からすれば、日露戦争後に各地で作成された「町村是」に類する地域調査のひとつであり、「郷土」としての「玉川村」を表《タブロー》の空間のうちに可視化する試みとして捉えることもできる。ちなみに、杉浦芳夫は、久保田とも交流のあった長塚節の小説『土』が、「村の生活全般にわたり参与観察的に詳述している」ことから「私家版町村是」と位置づけている。杉浦芳夫「小説『土』の歴史地誌学」同編『文学 人 地域―越境する地理学―』古今書院、一九九五年。

7―余談であるが、文部省唱歌「故郷」の作詞者として知られ、長野県師範学校で久保田の一年先輩にあたる高野辰之も、弟妹に「国家的観念」を「養成」するよう両親に手紙で懇願したことは、教育者としての二人に共通する興味ぶかい事実である。詳しくは、猪瀬直樹『唱歌誕生―ふるさとを創った男―』文春文庫、一九九四年、二九八頁。

8―玉川村は明治七年に九つの旧藩政村(山田新田、中沢、田道新田、粟沢、神之原、子ノ神新田、菊沢、穴山、北久保新田)が合併し、明治二二年の市制町村制によって行政村となった。

9―戸口、土地利用、村の産業を中心とした経済、村の政治機構、青年会や婦人会による教育活動に関しては数値の記載などによる客観的な記述を試みている一方、「風俗」の「欠点」などに関しては、「一村自治制ノ良民足ラズ」、「公共観念ノ欠乏」、「父兄殊ニ母親ノ固陋無知」というように、率直な感想も吐露されている。

10―久保田俊彦『赤彦全集 第七巻』岩波書店、一九三〇年。

11―成田龍一『「故郷」という物語―都市空間の歴史学―』吉川弘文館、一九八〇年、二五九+一三頁。したがって、「郷土」に対する共感が支配的となる共同体が形成されたとしても、それは想像の共同体でしかない。この点については、酒井直樹「他者性と文化」『思想の科学』第一二五号、一九九〇年、四―八頁。

●第3章
昭和初期に記述された郷土と手仕事
――山陰の民藝運動と牛ノ戸窯を事例として

小畠邦江

1　はじめに

郷土へのまなざし

一九一〇年代以降、柳田國男を中心に郷土を学問的対象として観察する方法が提唱され、郷土にまつわる言説が各地で数多く生み出された。民俗学者や地理学者は地方を訪れ調査をおこない、その土地に関する記録を残した。郷土という語が、「生まれ育った土地」「ふるさと」「故郷」という意味に加えて、「その土地」「地方」「田舎」という意味をもつようになるのも、このような動きを反映してからのことと考えられる。[1]

その後、郷土への関心を急激に高めたのが、昭和初期の郷土教育運動であった。郷土教育運動は、伊藤純郎の著書に詳しくまとめられているように、一九三〇年（昭和五）の文部省から師範学校への郷土研究施設費の交付、郷土教育連盟結成と雑誌『郷土』の創刊によって全国的な盛り上がりを見せた。[2]『郷土』の創刊号には「小さい『生れ故郷』といふ範囲にばかり閉じ籠らずに広く都会と農村、国土と世界とを通じて見る郷土にのみ、日本の最も新らしい姿を発見し得る」[3]という郷土教育連盟の「宣言」が掲げられた。教育の現場では郷土読本の作成など、主に小学校の教員によって自分たちの生活圏についての記述が積極的になされるようになった。

このことは、郷土へのまなざしが、それまでかえりみられることのなかった日常へのまなざしの成立へと波及してゆくことを示している。柄谷行人は『日本近代文学の起源』において、国木田独歩の『忘れえぬ人々』が、平凡で無意味に見える人々を「忘れえぬ」人とみなす価値転換によって発見されたことを指摘し、柳田國男が昭和になって説くようになる民俗学の対象としての常民も、そのような価値転換によって発見されたと述べている。[4] 柳田は『木綿以前のこと』などの著作において、既成の歴史に記録されることのなかった一般の人々の生活を描写した。[5] 子安宣邦は「一国民俗学の成立」という論文において、柳田が彼らに向けた「新たな親密な視線」と、ほぼ同時代に成立した「『民芸』という日用品の美を見出す美意識」との間に「類似した視線を感じさせる」と指摘している。[6]

民藝運動とは

民藝運動は、大正期半ば頃からの準備期を経て、昭和初期に本格的な活動が始まった工芸運動である。近代期の日本における美術概念の生成については、既にいくつかの重要な研究がなされてきたが、[7] 工芸という概念は、美術以上に複雑で屈折した展開を見せた。なぜなら工芸の境界は曖昧で、美術の線引きから外れたものは工業と同義的な産業として認識されることとなったからである。[8] 一八七三年（明治六）のウィーン万国博覧会への出品を機に、輸出品としての工芸品の製作に力が入れられるようになったが、自分たちの生活様式を改革するためにデザインがなされるには明治末期まで待たねばならなかった。工芸の教育を目的とした機関としては東京高等工芸学校が一九二一年（大正一〇）に創立され、研究機関としては一九二八年（昭和三）仙台に商工省工芸指導所が設立され、日用品の規格化と産業の合理化をめざすことになった。[9] 一九二〇年代には多くの工芸の団体が組織されるに至り、民藝運動もそれらの流れのなかに位置づけることができる。[10]

日本の工芸がこのような状況にあるなか、「民藝」という言葉が「民衆的工藝」の略語として考えだされたのは、一九二五年（大正一四）のこととされており、翌一九二六年（同一五）には「日本民藝美術館設立趣意書」が、柳宗悦、濱田庄司、河井寛次郎、富本憲吉の四人の連名で書かれ、これを以て民藝運動の開始とみるのが一般的である。しかし、民藝に関しては柳宗悦の思想研究のなかで論じられる傾向が強かったため、[11] 民藝運動の実践を明らかにする研究がおこなわれるようになったのは最近のことといえる。[12] 本章ではローカルな社会が民藝といかに関わりをもったかについて、昭和初期の民藝運動の拠点であった山陰をフィールドとし、鳥取の牛ノ戸焼を事例として取り上げたい。江戸時代末から現在まで存続する窯が、民藝運動に参加することでいかに変容し、いかに記述されるようになったかを考察する。

2　昭和初期の民藝運動

全国的な調査と山陰

鉄道が開通すると、旅客輸送よりも貨物輸送の比重のほうがはるかに大きい場合が多く、手工業的に生産されていた製品の工業化が進展するというケースがしばしば見られた。[13] シヴェルブシュは「生産と消費とが、同じ場所に結びついているかぎり、――これが近代的輸送活動の開始以前は通例であったが、――商品は、それが生産されて消費される場所の特色を維持している」と述べ、「生産地と消費地が、近代輸送活動により空間的に分断されて、商品は初めて故郷喪失者となる」と指摘している。[14] 商品が地方色を失い始めた時期に、まだ残る「地方的なもの」を探し求めたのが、民藝運動であったといえる。しかし、商品は「故郷喪失者」となる道を歩むばかりではなかった。後述するように、民藝運動との関わりをもった産地は販路を広げる一方で、その土地、場所との結びつきをも強めていった。

山陰における鉄道開通は、部分的に未開通の区間が残るという経緯をたどり、全通する前の一九二八年（昭和三）一月、柳宗悦は初めて山陰を訪れた。同年三月から五月にかけて上野公園で開催される御大礼記念国産振興博覧会に向けた蒐集のためであった。前年の一二月下旬に東北をまわり、同年一月河井寛次郎とともに丹波篠山から山陰の鳥取、安来、松江、津和野、萩、下関を経て九州へ渡り福岡、久留米、佐賀、伊万里、長崎、熊本、鹿児島をまわっている。このように民藝運動の同人たちは、古美術など既成の骨董的価値に頼らず、当時つくられていたものや近過去につくられていたものに関心を向け、実際に産地まで赴き全国的な調査をおこなった。

柳が二度目に山陰を旅したのは山陰線が全通する一九三二年（昭和六）のことで、鳥取・島根の両県ともに民藝運動の本格的な始動が一九三一年であったのは、人の移動が鉄道の開通と密接な関係をもっていたからと考えられる。また、この年は日本民藝運動の機関誌『工藝』が創刊された年でもあり、山陰の動きは全国に向けて発信されることとなった。山陰が昭和初期の民藝運動において重要な拠点となったのは、不況の影響を受けながらも手仕事が残っていたことと、運動を推進する有力なリーダーが地元に存在したことが、運動の活発化に大きく結びついていたためと考えられる。

民窯の分布と取り上げられ方

民藝運動が美の対象としたのは、日常の生活で用いるもので、なかでも陶磁器は常に大きな比重を占めて

表3－1　民窯の分布と取り上げられ方

				A	B	C	D	E					A	B	C	D	E
1	弘前窯	●	青森	◆	◆	◆	◆	◆	33	丸柱窯	●	三重	◆	◆	◆	◆	◆
2	弘前	○	青森					◆	34	伊賀	○	三重					◆
3	久慈窯	●	岩手	◆	◆	◆	◆	◆	35	四日市	○	三重					◆
4	花巻	○	岩手					◆	36	信楽窯	●	滋賀	◆	◆	◆	◆	◆
5	堤窯	●	宮城	◆	◆	◆	◆	◆	37	五條坂窯	●	京都	◆	◆	◆	◆	◆
6	栗湯窯	●	秋田	◆	◆	◆	◆	◆	38	立杭窯	●	兵庫	◆	◆	◆	◆	◆
7	楢岡窯	●	秋田	◆	◆	◆	◆	◆	39	淡路	○	兵庫					◆
8	新庄窯	●	山形	◆	◆	◆	◆	◆	40	明石	○	兵庫					◆
9	平清水窯	●	山形	◆	◆	◆	◆	◆	41	郡山	○	奈良					◆
10	成島窯	●	山形	◆	◆	◆	◆	◆	42	牛ノ戸窯	●	鳥取	◆	◆	◆	◆	◆
11	荒砥	○	山形					◆	43	津ノ井窯	◎	鳥取	◆	◆	◆	◆	
12	小原窯	○	山形			◆	◆		44	因久山窯	◎	鳥取		◆	◆	◆	◆
13	本郷窯	●	福島	◆	◆	◆	◆	◆	45	母里窯	●	島根	◆	◆	◆	◆	◆
14	相馬	○	福島					◆	46	袖師窯	●	島根	◆	◆	◆	◆	◆
15	浪江	○	福島					◆	47	布志名窯	●	島根	◆	◆	◆	◆	◆
16	深谷	○	埼玉					◆	48	報恩寺窯	●	島根	◆	◆	◆	◆	◆
17	笠間窯	○	茨城			◆	◆	◆	49	湯町窯	●	島根	◆	◆	◆	◆	◆
18	益子窯	●	栃木	◆	◆	◆	◆	◆	50	楽山窯	○	島根					◆
19	新潟	○	新潟			◆			51	出西窯	○	島根					◆
20	新津村	○	新潟			◆	◆		52	温泉津	○	島根					◆
21	長岡窯	◎	富山		◆	◆	◆	◆	53	郷津窯	◎	島根	◆	◆	◆	◆	
22	大樋窯	◎	石川		◆	◆	◆	◆	54	濱田窯	●	島根	◆	◆	◆	◆	◆
23	九谷窯	○	石川			◆	◆	◆	55	喜阿彌窯	●	島根	◆	◆	◆	◆	◆
24	氷坂窯	●	福井	◆	◆	◆	◆	◆	56	津山	○	岡山			◆	◆	
25	多治見	○	岐阜					◆	57	伊部	○	岡山					◆
26	駄知	○	岐阜					◆	58	酒津窯	●	岡山	◆	◆	◆	◆	◆
27	笠原	○	岐阜					◆	59	大原窯	●	岡山		◆	◆	◆	◆
28	赤津窯	●	愛知	◆	◆	◆	◆	◆	60	羽島窯	○	岡山					◆
29	品野窯	●	愛知	◆	◆	◆	◆	◆	61	八本松窯	○	広島		◆	◆	◆	
30	瀬戸窯	◎	愛知		◆	◆	◆	◆	62	堀越窯	○	山口	◆	◆	◆	◆	◆
31	犬山	○	愛知					◆	63	佐野窯	○	山口	◆	◆	◆	◆	◆
32	常滑	○	愛知					◆	64	小月窯	●	山口	◆	◆	◆	◆	◆

			A	B	C	D	E
65	萩 ○	山口			◆	◆	◆
66	川島 ○	徳島			◆		
67	屋島窯 ◎	香川	◆	◆	◆	◆	
68	松山 ○	愛媛			◆		
69	砥部 ○	愛媛					◆
70	能茶山窯 ●	高知	◆	◆	◆	◆	◆
71	安芸 ○	高知					◆
72	野間皿山 ○	福岡			◆		◆
73	西新町皿山 ●	福岡	◆	◆	◆	◆	◆
74	小石原皿山 ●	福岡	◆	◆	◆	◆	◆
75	高取皿山 ○	福岡		◆			◆
76	赤坂 ○	福岡					◆
77	上野 ○	福岡					◆
78	二川窯 ●	福岡	◆	◆	◆	◆	◆
79	八代 ○	福岡					◆
80	白石皿山 ●	佐賀	◆	◆	◆	◆	◆
81	黒牟田窯 ●	佐賀	◆	◆	◆	◆	◆
82	有田 ○	佐賀					◆
83	唐津 ○	佐賀					◆
84	現川 ○	佐賀					◆
85	小鹿田皿山 ●	大分	◆	◆	◆	◆	◆
86	龍門司窯 ●	鹿児島	◆	◆	◆	◆	◆
87	帖佐 ○	鹿児島					◆
88	苗代川窯 ●	鹿児島	◆	◆	◆	◆	◆
89	壺屋窯 ◎	沖縄		◆	◆	◆	◆
	集計		41	49	58	54	79

（出典）　Aは、1934年11月の雑誌『工藝』47号の「現在の日本民窯」地図より
Bは、1937年３月に芹沢銈介が作って民藝館で販売した合羽摺の地図より
Cは、1941年の「日本諸国民藝縣別覚書」より
Dは、1941年に完成した「日本民藝地図」より
Eは、1948年に出版された『手仕事の日本』より

（注）　窯の名前のあとの、●はA‐Eのすべてで取り上げられた窯、◎はA‐Eのうち４回取り上げられた窯、○は３回未満取り上げられた窯を表している。またこのマークが図３‐１に対応している。

きた。民藝の産地の地図として、最初につくられたのも焼き物の産地を示した地図であった。山陰の事例に入る前に、ここではまず全国的にどのような産地が民藝運動によって取り上げられてきたか、地図と柳の著作に登場する陶磁器の産地を表３‐１と図３‐１にまとめた。

一九三四年（昭和九）三月東京上野松坂屋で開かれた「現代日本民窯展覧会」の会場に、九〇〇〇点の陶器とともに展示されたのが「現在の日本民窯」という地図（表のA欄）である。「民窯」とは民藝の焼き物の意味で、江戸時代の藩の御用窯である「官窯」に対して柳らが考案した語である。

一九三七年（昭和一二）三月から五月にかけて日本民藝館で初めておこなわれた民窯の特別展示では、四九ヵ所の窯から約五〇〇点が出品された。この会を記念して染色家芹沢銈介によって合羽摺の「現在の日本民窯」地図（表のB欄）が製作された。

0
200km
●はA−Eのすべてで取り上げられた窯
◎はA−Eのうち4回取り上げられた窯
○はA−Eのうち3回未満取り上げられた窯
A〜Eについては表3−1の出典参照。

図3−1　民窯の分布

一九四一年（昭和一六）には「日本民藝地図屏風」（表のD欄）という大型地図が作成された。拙稿でも詳しく論じたが、芹沢銈介の肉筆による全長約一四メートルの巨大な屏風で、五四一件もの産地がこの地図に書き込まれている。[15] 参考のため表3-1には、この地図屏風の元となったと考えられる資料「日本諸国民藝縣別覚書」（表のC欄）と、同時期に執筆された『手仕事の日本』（表のE欄）に取り上げられた産地も加えた。表3-1と図3-1からは全国的な分布と民藝運動が取り上げた時期など、さまざまなことを読みとることができるが、本稿の文脈からは合計八九ヵ所の産地のうち、一四ヵ所が鳥取と島根の窯であることから山陰の比重の高さを示していることを指摘しておきたい。

3　牛ノ戸における窯業

山陰の民藝運動

鉄道開通の影響を受けながら、山陰の民藝運動は一九三一年（昭和六）を画期として、大きく動き始めた。続いては島根と鳥取の両県のそれぞれの展開についてみてゆくことにしよう。

島根の場合は、商工会議所の理事長太田直行が主導者であった。一九三一年（昭和六）の「島根工芸診察」は新聞社と商工会議所が企画し、県外から民藝運動の中心人物を招き県内を視察させ、『大阪毎日新聞』島根版に柳宗悦と太田直行と大毎支局長の楠五郎が交代で直ちに感想や批評を寄せた。この島根工芸診察は吉見俊哉のいうところの「メディア・イベント」として展開されたといえる。[16] このとき柳たちは、津和野、益田、浜田、江津、温泉津、大森、大田、今市、松江、平田、大社、布志名、報恩寺、湯町、袖師、廣瀬、八幡、安来、母里を巡り、山陰線開通による鉄道に加えて自動車も使用し、短期間で過密な予定をこなした。

その後、郷里の人々から久しく望まれた河井寛次郎の個展が、同年八月に開催された。また河井寛次郎は出身地である島根県で、熱心に各窯への指導と助言をおこない、濱田庄司もこれに協力した。この年の一〇月、山陰での成果は『工藝』の山陰の新民藝特集において発表され、そこで集められた品々による展覧会も、一〇月には京都の大毎会館で、一二月には銀座資生堂で開かれた。翌一九三二年（昭和七）五月には大阪高島屋でも開催された。このように山陰の民藝運動は積極的に展開され、全国へと発信された。

鳥取の場合は、鳥取出身の耳鼻科医吉田璋也が中心となり、鳥取民藝協団という製作者集団を結成したこと、それに伴って「たくみ工藝店」という販売組織をもったことに特色がある。以下で詳しく述べることになるが、柳が初めて山陰を旅したとき吉田璋也はまだ帰郷しておらず、牛ノ戸焼の存在はまだ民藝運動関係者に知られていなかった。牛ノ戸焼が注目され始めるのも、一九三一年（昭和六）以降のことであった。

地域の概観

牛ノ戸（牛戸）は鳥取県八頭郡河原町に現在も存在する地名である。一八八九年（明治二二）、市制町村制施行により鳥取県八上郡牛戸村から八上郡五総村牛戸となり、一八九六年（明治二九）に八頭郡が成立した後、一九二五年（大正一四）に明治村との合併によって八頭郡西郷村牛戸となり、一九五五年（昭和三〇）に河原町と国英村、八上村、散岐村、西郷村との合併を経て、現在の八頭郡河原町牛戸となった。地名は「牛戸」と表記し、地元の人は「うしと」と読んでいるが、かつては牛ノ戸とも記した。[17] 焼き物を指すときには、牛ノ戸焼と表記して「うしのとやき」と読むのが一般的である。

八頭郡河原町は鳥取市と北接し、市内の中心部から約一五キロメートル南西に位置する。千代川の中流にある河原から、その支流曳田川の形成する谷筋に沿って集落が点在し、牛戸もそのなかの一つである。寛政年間の町内全部落の世帯数の合計は一六七〇とされ、大正年間に増加し、一九四五年（昭和二〇）に世帯数が二一〇〇になってから後は大きい変化はない。『河原町誌』と河原町役場によれば、牛戸の世帯数は寛政年間には二七、一九九六（平成八年）の世帯数は二三で、世帯数には大きな変化はないが一世帯あたりの人数を考えると人口は減少傾向にあるといえる。

『河原町誌』によれば、河原町では農業を主な産業としているが、畜産、林業、漁業もおこなわれている。製造業は小規模な個人経営がほとんどである。曳田谷の多くの村では藩政期より紙漉きが盛んで、第二次大戦後しばらくまでは製紙農家があった。窯業に関しては、天神原遺跡という六世紀に須恵器を焼いた窯の跡があるほか、幕末より弓河内、谷一木、曳田、牛戸で、瓦や日用陶器を製造していた記録もあり、町内で陶土が取れ窯業が営まれていた[18]。また国立歴史民俗博物館がおこなった調査によれば、鳥取県内で近世期に操業していたと考えられる窯のうちで、明治以降も継続して操業している窯は八頭郡郡家町久能寺の因久山窯と河原町の牛ノ戸窯の二つのみである[19]。鳥取県物産観光センターによれば、現在鳥取県内には窯元が約四〇あるが、そのほとんどが第二次大戦後に開窯している。現在では町内で三軒が陶磁器を製造しているがいずれも個人経営で、窯業はこの地域における主要な産業ではない。牛ノ戸窯が多数の職人を抱え生産高を誇った時期もあるが、第二次世界大戦以前と現在では、牛ノ戸焼と称するのは大字牛ノ戸にある小林家の牛ノ戸窯一軒のみである。しかし、民藝に少しでも関心をもつ人は、牛戸がどこに位置するか知らなくても、牛ノ戸焼を知っている。そういった産地の知名度の高まりと民藝運動は不可分であったといえる。次項では、この一軒の窯元の変遷をみてゆくこととする。

創始から明治の繁栄

牛ノ戸窯に関しては、上田喜三郎の『陶工職人の生活史―民芸牛ノ戸焼親方の生涯―』が、話者から聞いた言葉をそのまま記述する個人の生活史、ライフヒストリーという形式でまとめた貴重な資料である[20]。話者小林秀晴の生涯は、一九〇一年（明治三四）から一九七九年（昭和五四）で、上田による聞き取りは一九六八年（昭和四三年）一二月から一九七九年（同五四）八月まで、話者が亡くなる四ヵ月前までおこなわれた。

上田の著書によれば、牛ノ戸焼の創始者は、秀晴の曾祖父小林梅五郎（一八二三〜一八九八）で、石見国那賀郡郷田村（現在の島根県江津市）より職人を連れて牛戸に移ってきたとされている。梅五郎が牛戸で製陶業に従事し始めた時期と、誰のもとで働いたかについての記載には資料によって相違が見られるが、遅くとも嘉永年間の一八五〇年代には牛戸で焼き物を作り始めていたと考えられている。梅五郎の時代、厳冬の一月から二月の二ヵ月は土が凍《し》みて仕事ができず、牛戸から江津に帰っていた。長い間、江津と牛戸とを行き来していたが、だんだんと仕事の地盤もできて牛戸に定住するようになった。『鳥取藩史』にも安政年間（一八五四〜一八五九）に「牛戸瓦壱万五千枚位、代三貫目位」という記述があり、石州瓦の技術を生かして、この頃には本格的に瓦の生産をおこなっていたことがうかがわれる。[21] 梅五郎の時代にはすでに一三基の大きな登り窯があった（一部分は現存、基は登り窯を構成するなかの一つの窯のこと、袋とも呼ぶ）。別に一三基か一五基の瓦を焼く窯もあったという。土は瓦や大物の日用品をつくるには大量に必要だったため、他家の田より求めて広く掘り起こしていた。徒弟や職人もたくさんおり、一人の人が擂鉢を一日に五〇〇もつくったという記録もあるほど、燗子、皿、徳利、擂鉢などそれぞれが専門の技術を磨いた。

次が梅五郎の息子の小林熊三郎（一八五六〜一九一九）の時代である。熊三郎の活躍したのは明治初年から明治末までで、兄弟と協力し事業を拡張した。いわゆる民窯として、瓦、甕、壷、擂鉢、徳利、丼、皿、茶碗などをつくり、県内のみならず他県へも供給するなど、牛ノ戸窯の経営基盤を確立した。この時代も陶器だけでなく瓦も製造しており、瓦を焼いていたのは一九一五年（大正四）頃までとされる。六〇人ほどの陶工を使っていたこともあり、ここで修業した弟子の多くは島根県に帰って仕事をした。のちに、吉田璋也らが蒐集して鳥取民藝美術館の蔵品としたもののなかには、熊三郎時代につくられたものが多いようである。

しかし、繁栄の陰で後継者には恵まれず、婿養子に迎えた三代秀之助は三年で妻と息子秀晴を残し、一九〇四年（明治三七）に牛戸を去り江津に帰った。一九一九年（大正八）祖父熊三郎が急死し、秀晴は一七歳で五〜六人の職人の親方となり、焼き物の製造、職人の掌握、製品の販売など経営の一切の重責を負うことになった。

存亡の危機と民藝運動との関わり

さらに上田の著作をみてゆくと、熊三郎は事業を拡大し牛ノ戸焼を発展させたが、跡を継いだ秀晴には多額の負債も残されていた。昭和初期の不況や鉄道による他地域の品の流入などの原因はあったものの、経営難が戦後まもなくまで続いたのは負債の影響が大きかった。厳しい経営が続くなか、一九三一年（昭和六）に郷里の鳥取に開業した耳鼻科医吉田璋也が、鳥取市内の陶器店、現在の南明堂で五郎八茶碗を見つけ、購入し、牛戸をたずねて民藝の仕事をしないかと熱心に勧誘した。小林秀晴三〇歳、吉田璋也三三歳のときであった。こうして、牛戸ではそれまでつくっていた水甕や擂鉢などの日用品もつくりながら、飯茶碗、汁茶碗、湯飲みなどのほかに、洋食器に近い皿、ソース注ぎ、コーヒー茶碗、紅茶茶碗、ピッチャーなどの新たな試作を始めた。これが、いわゆる新作民藝である。

鳥取では牛ノ戸での試作をはじめとした製作指導と同時に、販売流通に向けた整備が進められた。牛ノ戸窯の民藝品試作が始まった翌年、一九三二年（昭和七）には鳥取民藝協団というギルドが結成され、牛ノ戸焼のほか木工、家具、指物、挽物、漆工、金工（鉄）、金工（銅）、竹細工、染織などの職人を集めて組織された。できあがった製品はすべて、たくみ工藝店が買い取るシステムにし、不況下での作り手の生活を保証した。「たくみ工藝店」は、一九三二年（昭和七）六月鳥取市内に開店し、翌年東京銀座に支店を出した。柳宗悦、河井寛次郎、濱田庄司、バーナード・リーチ、黒田辰秋らの作家も鳥取を訪れ、さまざまな助言をおこなった。一九三二年（昭和七）一〇月には同じ中国地方の倉敷で「鳥取新民藝品展覧会」、翌一九三三年（昭和八）一一月には静岡でも「鳥取民藝展」が開かれた。かくして、鳥取の新作民藝は全国的に発信されるようになり、雑誌『工藝』においても牛ノ戸焼が写真入りで紹介されるようになった。『月刊民藝』でも「たくみだより」という記事で東京のたくみ工藝店の品揃えが宣伝されており、牛ノ戸焼の窯出しがおこなわれたときは、入荷予定の記事が書かれている。このような状況を整備した吉田璋也は、後に自らを民藝のプロデューサーと位置づけた。

民藝運動と産地の関わりは、昔から同じものをつくり続けている産地への再評価である場合と、牛ノ戸のように運動によって方向転換した場合とがある。牛ノ戸の場合も、際立った変化がありながら、巧みに伝統の創造がおこなわれ、あたかも一〇〇年間同じものをつくっているような錯覚に陥らされることがある。しかし、民藝運動以前には、牛ノ戸焼はなかったといってもいいだろう。牛ノ戸で瓦や陶器の生産はおこなわれていても、それを牛ノ戸焼として認識させたのは、郷土へ帰ってきて、外からの目で郷土をまなざした吉田璋也という着火点があったからだと考えられる。しかし、繰り返し秀晴が「民藝に転向した」と言う背景には、それまでの問屋とのつきあいを徐々に減らし、つくったものすべてをたくみ工藝店に卸すという並々ならぬ決断があったと思われる。吉田璋也らが、牛ノ戸焼の古作品を評価していたということは、その時代に合った新たなことを始めることに対する抵抗感が幾分かは薄められたと考えられる。その変化を秀晴は「民藝に転向した」とたびたび述べるのであり、民藝の焼き物を始めたのは牛ノ戸が全国で一番最初であったということにも自覚的であったことが読みとれる。

牛ノ戸窯は、戦後秀晴の息子である五代目栄一が継ぎ、現在は六代目の孝男が継いでいる。また、牛ノ戸の隣の字にあたる中井で牛ノ戸脇窯として創業した窯は、現在では因州中井窯と称している。

4　郷土意識の発見

同時代の郷土意識と酢徳利

さて、今度は角度を変えて、小林熊三郎が牛ノ戸焼の基盤を固めた明治期に牛戸でつくられた酢徳利が、遠く北海道まで運ばれていたという事実に注目してみたい。吉田璋也が雑誌『工藝』一一号（昭和六年一二月）に「牛戸の窯」という文章を寄せているので、熊三郎時代の箇所を引用する。

昔因幡では日用の雑器は殆ど出雲、石見、或は北九州から海路鳥取を距一里の加露港に運ばれ廣く供給されてゐたのであるが、この時代に至つてはこれ等の外来の品物は牛戸の製品におされ、牛戸の製品は因幡一圓はおろか遠く山を越え作州、また海を渡り若州にまで其の販路は擴張されてゐたのである。大極上々酢と大書された酢徳利が一ヶ月に萬に近い數をはるばる北海道に運ばれたのもこの時代である。その頃北海道ではどんな淋しい峠の一軒茶屋にも空いたこの酢徳利が湯婆に利用されてゐたと云ふ。

この酢徳利は、『工藝』九号（昭和六年九月）の挿絵「陶器に書かれし文字」でも取り上げられていた。柳が挿絵解説を書いている。丈一尺一寸の徳利に「大極上々酢」裏には「因幡鳥取吉村醸造」と記され、鳥取県牛ノ戸で当時から三〇〜四〇年程前に製作されたもので、牛ノ戸窯の一度の窯焚きで約八〇〇〇本焼かれたと述べられている。明治期、牛ノ戸焼の酢徳利は鳥取市内の吉村家のもつ船、聖徳丸で北海道に運ばれていた。聖徳丸は木造製西洋型帆船で、巨大資本をもつ運送業者の鉄製の汽船の登場により、明治三〇年代半ばで吉村家が海運業から手を引くまで、およそ一万人の人とさまざまな物資を運んだ。

一般に北海道移住のピークは明治一〇年代後半から大正期にかけてで、鳥取県からも二万五千人に及ぶ人々が移住した。明治一八年の鳥取県の人口がほぼ三八万人で、明治二二年の鳥取市の人口が二万六千人であり、鳥取県内からの移住規模は鳥取市の当時の人口に匹敵する。県内に資料があまり残っておらず知られていなかったが、平成一〇年に鳥取県公文書館で開催された「近代鳥取県人の北海道移住」という展覧会では、移住の概要と移住者が北海道に伝えた文化について紹介された[22]。北海道移住は、士族授産としての移住、政府の政策としての屯田兵、一般の移住の三つに大別できるが、移住者は開拓を進める傍ら各地に神社や寺院をつくり、開拓が落ちつくと麒麟獅子をはじめ数々の郷土芸能を北海道に伝えた。牛ノ戸焼の酢徳利については先行研究があったが[23]、今回の調査では酢徳利の分布等が明らかになりつつある。ここで興味深いのは、鳥取神社が北海道に建てられた頃、酢徳利は酢が売られるための媒介物でしかなかったのが、大正期末から昭和にかけて鳥取の郷土芸能が北海道で再生するとき、鳥取において牛ノ戸焼が郷土と結びつけられ語られるようになるという時代性である。

郷土教育との接点

最後に、昭和初期に鳥取の民藝運動と郷土教育がいかに交わってきたかを考えたい。郷土教育運動の高まりを決定的にした文部省から師範学校への施設費の交付によって、全国の師範学校では郷土資料の蒐集がおこなわれた。伊藤によれば、各地の師範学校が作成した『郷土資料目録実状』をみると、古文書、書画骨董、標本類など多種多様な物品が集められたが、それらは郷土教育に役立てるためというよりも、資料を購入して郷土資料室をつくること自体が目的となっていたところが少なくなかったと考えられる。その原因としては、施設費の交付が年度末に集中して消化が困難であったことや、施設費の使途が郷土研究資料の蒐集に限定されていて、実際に師範学校が必要とした調査費や講習会費として用いることができなかったことなどが挙げられる。郷土資料室が倉庫と化していたところもあったものの、雑誌『郷土』に郷土博物館に関しての論考がみられるなど、施設とその運営についても関心がもたれていた。[24]

鳥取では鳥取県師範学校の『昭和一一年度　郷土研究施設要覧』によれば、一九三〇（昭和五）年度に施設費が交付され、まず資料蒐集に取り組んで施設経営の基礎ができ、一九三三（昭和八）年度に郷土室を拡張し二つに分けて、第一郷土室には自然的資料を、第二郷土室には人文的資料を整理したという。一九三四（昭和九）年度以降は、資料の利用と調査研究に努め、修身、教育、公民、歴史、地理、国語、漢文、博物、実業の各科にわたって郷土教授細目を調整し、郷土教育実施の具体的細案を確立した。また、郷土研究会を組織し、職員生徒が協力して調査研究をおこなった。

郷土教育資料目録は、以下の項目に沿って書かれている。

修身教育公民之部　1、文献図書類　2、調査研究物類

国語漢文之部　1、文献図書類　2、筆跡類　3、調査研究物類　4、写真絵葉書類

歴史之部　1、考古学的遺物類　2、文献図書類　3、美術工芸品類　4、調査研究物類　5、写真絵葉書類

地理之部　1、模型類　2、地図類　3、統計図表類　4、文献図書類　5、調査研究物類　6、物産標本類　7、写真絵葉書類

実業之部　1、文献図書類　2、調査研究物類　3、物産標本類　4、土壌標本類　5、写真絵葉書類

博物之部　1、文献図書類　2、調査研究物類　3、標本類　4、写真絵葉書類

そのなかで、地理之部の物産標本類には窯業の項目で「平鉢（牛之戸焼）」「牛之戸焼花瓶」「牛之戸焼一升徳利」「牛之戸焼徳利」「牛之戸焼漬物皿」「牛之戸焼平茶碗」「牛之戸焼竹ニ雀画小皿」などが見られた。『郷土資料目録』鳥取市久松尋常高等学校、昭和一一年一一月は、上記の師範学校の郷土教育資料目録とほぼ同じ項目で、さらに細分化して書かれていた。ここでも、歴史之部、地理之部に牛ノ戸焼の土瓶や皿が取り上げられていた。

師範学校の郷土資料として、複数の部門において絵はがきが蒐集された。このことについては、和歌山県の師範学校に関する研究があり、そこでは師範学校の多くが絵はがきを『地理（科）』の資料として認識していたこと、師範学校の『地理』では写真を教材として使うことが公に奨励されていたことが述べられている。[25]鳥取の事例でも、地理科写真帳（八頭郡気高郡東伯郡之部）には、「八頭郡因久焼竃」「八頭郡因久焼製品」と並んで「八頭郡牛之戸焼竃」が挙げられており、牛ノ戸焼が郷土教育の教材にされていたと考えることができる。

また、八頭郡の西郷小学校の昭和八年の『郷土讀本』では、「尋六用」と「高一用」に牛戸に関する記述が見られた。まず、「尋六用」の「郷土に於ける生業の変遷」では、

特に最近研究努力の結果、市場に其の聲価を高めつゝある湯谷筍、之に並んで地の利を活用した神馬大根、民藝運動の擡頭から産額は少なけれ共牛戸焼の聲価の一時に高くなつた（以下略）。

「高一用」では「牛戸焼」と独立した項目があり、一部を引用する。

昭和六年早春鳥取市藝作興家吉田璋也氏は此の粗野な土の製作品の味はひを見出し、我國、民藝運動の

大家たる柳宗悦氏と陶業界の権威者河井寛次郎氏に紹介し、相共力して種々指導研究し、遂に今日の名聲を博するに至った。然して京阪地方に於ける展覧會即売會等に出品し我國、民藝作品の代表とまで仕上げた。七年春にはロンドンに於ける各國作品展覧にまで出品されるに至った。

百年来殊更に時人の好みに投じようといふ点に専念し、射利の気持は更になく、唯実用を目的とする必要に応じての製作品であった。然し其の中にも牛戸焼本来の民藝的個性のひらめきが流れてゐた。この個性この美を見出しそして培ひ現代人の藝術心に応ずるものと成し遂げたところに苦心と努力があったのである。

かくて百年間さゝやかに営まれた、かくれた民藝品牛戸焼は世に出たのである。現在では製作種類百数十点、年産額四千円位にも及ぶようになった。


このあと、「チャップリンが涎を流した牛戸焼の渋味」という見出しで昭和七年五月二二日に『朝日新聞』に載った記事が引用されていた。

このように、幾つかの資料から牛ノ戸焼が蒐集資料の対象とされていたことが確認できた。郷土教育において牛ノ戸焼は、江戸時代から続いた窯としてではなく、むしろ民藝運動によって存亡の危機を乗り越え再生した窯として題材に取り込まれていたのである。民藝運動が重視した地方色や、その土地の材料を使った手仕事は、郷土教育にとっても有効な題材であったことがうかがわれる。

5　むすびに

郷土誌は、その郷土の人によって書かれたものと、そうでないものの二つに大別できるが、牛ノ戸焼はその両方の題材とされた。民藝運動との関わりから、柳宗悦など郷土の外の人間と、鳥取出身の吉田璋也の両者から語られることで、牛ノ戸焼は全国的に知られるようになった。また鳥取県内では郷土資料として扱われ、郷土読本の題材ともなり、さまざまな方面から関心が寄せられていたことが確認できた。

本章では、郷土が盛んに語られた昭和初期に民藝運動が成立したことを述べてきたが、これらの動きはナショナル・アイデンティティや伝統への問い直しと表裏一体にあるローカルなレベルでのアイデンティティや伝統の問い直しであったといえる。[26]「民俗学的知識の形成者、あるいは民俗学的資料の収集者がその土地に異なる『旅人』であってはならないとは実は柳田自身が説くこと」であり、「『国民』とは個別の郷土研究の成果を、そして各地の平民の生活記録を一つの綜合へと読みとっていく柳田学の主題であり、彼の学の論理」であった。[27]柳田の「一国民俗学」の成立が郷土教育運動と無関係ではあり得なかったように、郷土が強調されるとき、その郷土は祖国という共通の基盤を前提とし、愛国の精神と郷土愛とが同じ次元にあることもまた、郷土の一側面として考えておく必要がある。

成田龍一が「故郷がさかんに語られる時期――一八八〇年代、一九三〇年代、一九六〇年代後半から七〇年代前半は、いずれも国民国家の節目であり、それぞれ国民国家の成立期、転換期、そして変容期にあたっている」[28]と指摘したように、一九六〇年代後半から七〇年代前半はまた、民藝ブームと呼ばれた時期とほぼ一致していた。郷土的なものを求める消費活動が本格化した時期と考えられる。

牛ノ戸焼を事例に日常の生活のなかで使われた焼き物が、郷土という枠組のなかでいかに記述されてきたかを論じてきたが、民藝運動は、骨董趣味的に古いものの良さを発掘しただけではなく、その土地の素材を生かし、その時代にあったものをつくりだす運動でもあった。本章で主に鳥取をフィールドにした理由は、民藝運動のなかでもそれまでつくられたことのなかった品々を、新たに民藝という名のもとで全国に向けて発信した、最初の試みがなされた地域であったと考えたからである。

（付記）本稿は一九九九年三月に神戸大学に提出した修士論文をもとにしており、その骨子は一九九八年度人文地理学会（於京都大学）において発表したものである。

注

1―ふるさととしての意味のみしか挙げていないのが、①芳賀矢一校閲、志田義秀・佐伯常麿共編『日本類語大辞典』晴光館、一九〇九年。②上田萬年・松井簡治『大日本国語辞典』冨山房、修訂版一九三九年（初版一九一五年）。以下の辞書には二通りの意味が記されている。③大槻文彦『大言海』冨山房、新訂版一九五六年（初版一九二三年）。④『日本国語大辞典』小学館、一九七三年。⑤新村出編『広辞苑』岩波書店、第五版一九九八年。

2―伊藤純郎『郷土教育運動の研究』思文閣出版、一九九八年。

3―郷土教育連盟「宣言」『郷土』創刊号、一九三〇年、一頁。

4―柄谷行人『日本近代文学の起源』講談社、一九八八年（初版一九八〇年）、三九―四〇頁。

5―柳田国男『木綿以前のこと』岩波書店、一九九四年（初版一九三九年）。

6―子安宣邦「一国民俗学の成立」『近代知のアルケオロジー』岩波書店、一九九六年（初出一九九三年）七頁、一一―二〇頁。

7―①北澤憲昭『眼の神殿―「美術」受容史ノート―』美術出版社、一九八九年。②木下直之『美術という見世物』平凡社、一九九三年。③佐藤道信『〈日本美術〉誕生―近代日本の「ことば」と戦略―』講談社、一九九六年。

8―前掲、佐藤『〈日本美術〉誕生』。

9―柏木 博『芸術の複製技術時代―日常のデザイン―』岩波書店、一九九六年。

10―「日本工芸の青春期1920s-1945」展カタログ、美術館連絡協議会・読売新聞、一九九六年。
11―①熊倉功夫『季刊論叢日本文化一〇　民芸の発見』角川書店、一九七八年。②水尾比呂志『評伝柳宗悦』筑摩書房、一九九二年。③鶴見俊輔『柳宗悦』平凡社、一九九四年（初版一九七六年）。
12―①金谷美和「文化の消費―日本民芸運動の展示をめぐって―」『人文学報』第七七号、一九九六年。②濱田琢司「産地変容と「伝統」の自覚―福岡県小石原陶業と民芸運動との接触を事例に―」『人文地理』第五〇巻第六号、一九九八年。③竹中　均『柳宗悦・民藝・社会理論―カルチュラル・スタディーズの試み―』明石書店、一九九九年。
13―原田勝正『鉄道と近代化』吉川弘文館、一九九八年、六七―一〇八頁。
14―ヴォルフガング・シヴェルブシュ、加藤二郎訳『鉄道旅行の歴史―一九世紀における空間と時間の工業化―』法政大学出版部、一九八二年、四九―六〇頁。
15―小畠邦江「柳宗悦の足跡と産地の地図化―「日本民藝地図屏風」の成立を中心に―」『人文地理』第五三巻第三号、二〇〇一年。
16―吉見俊哉「メディア・イベント概念の諸相」津金澤聰廣編著『近代日本のメディア・イベント』同文舘、一九九六年、三―三〇頁。
17―①河原町誌編集委員会『河原町誌』河原町役場、一九五九年、五六頁。②『河原町誌』河原町役場、一九八六年、一二五―一二七頁。
18―『鳥取県の地名』日本歴史大系三二、平凡社、一九九二年、三一八―三三二頁。
19―『国立歴史民俗博物館研究報告第七三集　近世窯業遺跡データ集成』国立歴史民俗博物館、一九九七年。
20―上田喜三郎『陶工職人の生活史―民芸牛ノ戸焼親方の生涯―』御茶の水書房、一九九二年。
21―『鳥取藩史』第五巻、鳥取県立図書館、一九六一年、四一頁。
22―①「近代鳥取県人の北海道移住」展カタログ、鳥取県公文書館、一九九八年。②安藤文雄ほか「北海道移住の足跡―平成9年度公文書展から―」『日本海新聞』一九九八年二月一一日から三月一九日まで計二二回連載。
23―松下　亘・氏家　等「酢の古い容器〝酢徳利〟について―とくに北海道開拓記念資料を中心に―」『北海道開拓記念館研究年報』第五号、一九七七年三月。
24―①棚橋源太郎「郷土博物館問題」『郷土』第六号、一九三一年四月、五〇―六〇頁。②森金次郎「郷土博物館の設立と経営」『郷土』第六号、一九三一年四月、六一―六九頁。
25―島津俊之「師範学校による絵はがきの収集と郷土教育」『紀州経済史文化史研究所紀要』第一八号、一九九八年、一―三六頁。
26―エリック・ホブズボウム、テレンス・レンジャー編、前川啓治・梶原景昭他訳『創られた伝統』紀伊國屋書店、一九九二年。
27―前掲、子安「一国民俗学の成立」。
28―成田龍一『「故郷」という物語―都市空間の歴史学―』吉川弘文館、一九九八年。

●第4章

地域の展示と「私たち」の生成

福田珠己

現代アメリカ社会における過去への執着は、計り知れないものであるかのようだ。アーリントン墓地やリンカーン記念堂にはひっきりなしに人が訪れ、コロニアル・ウィリアムズバーグなど野外歴史博物館は休暇旅行の主要目的地の一つとなっている。都市に目を転じると、歴史的建造物を活用した再開発や歴史的なるものをパーツとして散りばめた郊外のショッピング・モールは、増加する一方である。人々は、ことさらアカデミックな歴史を意識するまでもなく、過去に接し、それを消費している。[1] 一方、過去の記憶が、時として政治的な舞台で議論されることは、最近の日本のみならず、アメリカ合衆国においても同様である。とりわけ、過去の記憶が依然として国家という想像の共同体の形成・強化と強く結びついていると同時に、それまで大文字の歴史の中で語られなかった者たちの過去の記憶が、可視化されるようになってきている。可視化のプロセスもまた様々である。顕彰すべき過去であれ、追悼すべき対象であれ、モニュメントや建造物など景観の中に過去の記憶が刻印されることも多く、それらはしばしば地理学研究の対象となってきた。[2] 同時に、過去の記憶は博物館などにおける展示表現や諸実践にも大きな影響を及ぼしている。過去という表現を通して、人々はいったい何を表現しようとしているのか。誰が過去を価値付け、どのような文脈の中でそれを語るのか、どのような実践を通して自己像を形成していくのか、そのことが、真摯に問われているのである。

近年、社会的構築物としての博物館を解き明かそうとする論考が数多く発表されてきた。[3] 扱う対象は異なっているが、この種の論考には、博物館特有の行為を社会的政治的文脈の中で議論するという共通点が見られる。モノを収集するという行為、それを知の体系の中に秩序付ける行為、展示を通して視覚的に表現する行為が、問い直されているのである。トニー・ベネット[4]は『博物館の誕生』の中で、科学的合理性と結びついた近代の博物館が、大衆の啓蒙装置として重要な役割を果たしてきたことを博物館の系譜を辿りつつ明らかにしている。このことは、普遍的な知が人々に均等に行き渡るということを意味しているのではない。知の生産者であり支配者であるエリートと矯正されるべき大衆とを峻別することにつながるのである。

また、博物館で伝達されるメッセージも決して中立的でない。ダナ・ハラウェイ[5]は、一九三六年、アメリカ自然史博物館内に作られたセオドア・ルーズベルト記念アトリウムについての綿密な読みから、「テディー・ベア家父長制」と称する思想を具体化する博物館の諸実践について、次のように表現している。「すべて（の博物館における公共的な活動）は、脅かされつつある男らしさを維持するためのものであった。その活動とは、展示であり優生学であり保存である。……（中略）……（展示）は永続性を生み出し朽ち果てていくことを食い止める行為である。優生学は遺伝的ストックを保存し、人種の純粋性を確保し、人種の滅亡を食い止めるための実践である。保存とは、産業のためだけではなくモラルの形成あるいは男らしさの達成のために資源を保存する一方法なのである」[6]。ハラウェイは、ホールに掲げられた普遍的な知に対する信仰の現れである言葉「心理、知、視覚」がよって立つ男性主義的な思想や、テディー（および、それに代表される白人男性）と未開のアフリカ人との擬似的な父子関係、その擬似的関係に潜む西洋／非西洋を分かつ価値観を暴露していったのである。

本章では、ハラウェイが対象とした自然史博物館とならんで、一九世紀終わりから二〇世紀はじめにかけてアメリカに開花した歴史協会の活動を取り上げる。しかしながら、当時の博物館活動、あるいは、歴史協会での活動がいかなるものであったのかということに焦点をあてるつもりはない。むしろ、資料や情報の収集・保存・展示の中で、いかに人間やそれにまつわる知識を分類し定位付けてきたのか、踏み込んでいきたい。以下、ニューヨーク州シラキュース（Syracuse）に一八六二年に設立されたオノンダガ歴史協会（Onondaga Historical Association）を事例として、考察していく。この歴史協会のカタログに出会った時、すぐさま私は、初期の協会が持つ地域や歴史に対するアンビバレントな態度に魅了された。彼らの態度は、愛国主義的であると同時に科学的である。洗練されない無邪気さが漂う一方で、厳密な分類を志向する態度も強い。その奇妙さと戯れるうちに、アンビバレントな態度の先にある対象の違いが明確になってきた。問題は、次の点である。誰が、誰に対してどのような知を伝えようとしていたのか、それら活動を通して形成される「私たち」とは誰なのか、そして「私たち」の影に隠れた存在とはいかなるものなのか。地域やその歴史を記録し表現することは、すなわち、それら知識を共有すべき「私たち」を創出することにほかならないのである。

1　オノンダガ歴史協会の設立と発展

オノンダガ歴史協会は、一八六二年に郡内の史料の調査・保存、歴史的知識の促進を目的に設立された民間団体である。協会のあるシラキュースは、オノンダガ郡の中心であり、この時期、すでにニューヨーク州中部の交通の要所、産業都市として成長の只中にあった。一八六〇年当時、シラキュースの人口二万八一一九人。オノンダガ郡全体の人口は九万六八六人。[7] 元来、先住民イロクォイが塩の生産や毛皮などの交易によってこの一帯に勢力をのばしていたが、独立戦争後、白人の入植が急速に進行し、一八二五年ハドソン川とエリー湖とを結ぶエリー運河が、さらに、一八三九年には鉄道が開通し、交通の要衝あるいは産業都市として大きく発展していくこととなった。

発展する町の有志は、事業の傍ら個人的趣味の範囲で歴史資料の収集に携わると同時に、他の東部諸都市に倣い、歴史協会の設立に乗り出す。一七八九年にマサチューセッツ歴史協会が設立されて以来、一八六〇年までにすでに六〇を超える協会が活動を始めていた。[8] 一八六二年一月、六名の男性が集まり、オノンダガの土地が歴史的に意義ある土地であること、そしてそこに眠る歴史資料を記録・保存するための施設が必要であることを確認しあった。その後、幾度かの会合を重ね、八名の理事のもと、オノンダガ歴史協会は活動を始める。翌一八六三年、活動の拠点となる部屋も確保され、活動が開始された。利用に供された収蔵資料は、週刊誌、主要都市の日刊紙を含む新聞、商業紙、統計類、科学や歴史の専門書、古書、新聞記事、雑誌記事、古地図、パンフレット、法的文書や手紙類、さらに、二〇〇〇種を超える鉱物標本、購入した貝やサンゴのコレクション、絵画、骨董品、珍しい古銭、南北戦争関連資料、先住民関連資料に及ぶ。[9]

図4－1　モンゴメリー通りのオノンダガ歴史協会建物。現在、博物館機能は別棟に移転している（筆者撮影）

こうして地域史の研究や資料収集へと乗り出したオノンダガ歴史協会は、より多くの市民、とりわけ「成長期にある都市で活躍する専門家や事業家」[10]の参加を促し、活動を活発化させていこうとする。会の活動はその後、一時的に休眠状態に陥ったが、一八九四年のオノンダガ百年祭開催を機に再び花開く。協会およびそのメンバーが百年祭に深く関与し、シラキュースの実業界においてメンバーが占める位置同様、百年祭でも強いリーダーシップを発揮することとなったのである。歴史協会は、百年祭の主要なイベントの一つである歴史ページェントの企画・指揮を担当することになった。このページェントはオノンダガの歴史をテーマにしたもので、一四一四年先住民によるイロクォイ連盟の結成に始まり、入植初期の生活、一八二五年のラファイエット将軍の到着、一八四〇年代の学校、一八五〇年代の逃亡奴隷法をめぐる「ジェリー救出」[11]、一八五六年の大火災を経て、南北戦争の終結で終わる歴史劇であった。ページェントは娯楽として位置付けられていたが、より広範な人々に歴史イメージを植え付けることとなった。ここで表現された物語は、その時代の人々の歴史観を反映しているとともに、それを形成するものでもある。言い換えると、オノンダガ歴史協会は、当時の人々の歴史観形成に重要な役割を果たしたのである。歴史ページェントに加え、オノンダガ百年祭のメイン・セレモニーもまた、協会の主催で行われた。歴史協会会長ウィリアム・キルクパトリック（William Kirkpatrick）はセレモニーの司会も務めた。さらに、大規模な展示会も開催され、九〇〇点を超える市民からの借用資料が出品された。

　オノンダガ歴史協会は、百年祭において歴史・地域像の共有化に成功した。デヴィッド・グラスバーグ[12]が論じているように、世紀転換期および二〇世紀初頭アメリカ社会では、都市の祝祭において歴史が欠くことのできない役割を果たしており、博物館やモニュメント、壁画、ページェントといった媒体が歴史観形成に寄与してきたのである。この後、オノンダガ歴史協会は、オフィスと展示・収蔵空間が一体となった建物を確保し、数を増した収蔵品を市民に公開することとなる。それに加え、一八九六年から、リーフレットの定期発行も始め、オノンダガの歴史について活発な意見・情報交換が行われるようになった。

全盛期を迎えたといって過言でないオノンダガ歴史協会は、一九〇六年、ついに、現在に至る協会専用の建物をモンゴメリー通りに確保する。ウィリアム・キルクパトリックが遺贈した資金をもとに、協会専用の建物を購入したのである。この建物は、現在も協会のリサーチ・センターとして利用されているもので、当時は、オフィス、図書室、展示室、講義室を兼ね備えるものであった。活動の基盤を得たオノンダガ歴史協会は、その後、着実に活動を展開していくことになる。

2　モノを分類する、空間を秩序付ける

専有空間を確保したオノンダガ歴史協会は、どのような資料を所蔵し、どのようにそれらを配置・展示していたのであろうか。どのように建物内の空間を秩序付けていたのであろうか。一九一一年に編纂されたカタログ[13]を手がかりに探っていこう。このカタログは、一九〇六年に公開を始めた専用の建物に収蔵している資料の完全なリストであるだけでなく、建物のどこにどの資料が収められていたのか、また、どのケースに他のどの資料と一緒に展示されたのか、私たちに語ってくれる。言い換えれば、このカタログを通して、恒久的な空間を確保した協会が、それら資料をどのような秩序の下で配置したか、明らかにすることができるのである。

協会の建物は五階建てである。一階にはオフィスとギャラリー、二階には集会室とギャラリー、三階には図書室と「キルクパトリック・ルーム」、四階と五階には博物館が配置された。このカタログから、実際にこれらの部屋がどのように利用されたか知ることはできないが、容易に到達できる階下の部屋ほど頻繁に利

用されたと考えるのは間違いではあるまい。カタログの記載が一階から始まっている上に、協会の活動方針と部屋の配列に相似点が見いだせる。オノンダガ歴史協会は、第一に「適切な話題を選んで例会を開催すること」、第二に「歴史的に価値ある資料を展示・公開すること」[14]によって、歴史に対する人々の関心を高めようと考えていた。協会の目的は次のような順に記載されている。まず、一般の関心を高めること、そして地域史研究を盛んにすること、郡内の歴史スポットを明確にすること、イロクォイの遺産を収集・保存すること、失われつつある資料を保存すること、そして出版活動を行うことである。

一階から順に見ていこう。[15]まず、一階のギャラリーに入ると、私たちは多くの絵画に迎えられる。その多くは近親者から寄贈された肖像画である。白人男性の肖像画が大半を占める。彼らの多くは郡内の実業家、あるいは指導的立場にある人物である。一方、女性の肖像画は数少なく、わずかに描かれた肖像画も多くは前出の男性の配偶者、あるいは娘という位置づけで紹介されている。このような傾向は二階に行っても同様である。ここにもまた、白人男性で地元名士の肖像画が並んでいるのである。肖像画七〇点のうち六四点が地元男性の肖像、そのうち二二点は実業家、一四点は政治家、七点は軍人である。二階には先住民の肖像画は全く陳列されていない。二階は、例会などが行われる集会室を兼ねている。地元白人男性名士に囲まれ、研究成果に耳を傾ける聴衆は、町の歴史がこれら白人男性によって形成されてきたことを強く感じたことであろう。三階は、キルクパトリック一族を記念する空間である。キルクパトリック・ルームには、一族の肖像画や使用された家具・調度品が飾られている。図書室もまた一族にちなむ空間で、二九点の絵画、文書、調度品などはすべて、ウィリアム・キルクパトリック旧蔵品で、彼の死後、家族によって寄贈されたものである。この階は、特定の名士にまつわる空間なのである。

四階は、展示ケースやキャビネットが並ぶ空間で、博物館と称されていた。これらケース類には、無数の資料が秩序だった配列で陳列されている。壁際には絵画や歴史的文書がかけられている。絵画には、階下のギャラリー同様白人男性を描いたものも多いが、四階ではそれ以外のものも目立つ。例えば、オノンダガ郡外の歴史的人物や先住民イロクォイの肖像画、この地方の風景画などである。とりわけ、数こそ多くはないが、階下ではほとんど見られなかったイロクォイにかかわるものがここには展示されている。肖像画だけでなく、考古学的資料も含め、先住民が使用した各種道具も展示されているのである。一方、歴史的文書としては、様々なカテゴリーに属するものが集められている。戦争、科学、教育、土地の開発、産業、そして、黒人に関わる出来事に関するものである。壁際の資料から、私たちは、白人入植以前の過去からつい最近の過去まで、一連の過去の出来事を見ることができるのである。

図4－2　キルクパトリック・ルーム
（写真提供：オノンダガ歴史協会）

七つのケースと二つのキャビネットにも、オノンダガの歴史、生活そして自然環境を示す資料が満たされている。いずれのケースも異なったテーマを持っている。白人によって使用された道具類を収めたケースやキャビネット、南北戦争など戦争に関するケース、そして、サンゴや貝類を収めたケースなどが見られるほか、あるケースには、過去であれ現在であれイロクォイが使用した道具類、考古学的資料、そして自然標本が一緒に収められていた。これは何の意図もなく組み合わされたものではなく、当時の科学的知の潮流、言い換えると、巨大な自然史博物館に体現されたような知の潮流を反映しているのである。

建物五階および階段や廊下にも様々なものが展示されている。五階には、鉱物標本など自然標本、地図や旗、自転車なども収蔵されているが、これらについての記載はごくわずかである。自然科学標本をのぞくと、階下に収まりきらなかった雑多なものが収納されているといえよう。階段や廊下には、独立宣言や合衆国憲法、歴代大統領のほか、動植物の進化を説明する図などが飾られていた。階段を上り下りする度に、当時の人は、国家の源や進化論というより広大な世界に出会っていたのかもしれない。

一九一一年発行のカタログを検討することにより、私たちは、二〇世紀はじめのオノンダガ歴史協会がどのようなものであったか想像することが可能であるし、さらに、当時の人々がどのように資料や空間を分類していたのか考える手がかりを得ることもできる。資料をいかに分類し陳列するかということは、それに関わった人の世界観をも反映しているのである。モノを分類し秩序付けるということは、博物館史上重要な意味を持っている。分類するという行為は、前近代的な「珍品陳列室」と近代的な博物館とを分かつものであり、近代科学の知識と密接に結びついているのである。ここでいう世界観や近代科学的知は、当然のことながら、中立的なものでも普遍的なものではない。そのような中立性・普遍性を操作できる優位なイデオロギーが反映されているのである。

当時、オノンダガ歴史協会の建物という空間やそこに収められた資料は、どのような観点から分類されていたのであろうか。いくつか鍵となる論点を整理しておこう。

第一に、展示空間として、ギャラリーと博物館があることに注目しよう。なぜ両者は別の名前で異なったものとして位置づけられているのだろうか。ギャラリーに展示されているのは、主として肖像画である。これら絵画は著名な画家によって描かれた美術作品であるが故にそこに展示されているのではない。むしろ、キャンバスに描かれた人物に重きが置かれている。描かれているのは、シラキュースの発展に寄与した名士たちで、もちろん大半が白人男性である。これら肖像画は、もともと、家族の一員やその生涯を讃えて描かれたものである。すなわち、描かれた人物を通して、自らの一族の輝かしい歴史を認識することができたのである。しかしながら、これら肖像画が家族や子孫によって歴史協会に寄贈され、他の肖像画とともに多くの人々の目に触れることにより、異なった意味も含意することになる。複数の肖像画が併置されることにより、家族のルーツと同様にオノンダガという地域の歴史が喚起させられ、家族同様、「私たち」という意識を共有することにもなるのである。言い換えれば、各々の一族の中で保たれていた強固な結びつきが、地域社会へと拡大されるのである。

一方、博物館に展示されているものは、ギャラリーに展示された肖像画とは異なった視点から価値付けられ、そこに収蔵・展示されている。これらは、多くの場合、ケースやキャビネットのガラス越しに、客観的にモノとして見られていたのである。これら資料が喚起するのは人間関係でも「私たち」という意識でもない。むしろ、歴史上の、また科学的な「事実」を伝えている。ギャラリーの肖像画とは異なり、博物館では、個々の資料はケースやキャビネットに分けられ、他の資料と関連付けられ、グループとしてメッセージを伝達することになる。スティーヴン・コンの言葉を借りると、「来館者は展示ケース越しに見ることにより、事物をじっくりと見ること、そして、まず事物それ自体の点から、次に隣り合った事物との関係から、それらを見極めることを強いられたのである」[16]。ギャラリーに掛けられた肖像画の価値が描かれた人物に由来するのに対して、ここでは、事物が置かれたコンテクストや事物によって説明される出来事や思想に焦点があてられるのである。いうまでもなく、これらメッセージは当時の科学的視角を反映するものである。

ギャラリーと博物館の展示内容の違いに焦点をあてることによって、人物に重きを置く空間と事物に重きを置く空間、言い換えると、「私たち」という意識を共有できるような共同主観的な空間と厳密な分類を志向する中立的な科学の一成果としての空間、という明確な区分が可能となろう。このことは事物の意味付けや分類、そして空間の分類だけでなく、それらに関わる人間をも分類することになる。この点については、次節でさらに検討していく。その前に、博物館展示ケースについてより詳細に見ていこう。資料をいかに分類していたかを知るための、第二のポイントである。

博物館スペースに置かれた展示ケースは、そこに収められた資料から次の四つのタイプに分類することができる。一つ目のタイプは、鉱物標本など自然標本だけを含むものである。四階に置かれた七つのケースのうち二つがこれに該当する。自然標本は近代博物館の幕開け以来アメリカ博物館界の中心に位置してきた。早い時期の例として、一八世紀末にフィラデルフィアに設立されたピール博物館があげられる。チャールズ・ウィルソン・ピール（Charles Wilson Peale）は、そこに、秩序だった様式で世界を表現しようと並々ならぬ努力をした。あらゆる階級の市民にとって自然史の知識がいかに重要であるか示し、また、自然物で調和のとれた世界を表現しようとしたのである。[17] まさに、ミシェル・フーコーのいう包括的歴史、まとまり、連続性そして起原に裏付けされた思想が具現化されようとしていたのである。[18] そこで表現された世界とは、決して調和のとれた自然界に限定されるものではない。社会そのもののあるべき姿もそこに表現されようとしていたのである。その後一〇〇年以上もの間、無数の探検やフィールド調査に支えられた自然科学は、アメリカの科学を先導し続けた。自然史、その研究・展示の場である博物館、そしてアメリカの国家アイデンティティは密接に関係しあったのである。このような自然史資料の収集と展示をめぐる社会的背景を考えると、オノンダガ歴史協会においても地学や自然史がその設立以来重要な役割を果たしてきたことは必然的なものであろう。調和のとれた自然界を知るということは、資源利用という点のみならず社会のモラル形成という側面において、発展しつつある町の基盤を築くことでもあった。

二つ目のタイプは民族学・考古学資料を含むケースである。興味深いことに、これら資料は自然標本とともに収蔵されており、時間の流れとは無関係に配列されている。古代の遺物であれ同時代の先住民の道具であれ、それらは同じように配列されているのである。果たして、先住民は当時の社会において同時代的存在であったのだろうか。協会設立当時の次の文章は、古物収集家の先住民の遺物に対する態度を的確に表現している。「白人がインディアンの定住地や故郷に進入し始める前に、オノンダガの地にまばゆく炎をあげていた六部族連合の議会の火は、消えてなくなってしまった。けれども、高貴な族長たちの勇気と精神の痕跡は、戦士たちの勇敢な行為によって記憶された場所の周囲に生きながらえている」[19]。彼らは、あたかも絶滅の危機に瀕している種を扱うかのように、先住民の遺跡や遺物を収集・記録していたのである。実際、人類学研究は、研究上の概念をしばしば自然科学から借用してきた。イロクォイは歴史研究の対象ではなく、人類の進化と豊かな多様性を示す科学的研究の対象なのであり、その意味では、自然界にきわめて近い存在、あるいはその一部なのである。このような点から考えると、イロクォイについての資料と、三つ目、四つ目のタイプに該当する白人入植者についての歴史資料が、全く別のものとして配列されているのは当然のことである。後者は「歴史」を示し、前者は「地理」を示しているのである。すなわち、後者が発展過程にある人間社会を表現しているのに対して、前者は白人入植者が開発すべき大地を表現しているのである。

3　人を分ける

「私たち」と「私たちでない存在」

モノを分類すること、そして空間の中に秩序付けて配列することは、同時に、モノにまつわる人間を分けることにもつながる。どのように分けるのか、そして、誰が分けているのか。このことは、オノンダガあるいは発展めざましいシラキュースという地域がどのような立場から表現されたのか、誰が地域史の語り手であったのか、ということとも関わる問題である。それはまた、「私たち」と「私たちでない存在」との対比を明確にする行為でもある。

オノンダガ歴史協会のギャラリーに展示された肖像画に戻ろう。描かれた人物の八割以上は地元の白人男性である。職業の点から見ると、実業家、政治家、軍人が多数を占めており、この町の発展の表舞台に立つような大人物がここで顕彰されていることは、明白である。これら肖像画を通して表現された歴史は、常に輝かしい過去なのである。

このような歴史観、地域観は、いったい誰の手によって生産・表現されているのだろうか。歴史協会の運営にあたった役員に注目すると、女性理事の有無など時期によって多少の差はあれ、肖像画に描かれた人物同様の職務につく役員が大半であることは明白である。また、一八六〇年代には全盛期を迎えた製塩業に関わる人物、そして、一九世紀終わりにはそれに取って代わる形で栄えた化学工業に関わる人物が協会運営の中枢にいることから、オノンダガ地方の産業の盛衰をも色濃く反映している。オノンダガ歴史協会は輝かしい町の発展の中核をなす社会と密接な関係を持ちつつ、その活動を行っていたのである。

肖像画に代表されるような輝かしい足跡を、発展の只中にいる人たちが「私たち」の歴史として記憶し記録する。オノンダガ百年祭でのページェントを通して、また、博物館の公開を通して、より多くの人々の歴史的知識の向上を目指していたにもかかわらず、そこで表現された過去や地域、またそれらを表現する主体は、当時の社会の中で限られた層の人間だったのである。多くの工場労働者、清掃など個人的サービス業に従事する者にとって、そして、新たな移民や黒人[20]にとって、「私たち」の過去とは、決してここで語られるようなものではない。一握りの「私たち」によって「私たち」の過去・地域が表現されているのである。そして同時に、「私たち」の地域の歴史を共有することによって、「私たち」と「私たちでない者」が明確に形成されていくのである。「私たちでない者」は「私たち」の歴史として賞賛された価値観によって教化される存在に過ぎないのである。当時、決して自らの歴史を語ることはなかったのである。

男と女

ギャラリーに掛けられた肖像画の中には、数こそ少ないが女性を描いたものもあるし、オノンダガ歴史協会役員に女性が参入していたことも事実である。また、家庭などで女性が使用した道具も博物館に収蔵・展示されている。このことから、ここでは女性も含めた「私たち」像が形成されているというのは早急な結論である。第一に、肖像画に描かれた女性は、自らが成し遂げたことによってではなく、配偶者や父親によって成し遂げられた偉業が評価されて、描かれていることに留意しなければならない。第二に、歴史協会などの歴史保存活動に関わった女性が多いこと、[21]また、社会教育に関与する女性も同様に多いことはこの時期のアメリカ社会の特徴でもある。しかしながら、ここで強調したいのは、女性が協会の活動に関与していたかどうかということではなく、地域史の再構成や自己像形成が誰の手に委ねられているのか、ということである。女性は、男性だけが作り上げることができるような、そして名士の肖像画を通して表象されるような公式な地域の歴史を語っているだけなのである。

一方、歴史協会博物館に展示された多くの生活道具類は、女性の領域に入ると主張されるかもしれない。確かに、ギャラリーで表現されたような政治的社会的経済的発展が公的な世界を表現しているとしたら、これら生活道具類は私的なものを表現しているということができよう。オノンダガ歴史協会の資料だけを眺めていたのではこの主張に反駁することはできない。けれども、より広く、南北戦争以降、家庭的なるものがいかに価値付けられてきたかという文脈の中で考えると、また別の見方ができる。パトリシア・ウェスト[22]は一九世紀アメリカにおけるハウス・ミュージアムについて論じる中で、南北戦争以降急速に広がった「家庭生活礼賛」について指摘している。つまり、ここで評価されているのは、具体的な家庭生活ではなく、共和主義的な政治のレトリックの中で象徴として描かれた家庭像なのである。さらに、ウェストは、これらハウス・ミュージアムで再現された家庭的な環境が、神格化された白人男性政治家を記憶するためのものであることをも示している。このような点から考えると、歴史協会で展示された生活道具類は、特定の人物と結びつくものではないが、家庭生活の礼賛につながるものとしてとらえることができる。すなわち、これらは、家庭的なる者に対する男性の願望を通して象徴化されたものなのである。このような博物館の特徴は、ジリアン・ローズ[23]が、現実社会に生きる生身の女性と男性のまなざしを通して想像された「女性」を峻別したことを私たちに想起させる。一見、歴史協会において自己像をともに形成しているかに見える当時の女性たちは、結局、男たちの歴史を語っていたのである。自分たち自身を語ることはなかったのである。

歴史の支配者と科学の対象

前節において、ギャラリーと博物館という二つの空間を対比してきた。前者が、「私たち」の過去を共有するような間主観的な空間であるのに対して、後者はモノを客観的に眺める科学的空間である。両者は、歴史と自然科学という分け方もできる。それを人間の分類へと拡大すると、前者が白人入植者の歴史であるのに対して、後者は先住民に関する科学的知識なのである。言い換えると、「私たち」と研究対象としての「彼ら」という対置をすることができよう。

このような対比は、前の世紀転換期にしばしば描かれた図像に立ち現れる。歴史ページェントについて詳細に論じたグラスバーグ[24]は多くのイベント・ポスターに言及しているが、オノンダガ歴史協会が関与したオノンダガ百年祭においてもまた、同様の図像が見られる。近代的都市に発展したシラキュースの町を、外から眺めるイロクォイの男という図像である。ここで明らかなのは、イロクォイが発展を遂げた町の外にいることである。すなわち、先住民は、発展という時間の流れから取り残された外なる存在として扱われているのである。男性の服装もそのような位置づけを物語っている。一九世紀末には、すでに、イロクォイの生活は西洋化し、このような服装は日常的には見られないものであった。時間の流れから取り残されたのは、こういったポスターの中でのことだけではない。歴史協会の資料を見ても、白人入植者に関わる資料とは異なり、先住民に関する資料は時間の流れを無視した形で配列されている。考古学的資料もごく最近の先住民に関する資料も同列に扱われているのである。このことから、白人入植者である「私たち」が発展や歴史の担い手であるのに対して、「彼ら」先住民は、自然や土地と同格に扱われているということもできよう。「私たち」が進入し開発してきた土地と結びついた存在として「彼ら」が位置付けられているのである。そしてまた、新たな土地（入植者の末裔はすでに「故地」と称している）において自らの歴史を紡ぎ出すために、その土地と結びついた「彼ら」の存在が必要だったのである。同時に「彼ら」の存在は、これまで論じてきたように、自然界という調和のとれた世界を表現するものでもあった。産業や社会が発展する一方、混沌とした、そして調和を失ったアメリカ白人社会にとっての理想像をも、「彼ら」は担っていたのである。

図4－3　オノンダガ百年祭に際して発行された地元新聞『シラキュース・スタンダード』（1894年6月6日）の特集カラー頁（部分）。「伝統的」な装束を身にまとった先住民がシラキュースの町やオノンダガ湖を眺望している図像は印象的である（写真提供：オノンダガ歴史協会）

4　むすびにかえて

一冊のカタログに対面した時に

感じた過去に対するアンビバレントな人々の態度は、自己像の形成という問題にも起因するものであると同時に、当時のアメリカ社会に優勢な歴史観、科学観に由来するものでもあった。このような価値観は社会的政治的に形成されたものであるが、より重要なことは、それが中立・普遍を旗印とした当時の科学的知に裏付けられているということである。資料の分類という行為は技術的に洗練され、その後も博物館という存在の根本として継続されていく。そしてまた、モノを分類し空間を秩序付けた知のあり方は、細分化された学問分野の中で体系化されていく。

過去の記憶が論争の対象となり、また、博物館の展示表現が社会的政治的文脈の中で議論される現在、私たちはこのような博物館独特の行為にどのように向かい合うことができるのだろうか。集団の過去、あるいは自己像をめぐる困難な交渉が可視化された展示だけではなく博物館の裏側に達した時、モノを分類するという「科学的」行為も、その行為を支えた学知も、根底から再検討されることになるのかもしれない。

（付記）シラキュースでの調査・研究には、国際交流基金派遣フェローシップ（二〇〇〇年）、および、大阪府在外研究補助金Bを利用した。

注

1—David Glassberg, *Sense of history: the place of the past in American life*, University of Massachusetts Press, 2001.

2—ケネス・E・フット、和田光弘他訳『記念碑の語るアメリカ』名古屋大学出版会、二〇〇二年。

3—代表的なものとして、次の論集を参照のこと。
Flora E. S. Kaplan ed., *Museums and the making of "ourselves"*, Leicester University Press, 1994. Ivan Karp and Steven D. Lavine eds., *Exhibiting cultures: the poetics and politics of museum display*, Smithsonian Institution Press, 1991. Sharon Macdonald and Gordon Fyfe eds., *Theorizing museums: representing identity and diversity in a changing world*, Blackwell, 1996.

4—Tony Bennett, *The birth of the museum : history, theory, politics*, Routledge, 1995.

5—Donna Haraway, 'Teddy bear patriarchy : taxidermy in the Garden of Eden, New York City, 1908-1936' *Social Text* 4-2, 1984, pp. 20-64.

6—Haraway, 'Teddy bear patriarchy', p. 57. 省略、括弧内の補足は筆者による。

7—The Secretary of the Interior, *Population of the United States in 1860 : compiled from the original return of the eighth census*, Government Printing Office, 1864.

8—Leslie W. Dunlap, *American Historical Societies 1790-1860*, Privately printed（Madison）, 1944.

9—Onondaga Historical Association, *Onondaga Historical Association*, 1895.

10—Onondaga Historical Association, *Onondaga Historical Association*, 1895, p. 9.

11—一八五〇年、奴隷主の財産保護を目的に「逃亡奴隷法」が制定された。この法では、南部諸州の奴隷主が逃亡者を他州まで追跡すること、連邦保安官が民兵などあらゆる手段を持って逃亡者逮捕にあたること、逃亡を幇助した者に罰金を科すことが認められていた。シラキュースでは、同年、元奴隷で当時樽職人として働いていたジェリーことウィリアム・ヘンリーが連邦保安官に逮捕された。しかしながら、北部諸州では奴隷制を容認するこの制度に対する反対が激しく、ジェリーも市民によって救出されカナダへ逃亡するに至った。

12—David Glassberg, *American historical pageantry : the uses of tradition in the early twentieth century*, The University of North Carolina Press, 1990.

13—Onondaga Historical Association, *Catalogue of portraits, relics, historic objects, maps, etc., in historical building, Syracuse, New York*（*Publication of the Onondaga Historical Association New Series vol. 1 no. 1*）, Onondaga Historical Association, 1911.

14—Onondaga Historical Association, *Onondaga Historical Association*, 1895, p. 5.

15—より具体的な展示・収蔵資料およびその点数については、拙稿「博物館資料目録のもう一つの読み方」（徳島博物館研究会『地域に生きる博物館』教育出版センター）、二〇〇二年、二〇四―二二四頁、を参照のこと。

16—Steven Conn, *Museums and American intellectual life, 1876-1926*, The University of Chicago Press, 1998, pp. 6-7.

17—Joel J. Orosz, *Curators and culture : the museum movement in America, 1740-1870*, The University of Alabama Press, 1990.

18—ミシェル・フーコー、中村雄二郎訳『知の考古学』河出書房新社、一九九五年。

19—Onondaga Historical Association, *Onondaga Historical Association*, 1895, p. 5.

20—オノンダガ百年祭のページェントでも取り上げられた「ジェリー救出」は、確かに、黒人逃亡奴隷に関する事件である。しかしながら、ごく最近に至るまで、この出来事は「地下鉄道」を経て南部諸州から逃亡した黒人の出来事ではなく、奴隷制に反対し逃亡奴隷を逃がした（白人）市民の偉業として語られてきた。

21―ジョージ・ワシントンの生家、マウント・ヴァーノンの保存や、サン・アントニオ保存協会の結成にその例を見ることができる。Patricia West, *Domesticating history: the political origins of America's house museums*, Smithsonian Institution Press, 1999. Charles B. Hosmer Jr., *Preservation comes of age: from Williamsburg to the National Trust, 1926-1949. vol. 1.*, The University Press of Virginia, 1981.

22―West, *Domesticating history*, p. 3.

23―ジリアン・ローズ、吉田容子他訳『フェミニズムと地理学』地人書房、二〇〇一年。

24―Glassberg, *American historical pageantry*.

第2部　国民国家と郷土／故郷の創出

近代国民国家の形成は人々の空間・歴史認識や日常生活全般を一変させた。国民国家のモジュールとなったフランスでは、異なる歴史的経緯や政治的地位を持っていた多様な「州」が革命期に解体され、ほぼ等しい面積による「県」へと再編成された。日本でも同様の意図によって廃藩置県が実施され、中央＝東京から等しく支配される県によって構成された均質な国土空間へと変貌する。さらに中央から国境線に至る国土空間を交通インフラが網羅していく。人々の生活空間は以前のそれをはるかに超えて拡大する。

フランスの地理学者ヴィダル＝ド＝ラ＝ブラーシュは一九世紀末に「地域」という概念を強調した。新たに編成された国土空間は人々の生活の場としては不適当であり、長年にわたって形成された「自然地域」＝ペイこそが重要な意味を持つと考えたためであった。もっとも、この時代にはすでに「フランス国民」意識が広く定着しつつあった。彼の意見が省みられることはほとんどなかったのである。

しかしながらローカルな場所が重要な意味を持つことは間違いなくある。どれほど均質化が目指されたとしても、人々の生活やまなざしの中で、それぞれの場所にはつねに個性が与えられる。しかも様々な場所が国土空間に並置され、人々がその間を移動することで、場所の差異は一層強く意識されるようになる。自らが住まい、想いを寄せる場所を他所からさらに差異化する運動や思考において、ローカルな共同体によって想像＝創造されたのが「郷土」であり「故郷」であった。それらはブラーシュの言う「自然地域」そのものでは決してない。長い歴史を受け継ぎつつも、近代国民国家の新しい空間編成において改めて人々が作り出し、思い描いた場所なのである。

第2部「国民国家と郷土／故郷の創出」では、郷土や故郷をめぐる様々な人々の想像＝創造のプロセスを詳細に見ていきたい。郷土や故郷という言葉の意味は、それぞれの事例の置かれたコンテクストとともに少しずつ異なっていよう。

第5章荒山論文では、一九二七年の「日本新八景」の選定が扱われる。観光地としてのプロモーションの意味も込めながら、自らの住まう場所が日本を代表する風景地として選定されるよう、各地方で組織的な運動が展開されていく。その中で「郷土」意識が確立され、しかも「日本の風景」と「郷土の風景」が相即的に成立するのである。

第6章金子論文は、国民の一体性が特に強調された戦時体制下で、「フォークロリズム」が各地で確認されたという現象をとらえる。「日本」の戦勝祈願のために実施された祭礼や民俗芸能は、それまでなかった形態や意味を新たに付与されながら「郷土」の文化遺産として位置づけられていく。青森県下の盆踊りやねぶたがここでの対象となる。

第7章潟山論文は、イングランド農民の「民謡」が一九世紀末から「作品」として採集されていく過程を、それが採集された農村の情景とともに描き出す。都市のエリート層は、民謡の聖地となったロッティンディーンに対し「古き良きイングランド」を体現する「郷土」という「幻想」を持つようになる。そして同地は、ほとんどテーマパークのごとき様相を呈するようになるのである。

第8章石崎論文では、東京市の官吏であり近郊農村の郷土史家でもあった富岡丘蔵の、郊外開発をめぐる思想に焦点が当てられる。富岡は、前章で見たような都市エリートによる農村部への一方的なまなざしだけでなく、以前からローカルな場を生きる「郷土人」の認識をも理解する。そこで微妙な方法で郊外に新たな「郷土」を作り出そうとした様が「緑」をキーワードに詳述される。

第9章山口論文では、出郷者が都市生活の中で同郷者とともに設立する「郷友会」に焦点が当てられる。郷友会は出郷者個々人の持つネットワークの一つであり、そのすべてではない。この章では郷友会と地方政治の関係を中心に、出郷者のネットワークの重層が確認される。都市人は「生まれ故郷」以外の多数の「故郷」を作り出していく。

（山口　覚）

参考文献

ベネディクト・アンダーソン、白石　隆・白石さや訳『増補　想像の共同体―ナショナリズムの起源と流行―』NTT出版、一九九七年。
ジョルジュ・ヴィガレロ、杉本淑彦訳「ツール・ド・フランス」『思想』第九一一号、二〇〇〇年、八六―一一八頁（ピエール・ノラ編『記憶の場3』岩波書店、二〇〇三年にも所収）。
勝田政治『廃藩置県―「明治国家」が生まれた日―』講談社、二〇〇〇年。
野澤秀樹『ヴィダル＝ド＝ラ＝ブラーシュ研究』地人書房、一九八八年。
デヴィッド・ハーヴェイ、吉原直樹監訳『ポストモダニティの条件』青木書店、一九九九年。
Peter J. Taylor, Places, spaces and Macy's: place-space tensions in the political geography of modernities, *Progress in human geography* 23-1, 1999, pp. 7-26.

●第5章
風景のローカリズム
――郷土をつくりあげる運動

荒山正彦

1　はじめに

「我日本ほど風景の勝れた国は世界にない」。このフレーズは、表現をかえつつも、少なくとも明治期から現在に至るまで、さまざまな場面で幾度も繰りかえされてきた。たとえば、日清・日露という二つの対外戦争時において、一九世紀後半からの外国人観光客誘致と国際観光事業の推進において、日本にはじめての国立公園を設置する一九三〇年代において、そして戦後復興期から高度経済成長期において、このフレーズは繰りかえされてきたのである。こうした風景のナショナリズムは、もちろん、日本特有のものではなく、多くの近代国家において自明のこととして用いられてきた[1]。

またこのフレーズは、国家という枠組みにおいてばかりではなく、地球規模において、あるいはよりローカルな地域においてもしばしば用いられてきた。たとえば、「この地球は何ものにも代え難く美しい」、あるいは「私の故郷はどこよりも美しい」というフレーズである。自らの故郷や、自らの身体のルーツが、ほかのどこにも増してよいものであるという語りは、決して自明のものではない。いわばそれは社会的な構築物であり、空間的な広がりを伴うという意味では地理学的想像力の産物である。

ところで、近代日本におけるこうした風景のナショナリズムや風景のローカリズムは、主として二つの局面において構築され、うみだされてきた。そのひとつの局面は、いわゆる風景論の系譜である。たとえば志賀重昂『日本風景論』（明治二七年・一八九四）、小島烏水『日本山水論』（明治三八年・一九〇五）、伊藤銀月『日本風景新論』（明治四三年・一九一〇）、上原敬二『日本風景美論』（昭和一八年・一九四三）などをはじめとして、「日本」を冠した風景論がそうした役割を担ってきた。

もうひとつの局面は、具体的な風景地の制度にかかわるものである。一九一九年（大正八）に制定された史蹟名勝天然紀念物保存法においては、日本各地の山岳や湖沼、河川、平原、温泉などが「名勝」として指定を受け、また一九三一年（昭和六）に制定された国立公園法のもとでも、日本各地に国立公園が指定された。こうした風景の制度に伴い、日本や故郷を代表する風景地が、具体的にリストアップされてきたのである。

冒頭のフレーズは、風景論の系譜と風景の制度という二つの局面を通じてうみだされ、維持され、補強されてきたと考えられる。そこで本章では、後者の風景の制度にかかわる事例をとりあげ、風景のローカリズムが大量につくりだされる仕組みを考えてみたい。史蹟名勝天然紀念物保存や国立公園という制度のもとで指定される風景地は、あらかじめ決められていたのではなく、それぞれの理念にふさわしい風景地が、国土の中からセレクションされたのである。そして、セレクションの過程においては、地元や郷土というレベルでの選定運動がみられた。すなわち、自らの地元や郷土から、名勝や国立公園をつくりだすようなローカルな運動が、背景には存在したのである。

本章において具体的に取りあげる事例は、名勝や国立公園が国家の制度としてオーソライズされつつある同時期に、民間の新聞社によるメディア・イベントとして企画された「日本新八景」選定である。日本新八景選定を通じて、風景のローカリズムが全国規模でみられたこと、そして、このイベントを通して郷土のイメージが形成されるプロセスについても考えてみたい。

2 日本新八景という出来事

日本新八景選定とは、一九二七年（昭和二）の出来事であった。同年四月九日付けの東京日日新聞・大阪毎日新聞の両紙に、日本新八景選定に関する記事が掲載された。新聞記事によれば、これは「日本全国（本土、九州、四国及び北海道）の山岳、渓谷、瀑布、温泉、湖沼、河川、海岸、平原の八景から各代表的第一勝を選びこれを推薦選定」するというものであった。選定の方法は、まず一般から官製はがきによって、風景地の推薦投票を募集し、この集票結果に基づいて、四九人からなる審査委員会の協議によって「新八景」が選定されるというものであった。この日本新八景選定では、東京日日新聞と大阪毎日新聞両紙の主催に加えて、鉄道省が後援をした。この昭和初期という時期は、鉄道を利用した国内旅行がかなり普及しており、新たな八景への入選は、旅行の目的地としての「お墨付き」を獲得することを意味した。前述したように、名勝や国立公園の具体的なセレクションが国家的事業として進行していたこともあわせて、このメディア・イベントは、歴史的に重要な出来事となった。

この日本新八景選定にあたって、主催者である新聞社は、次のように呼びかけた。「輝かしい自然、美しい山水、われ等の日本が持つ多くの誇りの中に、その自然美を高唱し得ることは、われ等の大いなる喜びでもあります。（中略）。昭和の新時代を代表すべき新日本の勝景は、よろしくわれ等の新しい好尚によって選定されなくてはなりません、これ本社がこの昭和の御代の初頭において「日本新八景」の選定を江湖にお計りするゆえんであります」（「大阪毎日新聞」昭和二年四月九日）。この呼びかけは、日本の自然や山水、そして風景が美しいものであることを前提として、そうした「日本の勝景」を象徴するような具体的な風景地をセレクションするというものであった。

はがき投票の受付は、四月一〇日からはじまり五月二〇日に締め切られた。投票総数はおよそ九三五〇万票にのぼり、推薦された風景地は一四七〇景を数えた。新聞社による投票数集計に基づき、六月五日には新八景の候補地が主催新聞社の紙上において大きく報じられた。翌六月六日付けの東京日日・大阪毎日の両紙は、新八景候補地となった各地での「郷土の熱狂」を報じている。そして、七月五日には「日本新八景・二十五勝・百景」という合計一三三景の風景地が選定を受けた。以上がこのイベントの概要である。

ところで、日本新八景については、これまで上原敬二、田中正大、白幡洋三郎、丸山宏、斎藤純、そしてイベントの主催者でもあった新聞社による『毎日新聞百年史』[2]などによって言及されてきた。ここでは、それらの先行研究の論点を整理し、そのうえで本章の論点を明確にしたい。

管見の限りにおいて、日本新八景を歴史的な出来事として分析した最初のものは、上原敬二『日本風景美論』[3]（一九四三）である。上原は同書の「本邦景勝地と風景」と題する一章のなかで、日本新八景選定について「全国的にこれ程大規模に風景地の選定を一般に求めたことはない」として、「わが国の風景景趣分布調査上に非常に有益な参考資料を提供している」と評価した。ここでは、投票によって列挙された風景地の一覧に意義が見出されている。

日本新八景選定を、郷土意識や同時代の旅行ブームと結びつけて論じたのは田中正大であった。[4]田中は、日本新八景を「偉大な団結の力」と「郷土愛の発露」による「風景の決算」であると述べ、「明治以降の鉄道の発達」にともなう旅行ブームのなか、「これらの委員たちは、日本の鉄道の発達とともに青年期を迎えた人たち」であったことも指摘する。また、同じ時期に制度化がすすめられていた「国立公園」との関係も示唆する。

白幡洋三郎と丸山宏は、日本新八景への投票において、地元では「期成同盟会」が創設され、「組織的」な集票活動が見られたこと、またこれは地元の「地域振興運動」の一環として捉えられ、各地で「投票熱」が盛りあがったことを指摘している。[5] さらに、「大正期に盛んになってきた郊外へのレジャー活動や旅行、自然風景への関心が大衆的広がりをみせつつあった」ことも同じく指摘されている。ただし「選出された「日本八景」の寿命はそれほど長続きするものではなかった」（丸山・一九九二）というように、日本新八景それ自体の重要性は強調されるが、このイベントへの参加という郷土の運動が、その後にもたらした財産については、あまり関心が払われてこなかった。

その点に関しては、斎藤純が具体的な論点を提示した。[6] 斎藤は桃太郎伝説地の調査をすすめる過程で、三重県熊野市木本町の「鬼ヶ城」に注目し、「鬼ヶ城が全国で有名になり、観光客が激増するのは、昭和二年からであると指摘する。そしてその理由を、「すぐれた風景を読者の投票で決めようという、東京日日・大阪毎日新聞の「日本新八景」事業の際に、投票候補地として登場したからなのである」としている。この熊野の「鬼ヶ城」は、八景のうち「海岸」の部において一一五万票あまりを集めた。最終的に八景には選定されなかったものの、新八景候補地には入選し、結果的には百景のひとつに選定されている。そして、斎藤によれば「（鬼ヶ城は）新八景候補地入選をきっかけに施設の整備も進められた」という。

さて、以上のような先行研究を受けて、本章が課題とする点は以下の通りである。それは、「郷土愛の発露」や「組織的な集票活動」として位置づけられた、日本新八景への投票・参加の実態を、より実証的に裏付けてみることである。昭和二年四月から七月にかけての東京日日・大阪毎日の両紙をみると、その記事からは、日本各地において組織的な集票活動があり、またそうした活動がほかでもない「郷土」によって支えられていたことを読みとることは容易である。しかしながら、「郷土愛の発露」や「組織的な集票活動」が日本全国のどの地域においてみられたのか、あるいは、その実数や規模がいかなるものであったのかは、これまで十分には明らかにされていない。ここでは、この日本新八景選定というイベントをめぐって、ローカルな地域がみせた運動の力を明示したいと考えるのである。そこで、日本新八景選定への投票結果を新聞記事から集計して、この点を議論したいと考える。こうした分析作業は、斎藤が指摘したように、このイベントへの組織的な参加が、当の地域社会に遺産として残したものについて跡づけることでもある。

また、これらの課題とはやや異なるが、これまでの先行研究においては、最終的な投票数がさまざまに記されてきた。たとえば、田中（一九八一）は「総投票数九三二〇万票」、白幡（一九九二）は「投票総数は九千七百万枚」、斎藤（一九九七）は「投票締切りまで九千三百二十万三千八五票を集め」としている。また『景観用語事典』[7]には、「全票数は実に九三〇〇件を超えている」と記述されている。そこでここでは、新聞記事から読みとりうる限りの正確な数値を記録しておきたいと考えるのである。

日本新八景の投票数は、四月一六日以降の両新聞紙上において、連日集計経過が公表され、最終的に確定された得票結果は、六月一〇日の新聞紙上において発表された。六月一〇日の東京日日新聞によると、投票の総計は九三四八万一七七三票で、うち五万七八〇二票が無効であった。したがって有効投票数は、九三四二万三九七一票である。またここで列挙された風景地は一四七〇景であった。

表5-1　有効投票総数の八景別集計

	投票数	比率(%)	風景地
海岸	31,402,233	33.6	394
渓谷	19,128,562	20.5	132
山岳	15,025,466	16.1	326
温泉	11,911,660	12.8	147
湖沼	5,536,042	5.9	71
河川	4,632,461	5.0	123
瀑布	3,702,630	4.0	162
平原	2,084,917	2.2	115
合計	93,423,971	100.0	1,470

（出典）「東京日日新聞」（昭和2年6月10日）より作成。

表5-1は、有効投票総数の八景別内訳を、新聞記事にしたがって一覧したものである。表中の比率は投票総数にしめる各風景ごとの得票数の割合を示している。表5-1からわかるように、投票の結果は、八つの風景のカテゴリーに均等に分散していない。投票数全体のおよそ三分の一が「海岸」に集中し、一方で「湖沼」、「河川」、「瀑布」、「平原」の各カテゴリーは、総得票数のそれぞれ数パーセント以内である。具体的に列挙された風景地も、「海岸」の三九四景を筆頭にし、それぞれのカテゴリーによってさまざまである。ただ以上のように、表5-1から読みとりうることは、実はそれほど多くはない。一景あたりの平均得票数を割り出すことにも、あまり意義は認められないであろう。

しかしながら、ここに列挙された一四七〇景の風景地の得票数を個別にみると、わずかに一票のみが投票されたにすぎない風景地から、最高得票数三八一万八七二一票を獲得した温泉岳〔長崎〕まで、さまざまに存在することに気づく。表5-1作成の資料である六月一〇日の新聞紙上には、一四七〇景の風景地が得票した票数があわせて一覧されている。そこで、これをもとに投票数別の集計を試みる。

3　投票結果の集計作業からみえること

表5-2は、日本新八景への投票において、一四七〇景の風景地がそれぞれ獲得した票数の大きさを一覧したものである。たとえば、表中の「海岸」を例にとると、合計三九四景の風景地のうち、左から順に、一票から九票を得た風景地が二五七景、一〇票から九九票までを得た風景地が四五景、一〇〇票から九九九票を得た風景地が二〇景、千票から一万票未満が十一景、一万票から一〇万票未満が二〇景、一〇万票から一〇〇万票未満が三〇景、そして一〇〇万票以上の投票を得た風景地が十一景あったことを示している。「渓

表5－2　投票数別集計

	1～	10～	100～	1000～	1万～	10万～	100万～	合計
海岸	257	45	20	11	20	30	11	394
渓谷	83	13	4	3	8	16	5	132
山岳	239	37	7	12	5	24	2	326
温泉	86	15	9	4	10	21	2	147
湖沼	41	8	3	3	6	9	1	71
河川	77	20	8	6	3	8	1	123
瀑布	119	13	7	4	9	10	0	162
平原	71	14	11	2	12	5	0	115
合計	973	165	69	45	73	123	22	1,470

（出典）「東京日日新聞」（昭和2年6月10日）より作成。

谷」、「山岳」、「温泉」など以下すべてのカテゴリーについても同様である。

つぎに合計欄に注目してみたい。一四七〇景の風景地のうち一票から九票までの得票によってここに列挙された風景地は、九七三景にのぼる。これは全体のおよそ三分の二の風景地に相当する。またこれを一〇〇票未満で合計すると一一三八景となり、全体のおよそ八割の風景地がこれに相当する。ちなみに、一票のみの風景地は五七八景であった。その一方で、得票数が一万票を越えるような風景地も少なくない。一〇〇万票以上を集めた風景地が二二景、一〇万票以上を集めた風景地が合計一四五景となる。すなわち一四七〇景のうち、およそ一割の風景地が一〇万票以上の投票を集めたことになる。したがって合計一四七〇景の風景地をめぐっては、ごく個人的な投票行動から、きわめて大規模であったと想像されるような組織的な投票行動まで、投票行動には質的な差異があったことをうかがわせるのである。そこで、こうしたごく個人的な投票行動と考えられるものと、組織的な投票行動と考えられるものの実態について、さらに考察をすすめたい。

六月一〇日の新聞紙上には、一四七〇景の風景地が得票した票数がそれぞれすべて列記されている。これをもとに合計すると、一〇万票以上を獲得した一四五景の風景地は、総投票数で九〇四二万八九六七票を獲得している。すなわち、全体投票数の九七パーセントがこの一四五景に集中していることがわかる。これを一万票以上を獲得した二一八景の風景地で合計すると、総得票数の九九パーセントを越える。

これらの得票が、官製はがきによる一枚一景の投票によってなされたものであることを考えるならば、一万票以上の得票は間違いなく組織票であるといえよう。あるいは一〇〇〇票以上、一〇〇票以上の得票を得た風景地にも組織的な集票活動があったと想像することもできる。ただいずれにせよ、こうした統計の分析を通じて、このイベントが、組織的な活動によって成り立っていたことが裏付けられる。

以上のような集計作業から明らかになる点を二つまとめておきたい。まず第一に、合計一四七〇景におよぶ風景地の一覧表は、その大半がごく個人的なイベントへの参加によってうみだされたことである。その一方で第二に、総投票数およそ九三五〇万票のうち、九九パーセント以上は、かなり大がかりな組織票によってもたらされたことである。この両者のコントラストは強調しておきたい。

さらにこの点をより明確にするために、府県別の一覧からの検討を重ねたい。表5-3は、合計約九三四〇万票の有効票について、八景別・府県別の内訳を示した一覧である。四月一六日に投票数の途中経過が新聞紙上において掲載されはじめて以来、各風景地は所在の府県名もあわせて記された。つまり、一四七〇景の風景地は所在の府県を有している。「山岳」や「河川」など、府県の境界線上に位置するものもあるが、原則的には当該風景地の所在を記入することが求められていた。ただし「湖沼」のカテゴリーの十和田湖は、青森と秋田が併記されて新聞発表されたため、表5-3では十和田湖が獲得した七三万四一一二票を青森と秋田に均等に加算した。

そこで表5-3をみると、同時期において東京日日・大阪毎日の両紙が購読されていなかった沖縄をのぞく、全国四六府県のすべてにおいて、一〇万票以上の投票がみられたことがわかる。最小投票数は神奈川の

表5－3 投票総数の府県別集計

	海岸	渓谷	山岳	温泉	湖沼	河川	瀑布	平原	合計
北海道	6	211,238	59	41,121	580,089	472	2	139,581	972,568
青　森	162	34	28	450	421,622	2	8	55,066	477,372
岩　手	571,524	273,614	126,629	2,120,493	1	2	24	32	3,092,319
宮　城	867,529	49	21	269,696	1	2	2	2	1,137,302
秋　田	386,501	144,539	30,183	10,064	535,929	2	12	0	1,107,230
山　形	13	9	7,555	333,844	0	10	0	0	341,431
福　島	766,458	49,557	466,062	529,369	40,634	4	3	2	1,852,089
茨　城	15,117	15	297,981	1	61,757	3	460,838	3	835,715
栃　木	0	110	50	549,166	22,583	9	214,393	14,312	800,623
群　馬	0	34,459	747,644	7,211	887,628	3	95,386	3	1,772,334
埼　玉	0	1,341,752	201,249	0	1	3	0	109	1,543,114
千　葉	1,595,051	2	1,093,019	0	30	409,473	0	2	3,097,577
東　京	1	512,495	560,993	2	0	11	0	53	1,073,555
神奈川	174,133	0	48	192	99	2	6	408	174,888
新　潟	32,920	2	62	76	252,955	115,605	2	82,286	483,908
富　山	109	822,639	66,367	285,969	1,650	119	159	2,911	1,179,923
石　川	350,701	3	25	2,164,959	25	209	13	210	2,516,145
福　井	2,433,917	4	16	556,188	6	2	9	0	2,990,142
山　梨	0	2,992,935	214,873	6	1,328,979	2	3	197,158	4,733,956
長　野	0	4,280,121	1,364,593	33	97	149	180,943	278,320	6,104,256
岐　阜	0	776,743	8	1	6	1,108,775	432,460	295	2,318,288
静　岡	2,517,276	0	3	1,548,808	119,492	1,841	290,006	209,750	4,687,176
愛　知	1,099,483	759	3,216	0	1	933,737	1	11	2,037,208
三　重	2,821,211	28,742	240,582	236,814	1	1	453,838	3	3,781,192
滋　賀	197	102	1,506	2	596,016	26	3	5	597,857
京　都	62,947	18,699	178	4	12	550,859	10,579	2	643,280
大　阪	37	7	60	2	0	23	316,159	309	316,597
兵　庫	2,291,879	4	823,504	217,148	1	1,712	92,462	61,234	3,487,944
奈　良	0	97	2,024,718	0	0	28,331	4,931	7,845	2,065,922
和歌山	378,278	2,064,595	171,350	474,812	1	309,225	74,321	2	3,472,584
鳥　取	675,918	306	3,302	1,156,598	3	1	22,540	2	1,858,670
島　根	256,737	14,387	8	3	684,019	50,270	7	2	1,005,433
岡　山	535,861	188,849	5	135	0	98	436,140	452	1,161,540
広　島	2,825,149	2,073,024	452,744	0	0	42	22,715	662	5,374,336
山　口	2,660,762	913,423	1,360	403,831	0	13,394	286	56,522	4,049,578
徳　島	773,861	745,185	18	2	0	334	262,284	2	1,781,686
香　川	1,748,638	293,258	72,249	0	0	15	2,265	3	2,116,428
愛　媛	2,393	386,502	343,979	102,362	0	1	7	1	835,245
高　知	2,645,562	0	1	0	0	6,368	0	0	2,651,931
福　岡	920	1	939,539	0	0	10	139	319	940,928
佐　賀	1,593,607	0	1,884	416,597	0	111,063	57	0	2,123,208
長　崎	430,107	0	3,818,741	842	1	0	4	1	4,249,696
熊　本	46,893	4	555,982	65	2,401	988,394	25	737	1,594,501
大　分	6,904	473,368	166	484,758	0	0	329,464	976,298	2,270,958
宮　崎	501,103	486,930	6	0	0	1,856	128	2	990,025
鹿児島	332,363	0	392,900	36	2	1	6	0	725,308
沖　縄	5	0	0	0	0	0	0	0	5
合　計	31,402,233	19,128,562	15,025,466	11,911,660	5,536,042	4,632,461	3,702,630	2,084,917	93,423,971

（出典）「東京日日新聞」（昭和２年６月10日）より作成。

一七万四八八八票、最大は長野で六〇〇万票を越えている。すなわち、日本新八景選定のイベントが、全国規模の出来事であったことを、この表5-3は示しているのである。それはすなわち、ほぼ全国にわたって、同時にこのイベントへの大規模な集合的参加があったことを意味する。

さらに、府県別に詳しく検討してみたい。まずは最初の北海道をとりあげる。北海道における八景のカテゴリーのうち、一万票以上の得票を得ているのは、「渓谷」、「温泉」、「湖沼」、「平原」のそれぞれであり、この四つのカテゴリーの得票を個別に検討してみる。まず「渓谷」の総得票数二一万一二三八票のうち、層雲峡に二一万一二二〇票が投票された。「渓谷」の総投票数のうち、組織票であったと考えられる層雲峡を除く票数は一八票となる。同様に、「温泉」の総得票数四万一一二一票の内訳は、登別温泉に四万一〇八六票、これ以外に三五票であった。「湖沼」は、総得票数五八万八九票のうち、大沼に四六万六二三四票、洞爺湖に一一万三五一二票、この二つ以外に三四三票であった。また、「平原」の総得票数一三万九五八一票は、狩勝平野に一三万九五五二票、これ以外に二九票であった。

すなわち、北海道の総得票数九七万二五六八票の内訳は、一万票以上の組織的な投票がみられた層雲峡（渓谷）、登別温泉（温泉）、大沼（湖沼）、洞爺湖（湖沼）、狩勝平野（平原）の五つの風景地の得票数が九七万一六〇四票となり、全体の九九・九パーセントに相当することがわかる。すなわち前述のように、このイベントが組織的な活動によって成り立っていたことがここでも裏付けられる。こうした傾向は、北海道以外の府県すべてにおいて認められる。そこで日本新八景への投票数において、最多の長野と第二位の広島を簡潔に取りあげてみたい。

長野では、「渓谷」の総得票数四二八万一二一票のうち、天竜峡に三一二万七一七〇票、上高地渓谷に六〇万六三九一票、裾花峡に五四万六五一六票、そのほか四四票であった。また「山岳」では総得票数一三六万四五九三票のうち、木曽御岳に一一五万六六二一票、白馬山に二〇万七八九一票、そのほか八〇票、「瀑布」では総得票数一八万九四三票のうち、木曽田立滝に一八万九四〇票、そのほかに三票、そして「平原」の総得票数二七万八三二〇票では、姨捨に二四万六三七四票、新野高原に三万一八七八票、そのほかに六八票であった。すなわち、結果的には、長野の総得票数のうち、一万票以上の得票があった八つの風景地をのぞくと、その得票数はわずか四七四票にすぎない。

総得票数第二位の広島も同様である。広島においては、総得票数の九九・八パーセントを、鞆の浦（海岸）、忠海海岸（海岸）、糸崎海岸（海岸）、帝釈峡（渓谷）、三段峡（渓谷）、龍頭の滝（瀑布）、千光寺山（山岳）という七つの風景地が獲得している。

こうして、府県別に検討してみると、各府県において数か所程度のかなり大規模な組織的集票活動があったことが浮かびあがり、そうした組織的な運動がこの日本新八景というイベントを支え、大きな出来事としてつくりだしたことが明らかとなる。しかし他方で、より重要な点は別のところにもある。

北海道においてほとんど投票のなかった「海岸」や「山岳」、「河川」、「瀑布」、あるいは長野においてほとんど投票のなかった「温泉」や「湖沼」、「河川」には、みるべき風景がなかったのではなく、それを組織的に推薦する運動がなかったのである。したがって、このメディア・イベント「日本新八景」の選定においては、主催者が企図したような「昭和の新時代を代表すべき新日本の勝景」（前述）がひとしなみに集められたのではない。それは、風景地をめぐって組織的な集票活動をうみだし、風景地とむすびつく地元や郷土をつくりだして、あらためてその結びつきを補強した出来事にほかならない。日本新八景における投票結果の集計作業を通じて、郷土そのものをつくりあげる運動の姿がみえてくるのである。

4　郷土と結びつく風景地

ここで、長野における組織的な活動の一事例を紹介したい。「渓谷」においておよそ六〇万票を獲得した上高地渓谷の場合である。日本新八景選定において、上高地渓谷への集票活動における中心的な役割を担った武田鎌次郎の回顧[8]に従えば、まずは、日本初の国立公園設置に大きな役割を果たした林学者の田村剛から、上高地渓谷と白馬岳を推薦されたところから、組織的な活動がはじまったようである。そこで、日本アルプス営業者組合では、上高地渓谷については「渓谷」の部で入選することをめざして運動し、同時に白馬岳は「山岳」への入選をめざして運動がはじまった。この営業者組合が主体となって「日本八景入選期成同盟会」が設立されたのである。松本駅前の飯田屋旅館には大きな看板が掲げられ、飛騨屋旅館にも事務所が置かれた。当初は締め切りまでに二万票あれば第一位になると考えられていたという。

そのころ白馬岳については、東麓を走る信濃鉄道が白馬岳投票のはがき印刷をはじめた。そこで武田は、松本税務署管内各市町村の税務主任会議を利用して投票哀願演説を行い、松本市会においても、松本を山岳都市とすることを訴えた。松本市ははがき印刷代五〇〇円を補助している。上高地渓谷の地元安曇村においても村費の支出を決議し、上高地渓谷の下流にダムをもっていた京浜電力と梓川電力、そして沿線の筑摩電気鉄道からも寄付を募り、投票のはがき代金にあてた。武田は「代議士の選挙などはこの萬分の一にも足らぬ小選挙だと思ひました」と述懐している。

こうして、上高地渓谷の入選期成同盟会が中心となって、組織的な集票活動が行われたのであった。そしてこの同盟会は、上高地渓谷が日本新八景に選定された後の一九二七年（昭和二）七月一六日に、上高地保勝会へと改組され、上高地の観光開発と宣伝、そして国立公園指定へ向けての活動を担うようになる。さらに、国立公園指定が現実味を帯び、国立公園法が制定された一九三一年（昭和六）には、上高地保勝会は国立公園長野県支部（日本アルプス国立公園協会）へと発展的に組織替えをみる。その後この国立公園長野県支部は、一九三四年（昭和九）七月二八日に創設された長野県観光協会へと継承されてゆくことになる。

以上のような上高地渓谷と同様の事例は、全国の各地にあったのではないかと考えられる。すなわち、一万枚や一〇万枚を越えるようなはがきを用意し、そこに所定の記載事項を記入するためには、相応の財源と人材が必要不可欠である。また、このイベントへの組織的な参加を経験したのち、当の風景地と地域社会との関係がすぐに解消するとも考えがたい。日本新八景の遺産は、ローカルな社会にも確実に引き継がれたと思われる。

さて、日本新八景というイベントの特徴をさらに考えてみたい。ここで取りあげた上高地渓谷が属する長野県では、一九〇八年（明治四一）五月に「信濃八景」を選定するイベントが、地元の信濃毎日新聞社によって行われている。表5-4は、その結果を一覧したものである。この信濃八景の事実経緯はいまのところ筆者には不明であるが、おそらくはここでも、組織的な集票活動があったのではないかと想像する。およそ二〇年後の日本新八景と比較すると、そこに名前があげられた風景地が異なることにまずは気づく。信濃八景において一万五二九六票を集めた千曲川は、日本新八景においては二九票であった。また同様に、信濃八景では一万四三二五票を集めた諏訪湖は日本新八景では六七票、信濃八景で一万九三五三票を集めた浅間山は日本新八景ではわずか六票にすぎない。一方で、信濃八景では一万四八五票を集めた天竜川は、日本新八景では天竜峡としてではあるが、三〇〇万票を越える票を集めている。これらは、

表5－4　信濃八景の選定

景勝名	票　数
姨捨山の秋月	24,768
善光寺の晩鐘	21,675
浅間山の夕照	19,353
木曽路の紅葉	17,542
千曲川の春霞	15,296
諏訪湖の晩色	14,325
白馬岳の残雪	13,840
天竜川の清瑞	10,485

（出典）『長野県史通史編』第9巻、34頁、長野県史刊行会（1990年）。

信濃八景から日本新八景までのおよそ二〇年間に、日本人の風景観が変化しての結果ではない。それぞれの風景地と結びつく地元や郷土との関係のあり方が変化したと考えるべきである。そして、最後の信濃八景の天竜川と日本新八景の天竜峡との例は、後者の日本新八景というイベント全体がもつエネルギーの大きさを見事にあらわしている。

一九二七年（昭和二）六月五日に日本新八景の候補地八〇景が発表された。この候補地の選定は、当初からの予定に従い、八景の各カテゴリーから得票数の多い順にそれぞれ第一〇位までが対象となった。さらに、四九人の審査委員会による協議の末、その一週間後にはあらたに五三景が加えられ、候補地は合計一三三景となった。そして、ここで候補地となった一三三景は、八景・二五勝・百景のいずれかに選定されることになった。

この五三景の追加選定は、六月一二日の大阪毎日新聞によると、以下の七つの基準によってなされた。一、規模の大なること、二、景趣の多種多様なること、三、四季各特色のあること、四、交通の便利なること、五、史実の感興をひき若くは天然紀念物のあること、六、民衆的施設あることおよび将来施設可能なること、七、地理的分布を考慮すること、であった。最初の八〇景の候補地選定が、得票数の大きさによって決定されたのに対して、追加された五三景の候補地は、審査委員会の判断基準にゆだねられた。その選定基準は、風景そのものへの評価に加えて、交通の便利さや施設の有無など、利用の対象としての評価が付加されている。そして、この選定基準は、同時期における名勝や国立公園の選定基準と類似している。

候補地決定の翌月七月五日に日本新八景は決定され、翌日の新聞において発表された。表5‐5は、決定された八景・二五勝・百景を府県別に一覧したものである。まず八景をみると、十和田湖は前述のように青森・秋田という二つの所在地が並記されていたためそれにしたがったが、全国各地に分散している。二五勝と百景についても、各地方や各府県にほぼ均等になるよう選定された様子がうかがえる。

表5－5　八景・二五勝・百景の府県別一覧表

	八　景	二　五　勝	百　　景
北海道	狩勝峠	大沼	登別温泉(41086)、洞爺湖、層雲峡
青　森	十和田湖*		
岩　手			高田松原、花巻温泉、猊鼻渓
宮　城			石巻海岸、気仙沼湾、青根温泉
秋　田	十和田湖*		男鹿半島、鳥海山(30177)、田沢湖
山　形			
福　島			松川浦、新舞子、東山温泉、霊山、猪苗代湖(40518)
茨　城		袋田滝	筑波山、霞ヶ浦(61756)
栃　木	華厳滝	塩原温泉	中禅寺湖(22582)
群　馬			赤城山、妙義山、菅沼、尾瀬沼(15261)
埼　玉			長瀞
千　葉		利根川	鏡ヶ浦、清澄山
東　京			高尾山、奥多摩渓谷
神奈川		箱根温泉(187)	江の島
新　潟			笹川流(30372)、賀茂湖、阿賀の川
富　山		立山(66363)、黒部渓谷	
石　川			九十九湾、山中温泉、和倉温泉、片山津温泉
福　井		若狭高浜	芦原温泉
山　梨		富士五湖、御嶽昇仙峡	駒ヶ岳、八ヶ岳平原
長　野	上高地渓谷	木曽御岳、白馬山、天竜峡	木曽田立滝、裾花峡、姥捨
岐　阜		長良川、養老滝	恵那峡
静　岡		熱海温泉	沼津海岸、伊東温泉、富士白糸滝、一碧湖、富士川(1736)、日本平、富士駿州裾野
愛　知	木曽川		蒲郡海岸
三　重			御浜鬼ヶ城、鳥羽湾、赤目四十八滝、朝熊山
滋　賀		琵琶湖	
京　都			保津川、宇治川
大　阪			箕面滝
兵　庫			赤穂御崎、雪彦山、淡路先山、兎和野原
奈　良		大和平原(7801)	信貴山、大台ヶ原山
和歌山		瀞八丁、那智滝(74308)	古座川
鳥　取			浦富海岸、三朝温泉、大山(3230)
島　根			宍道湖、江川
岡　山			下津井海岸、神庭滝
広　島		鞆の浦	忠海海岸、千光寺山、帝釈峡、三段峡
山　口			室積湾、青海島、長門峡、秋吉台
徳　島			鳴門、王餘魚の滝、祖谷渓、大歩危小歩危(95)
香　川		屋島	寒霞渓
愛　媛			石鎚山、面河渓
高　知	室戸岬		
福　岡			英彦山
佐　賀			唐津松浦潟、嬉野温泉、川上川
長　崎	温泉岳		九十九島
熊　本		阿蘇山、球磨川	
大　分	別府温泉	日田盆地	魚住滝、耶馬渓、久住高原、飯田高原
宮　崎			神都高千穂峡
鹿児島			錦江湾(50206)、霧島山
沖　縄			

（出典）「東京日日新聞」（昭和2年7月6日）より作成。

表5-5のなかで、下線を付した風景地は、審査委員会による追加の候補地のうち、得票数が一〇万票未満であったものを、括弧内にその得票数を並記して示している。二五勝に選定された箱根温泉と大和平原、百景に選定された富士川、大山、大歩危小歩危のそれぞれは、一万票未満の得票数で選定されたことになる。たとえば得票数一八七票であったにもかかわらず、審査委員会によって追加選定をうけた箱根温泉は、明治初期以来、外国人旅行者をはじめ多くの旅行客を集め、その風景は日本を代表するものとして広く認知されていた。しかしながら、この日本新八景の投票においては、大きな規模の組織的集票活動はみられなかったということになる。上高地渓谷の事例をはじめ、日本新八景をめぐって、郷土と風景とが結びつくさまが全国各地でみられた一方で、そうした結びつきをみなかった郷土や風景も存在した。

5 おわりに

これまでみてきたように、日本新八景選定をめぐって、確かに全国的な規模での運動がみられたといえよう。日本新八景というイベントそのものは、先行研究によってすでに指摘されてきたように「郷土愛の発露」による「風景の決算」であったかもしれない。しかしながら、個別の事例に即して検討すると、その事情は一様ではないはずだ。

日本新八景選定のイベントは、風景のナショナリズムを自明の前提として風景のローカリズムを喚起し、同時に風景を手がかりとして、郷土そのものをつくりあげる運動であったことは確かであろう。しかし同時に、そうした大きな流れに対応するローカルな社会の戦術は、個別事例の検討を通してのみ明らかになるであろう。すなわち、表5-5において一覧される風景地の、ひとつひとつについて、個別の検討がこれからの課題なのである。

注

1―Stephen Daniels, *Fields of vision : landscape imagery and national identity in England and the United States*, Polity press, 1993.

2―毎日新聞百年史刊行委員会編『毎日新聞百年史』毎日新聞社、一九七二年。

3―上原敬二『日本風景美論』大日本出版、一九四三年。

4―田中正大『日本の自然公園―自然保護と風景保護―』相模書房、一九八一年。

5―白幡洋三郎「日本八景の誕生―昭和初期の日本人の風景観―」古川　彰・大西行雄編著『環境イメージ論―人間環境の重層的風景―』弘文堂、一九九二年。丸山　宏「富士の近代」横山俊夫編著『視覚の一九世紀―人間・技術・文明―』思文閣出版、一九九二年。

6―斎藤　純「熊野の桃太郎」『比較日本文化研究』第四号、一九九七年。

7―篠原　修編・景観デザイン研究会著『景観用語事典』彰国社、一九九八年。ただしこの項目の執筆者は「九三〇〇万件」を意図したと思われる。

8―武田鎌次郎「国立公園となるまで―日本八景選挙の思ひ出―」三島秀一編著『日本アルプス国立公園記念俳句集』つる草社、一九三四年。武田は当時、東京日日・大阪毎日の新聞記者であった。

●第6章 勝ち抜く行事
――翼賛文化運動における祭礼行事・民俗芸能の「活用」

金子直樹

1　はじめに

太平洋戦争中の一九四四年（昭和一九）一〇月、青森県の地元雑誌『月刊東奥』に当時の県内祭礼行事・民俗芸能の状況を示唆する挿絵入りのページがあり（図6-1）、以下のような文言が記されている。

勝ち抜く行事
狄敵米英邀へ撃ちて、秋三たび来る。ガ島転進にはじまり、悲報幾たび萬斛の涙をふらした。神機正に来り、神鷲怒れば台湾ヒ島沖の醜艦、深淵奈落に犇めき轟む。ネブタ、盆踊り、お山参詣、善知鳥祭典、獅子踊大会。年の塵を清めた行事もろもろ戦さなす暦に織りなせば、童べひもじさ忘れ、老爺は若還つた。いまみちのくは豊穣を、激戦のつはものに捧げ、激烈の朔風に向はん。[1]

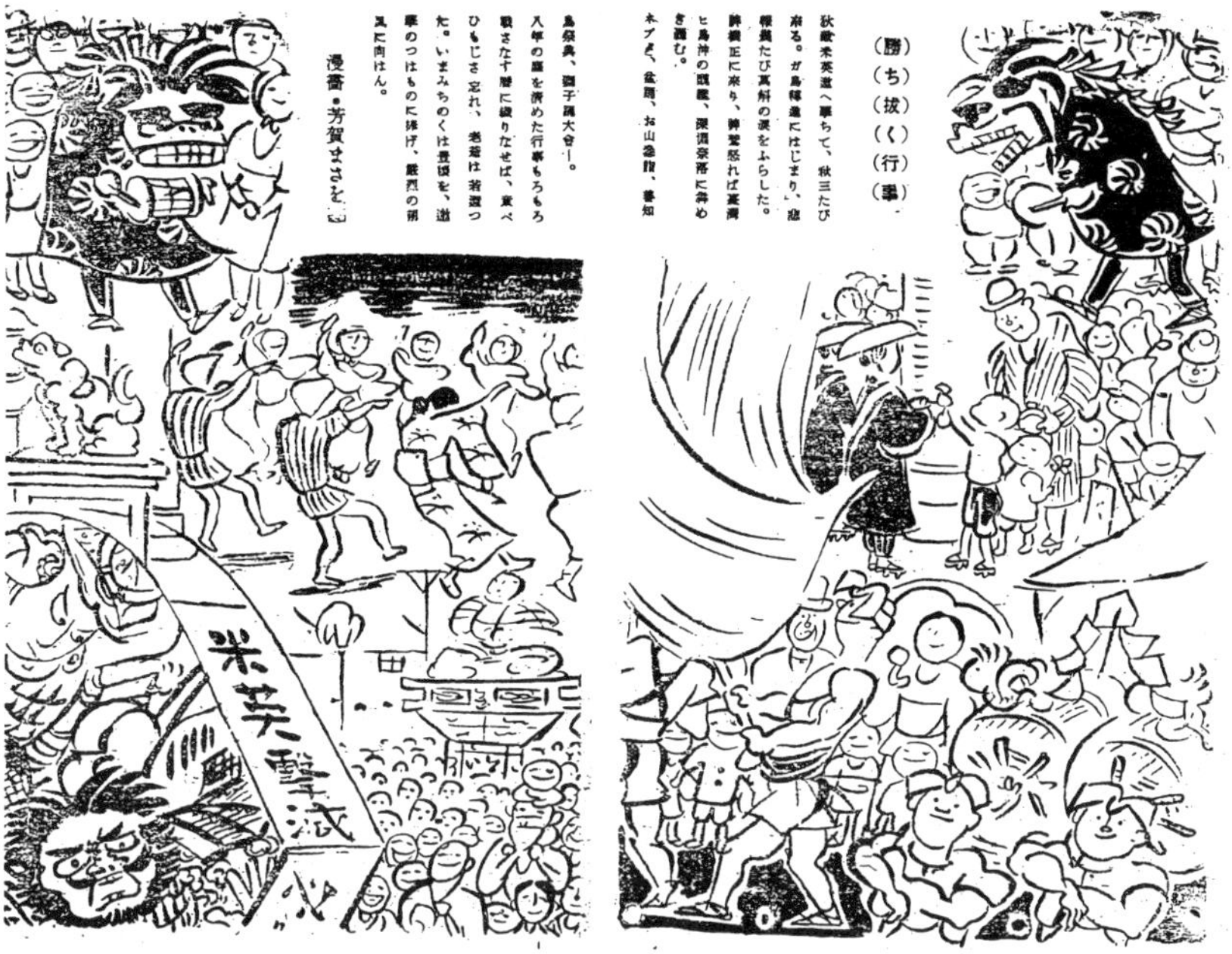

図6－1　勝ち抜く行事

（出典）『月刊東奥』第6巻第7号（1944年10月）より転載。

この短い記述の前半部分では、当時の苦しい戦況が語られている。「ガ島転進」とは、戦争の転機となった日本軍のガダルカナル島撤退のことを指している。これ以降、日本は敗退を続け、これが書かれた四四年一〇月には、米軍はすでにサイパン島を占領している。戦争の勝敗がほぼ決した時期である。

しかしこれに続く部分には、意外なことに青森県の祭礼・民俗芸能の名称が並ぶ。さらに「戦さなす暦に織りなせば」とある通り、これらが戦時中において行われていたことを窺わせている。この状況は、祭礼・民俗芸能に関する従来の認識とは異なっている。祭礼やそれに付随する民俗芸能は、支配者や国家などに関わる非常事態によって、しばしば「自粛」という言葉のもとに中止させられてきた。当然、太平洋戦争では各地の祭礼が中止されており、満州事変から太平洋戦争と続く戦時期の暗い時代を示す一つの傍証ともなっている。

だがこの「勝ち抜く行事」は、その理解とは明らかに異なる状況が存在していたことを示唆している。後述するが、太平洋戦争中にすべての祭礼が「自粛」されていたわけではなく、武運長久などという名目によって、戦時中でも行われていたものも存在した。しかも青森県の場合、一旦中止されていたものが、戦争中に「健全娯楽」あるいは「勝ち抜く行事」というスローガンのもとで、再び復活するという事態まで起きているのである。

こうした状況は、ドイツ民俗学のH・モーサー、H・バウジンガーらによって概念化された、民俗文化の二次的利用を示すフォークロリズムとして捉えることが可能である。[2] フォークロリズムは「民俗文化が本来のコンテクスト（文脈）を離れて見いだされる現象」[3] であり、それらの政治的あるいは商業的な利用・改変や、擬似的な民俗の創出などを示すものとされる。[4] そのうち本稿で取り上げるのは、政治的なフォークロリズムである。前述した祭礼・民俗芸能の復活には、極めて政策的にそれらを活用しようとした痕跡がある。それが、大政翼賛会発足を機にして起こった翼賛文化運動である。[5] 太平洋戦争中のこの運動によって、祭礼・民俗芸能は、郷土あるいは地方の文化的遺産として認識され、またそれらを戦意昂揚にも利用するために、その復活が推進されたのである。これは、長期化する戦時体制の維持のために、国家がそれらを意図的に活用した事例と考えられる。そこで以下では、まず祭礼・民俗芸能の復活に道を開いた翼賛文化運動の概要および当時の時代背景について検討し、その上で青森県における運動および祭礼・民俗芸能の復活について紹介する。

2　翼賛文化運動と祭礼行事・民俗芸能

翼賛文化運動と祭礼行事・民俗芸能

翼賛文化運動は、一九四〇年（昭和一五）一〇月に結成された大政翼賛会の文化部が主導したものであり、地方文化あるいは農村文化の振興に重点を置いていた。これは日中戦争開始後の一九三七年（昭和一二）八月より始められた国民精神総動員運動により、数多くの文化的活動が抑圧されていたため、その改善を目論んだ新たな時局迎合的運動として登場した。一九四一年（昭和一六）一月、文化部は「地方文化建設の理念と方策」を発表している。これによると、「日本文化の正しき伝統」は外来文化の影響を受けた都市を中心とする「中央文化」よりも、農村を中心とする「地方文化」に存在しているとし、それを発展させる必要性を説いた。具体的には、①郷土の伝統と地方の特殊性の尊重、②郷土愛と公共精神の高揚・集団主義文化の発揚・地域的生活協同体の確立、③中央文化の健全なる発達と地方文化の充実、均衡ある文化の発展などを提唱した。[6]

この提言によって、東北・九州地方を中心として全国各地に多くの文化団体が誕生した。これらは形式的には文化部の傘下にあったものの、活動自体はかなり独自性を保っていた。また運動の担い手は、各地方在住の芸術家や医師・教師などであり、その中に民俗文化に関心のある者も相当数含まれていた。これら文化団体および運動の活動内容は、主に生活改良と芸術・娯楽文化の振興に二分され、後者については新興文化（演劇や紙芝居など）の移入とともに、伝統文化（民芸品や祭礼）の復活・振興を目指すものが含まれていた。前述した「地方文化建設の理念と方策」にも、当面の方策の一つとして「地方文化の伝統維持並びに発揚」

があげられ、その中に「国民協同生活の精神を表現する明朗な伝統的行事並に習俗の復活とその新しき健全なる育成発達をはかること」などの事項が記されている。このことから、文化部は当初から祭礼・民俗芸能の振興を想定していたことが確認される。

このように翼賛文化運動において、祭礼・民俗芸能が注目されたのは、当時のそれらに対する抑圧的状況が背景にあった。一九三〇年代、地方とりわけ農村部では、恐慌や凶作によって経済状況が悪化しており、その更生への活動が行われていた。そのような中で、祭礼・民俗芸能は、経済的に無益なものとしての評価を受けるようになり、一九三七年（昭和一二）七月の日中戦争勃発とともに、それらは実際に自粛されはじめた。例えば、大阪岸和田の地車祭は、同年九月の地車の宮入りや曳行が自粛されており[7]、青森県でも八月に青森・弘前などで行われる予定であったねぶたが「自発的に中止」されている（「弘前新聞」一九三七年八月四日）。国家の非常時に祭りに興じるべきではないという雰囲気が、関係者に自粛を促したが、背後に治安を取り締まる警察および内務省の圧力が存在していたとも思われる。しかも、戦争の長期化によって、この自粛は継続するようになった。前述した地車祭やねぶたも、一九三八年（昭和一三）以降も中止されている。民衆の基本的生活すら制限されていた戦時体制において、祭礼・民俗芸能は禁欲的世相に反する無駄なものであって、自粛されることは当然のことと考えられていたのである。

しかし、この状況は元来娯楽の少なかった地方、特に農村部において非常な閉塞感を与え、不満を募らせる結果を招くことになった。例えば一九四一年（昭和一六）六月に開催された第一回中央協力会議において、三重県代表より以下の発言がなされている。

> 政府は娯楽に対する取締を今少しく緩和して貰ひたい。健全なる集団娯楽まで取締ることは角を矯めて牛を殺すに等しいのであります。戦時下において弊害を伴ふ娯楽は断固として取締らなければならない

が、農村漁村の唯一の娯楽、夏秋の頃一般に行はるる盆踊りの類の如きものは、郷土色豊かな集団的娯楽であって、益こそあれ何等の害を及ぼすものではない。（中略）東京あたりにいる都会人は自然に慰安の道がある。或は演劇に或は映画に或は食餌に恵まれた条件が多々あるのでありますが、農村はさうではない。娯楽機関の設備なき農村の生活は実に乾燥無味である。そこに何等の潤ひはありません。孜々として働くだけであります。[8]

こうした発言は、他の会議などでも確認されており、当時の娯楽への抑圧が深刻であったことを推察させる。翼賛文化運動において、祭礼・民俗芸能の復活が図られたのは、そうした状況を改善する方策の一つであった。

健全娯楽としての祭礼・民俗芸能

こうして、祭礼・民俗芸能の復活が一九四一年（昭和一六）より実現する。同年九月に行われた第一回東北地方文化協議会では、各県で盆踊りや芸能祭、民俗芸能に対する研究会などを開催した報告がなされている。[9]さらに翌四二年（昭和一七）八月には、内務省より盆踊り復活の通牒が出され（「東奥日報」一九四二年八月八日、以下「東奥」と記す）、より多くの地域で復活・振興活動が行われたことが、文化協議会や文化団体の報告書等から確認される。

しかしこの復活は、自粛以前の状況そのままではなく、なんらかの変化が加えられたものであった。まず祭礼を行う名目として、単なる五穀豊穣・無病息災ではなく、戦争に関連する武運長久・必勝祈願・英霊供養などが掲げられた。また享楽的色彩の排除、費用の節約および旧暦の撤廃等の矯正がなされ、戦時下にふさわしい簡素化された形態にさせられた。復活と表現しつつも、その内実は自粛や矯正された「復活」だったのである。[10]さらに、弊害の多い既存の盆踊りのみならず、「瑞穂踊」などの時局に相応しいものを新たに作成、普及させる試みもなされた。[11]

加えてこれらは、文化財的なものとしても位置づけられた。これは、前述の第一回中央協力会議において、村松久義国民生活動員本部長が盆踊りを「郷土の遺産として残されてをります娯楽[12]」と表現しているように、もっぱら祭礼・民俗芸能を地方農村の伝統ある正しき娯楽であることを示す「健全娯楽」として規定した。この認識のもとで翼賛文化運動では、喪失したとされる伝統的形態を復活させる活動が主に行われた。例えば北九州文化連盟では、小倉祇園太鼓の正しい打ち方を教える「正調小倉祇園太鼓打ち方講習会」が町村会の青年に向けて実施されている。[13]また青森県では、一九四二年（昭和一七）八月下旬から九月上旬に県内各地で開催された「小地区文化協議会」において披露鑑賞された芸能の選出条件として、以下にあげるような事例も確認される。

ナルベク其ノ土地ノ特色アル伝統的民芸、郷土芸術ヲ選定ス。例へバ民謡、盆踊り、獅子舞、座敷踊等の歌舞音曲ニ類スルモノ　〇出演者ハ芸能職能人ナラザル人ヲ選出出演セシメタイ　〇所要時間三十分以内（準備時間ヲ含ム）[14]

ここでは、郷土に根ざす伝統的な芸能で、しかもその担い手が芸能のプロではない者とするなど、戦後になって定着した民俗芸能の概念[15]に類似した認識も存在したことが確認できる。なおここでいう「民芸」は、いわゆる民芸品ではなく、祭礼・民俗芸能を示す「民俗芸術」の略語と思われる。

民俗学および民俗研究者の参画

前述した祭礼・民俗芸能に対する位置づけの背後には、当然そのように思考する文化運動の参加者があった。彼らの中には、民俗学に関心を持ち、実際に研究を行っていた者も存在した。その研究視点は、農山漁村の伝統的な生活文化を明らかにし、それに日本文化の祖型が内在することを示し、さらにそれらを実生活の改善に生かそうとするものであった。これは西洋文明の影響を受けていない地方文化を活性化するという翼賛文化運動の位置づけに直結はしないものの、まったく接点のないものでもなかった。この点からすれば、民俗学が文化運動に関与することは、自然なことだったのかもしれない。

とはいえ、民俗学およびその学会組織（民間伝承の会）が全体として運動に参画したものは、一九四一年（昭和一六）八月に大政翼賛会から委託された「食習調査」のみであった。これは、食料事情が切迫しその対策として、各地の伝統的な食事法を蒐集しようとしたもので、同年より翌年の『民間伝承』誌上において、いくつかの報告がなされている。しかし、調査にあたって「食習採集要項」および『食習採集手帖』が作成されており、基本的にそれまでの民俗調査と同様のものであった[16]。また戦争中期以降になると、「盆祭特集」や「錬成と遊技特集」などの、時局迎合と窺わせるものも登場するが、これらもそれまでの調査報告と何ら変わるものではなかった。このように民俗学全体としては、あくまで受動的、間接的な関与に過ぎなかった。

それに対して、個人レベルで直接運動に参加するケースは少なくなかった。例えば、新潟県における民俗研究の支柱であった「高志路会」の中心メンバーで、民間伝承の会の世話人の一人でもあった小林存は、翼賛会の新潟県支部文化委員会委員を務めている。その甲斐もあってか、新潟県では戦中も研究活動が行われ、機関紙『高志路』も敗戦まで発行されつづけた[17]。秋田県角館を中心とした北方文化連盟でも、戦前東京で開催されていた日本民俗学講座を受講した富木友治らによって、雑誌『瑞木』の発行や民芸品の振興などが行われている[18]。

また、青森県においては、特に祭礼・民俗芸能の復活に関与した研究者として、獅子踊の振興に尽力した葛西覧造や岩木山の祭礼行事・お山参詣の「古式復活」に関わった木村源蔵（弦三）があげられる。このうち木村は、戦前より県内および近隣道県の郷土玩具や祭礼・民俗芸能の調査研究を行っていたが[19]、戦中は弘前文化協会（一九四二年六月より弘前文化報国会）の一員として運動に参加していた。一九四二年（昭和一七）一一月の第二回東北地方文化協議会において、木村は祭礼について「土地の生活の基礎的秩序を与える」ものであり、そこに表現される「神が土地を支配」するという「伝統的な地方精神」を啓蒙すべきと発言している。そしてお山参詣に関して、「弘前市の文化協会に於いても、地方の重大な祭礼である岩木山登山の古式な習俗の復活を地方民に呼びかけ、敬虔な崇神の気分を立たせることによって、地方民の信仰のよるところを知らしめ、且つ郷土愛の観念をうえつけることを計画」していることを紹介した[20]。これはその後一九四四年（昭和一九）になって実現している（次節参照）。

このように木村は、自らの研究対象であった祭礼の本質的観念を民衆に認識させ、その「古式」を復活・振興させることで、地方文化の発展に寄与しようとしたのである。こうした姿勢は、おそらく運動に参加した他の研究者においても同様であったと考えられる。彼らは、国粋主義に傾倒した当時の日本社会において、単にそれに迎合するわけではなく、自分達の関心と翼賛文化運動の理念との接点を見出していったのである。しかも実際、そこで行われたのは民俗文化の復興活動であり、戦後の文化財行政に通じる部分を有していた。前述した木村も、戦後はお山参詣から派生した「登山囃子保存会」などの民俗芸能保存団体の役員になり、また弘前市の文化財審議委員を務め、県内の祭礼・民俗芸能の保存振興に尽力している[21]。このことからも、彼らの取り組んだ事柄は、戦争という側面を除けば特別なものではなかったと考えられる。

3　青森県における運動と祭礼行事・民俗芸能

運動の開始

青森県における翼賛文化運動は、一九四一年（昭和一六）五月の大政翼賛会文化部長・岸田國士の来県以降、その実施にむけた議論が行われ、各地に文化団体設立が相次いだ[22]。翼賛会青森県支部組織部長であった佐々木義満は、一九四一年（昭和一六）一一月、「青森県文化運動の理念と方向」と題して、運動の具体的方向性を示唆した[23]。そこでは、①保健衛生、②健全娯楽と生活文化、③郷土愛と県民性の三つの問題を、運動の取り組むべき課題として取り上げた。そのうち②の健全娯楽に関して、農山村では「娯楽こそ生活必需品」であり、「幸い本県には、素朴なる野趣に富み、素地の愛すべき娯楽の多くが伝承されている」から、それらを奨励すべきであると述べている。これは、後述するねぶたや盆踊りを想定していたと考えられる。

そして翌一九四二年（昭和一七）二月、青森県文化連盟の発会式および第一回文化協議会が開かれ、県をあげた本格的活動が開始された。ここで運動の実践事項が決定され、「修養慰安激励の実践事項」として映画・演劇・紙芝居や図書の回付とともに「年中行事の再検討及其の積極的奨励」という項目が盛り込まれることとなった[24]。さらに文化連盟の機関誌となった『青森県文化』一九四二年七月号にあげられた運動の方針の中にも、「健全娯楽ノ普及ト共ニ民芸、郷土芸術ノ復興発達ヲ図リ中央文化ト地方文化ノ交流ニヨリ各地域ニ均衡アル文化ノ発展ヲ期スルコト[25]」と述べられ、祭礼・民俗芸能の活用が明確にされた。

また『青森県文化』同号には、同年六月二四日に決定された四二年度の文化連盟行事事業も掲載された[26]。そこには、県内各地で行う「小地区文化協議会」や「青森県盆踊大会」等の実施計画があげられ、特に前者

表6－1　文化懇談会並映画会（小地区文化協議会）に出演した民俗芸能

開催地	月日	会　場	観　衆	出演民芸	地域・出演者等
鰺ヶ沢	8/25	西城館	記載なし	記載なし	
深　浦	8/26	深浦国民学校	600名	盆踊及びねぶた笛太鼓	岡の町
金　木	8/27	金木町役場	500名	津軽民謡（じょんから節、あいや節）による手踊	川倉青年団有志
五所川原	8/28	五所川原町公会堂	記載なし	民謡盆踊「五所川原甚句」終了後駅前で盆踊鑑賞	町民有志
板　柳	8/29	板柳国民学校	1500名	獅子舞	
黒　石	8/30	黒石公会堂	約400名	郷土芸能「黒石よされ」	
野辺地	8/31	新町国民学校	約1000名	記載無し	
田名部	9/01				報告記録なし
大　湊	9/02	大湊町役場	1000名以上	記載なし	
小　湊	9/03	小湊町役場	約400名	獅子舞	浅所青年有志
七　戸	9/04	七戸国民学校	記載なし	記載なし	
三本木	9/05	三本木国民学校	記載なし	記載なし	
五　戸	9/06	五戸国民学校	記載なし	記載なし	
三　戸	9/07	三戸文化懇談会会長別荘	1200名	剣舞	梅内村
百　石	9/08	百石国民学校	記載なし	記載なし	

（資料）『青森県文化』第4巻第10-12号（1942）、第5巻第1号（1943）。

に関してはかなり詳細な計画案が記されている。それによると協議会は、郷土の生活因習や保健衛生等を討論する「生活文化懇談会」とともに、映画上映や郷土民芸の披露鑑賞を行う「文化映画並講演会」の二部構成となっていた。そして、これは同年八月下旬から九月上旬にかけて青森県下一五ヵ所で実際に開催され、そのほぼ半数で民謡や盆踊りの披露を行ったことが、「現地報告記録」から確認される（表6-1）。さらに、前述したお山参詣の「古式復活」や獅子踊の振興についての計画なども発案され、翼賛文化運動をきっかけとして祭礼・民俗芸能を「活用」させる動きが盛んになった。

盆踊り

こうした中で、最も注目され活用された芸能が盆踊りであった。この芸能はその名の示唆する通り、盂蘭盆に死者の霊を慰めるためのものとされる一方、民衆の娯楽としての側面を多分に有し、風流化した芸能の代表的存在である。[27]

盆踊りは、ほぼ全国にわたって分布していることから、担い手である民衆のみならず為政者側にも常に意識され、時に政治的規制を受けてきた。特に西欧化を目指した近代において、それは近世以前の卑俗な因習として位置づけられ、取締の対象となった。この経緯もあって、大正から昭和初期にかけて、踊り方を競う大会形式のものが登場し、その健全性の向上が図られてきた。[28] しかし一九三七年（昭和一二）の日中戦争開始以降は、再び政治的圧力を受けることになった。青森県では「農村が萎縮してゆく」ために「風俗を害せぬ程度」で許可されたものも少なくなかったが（「東奥」一九三八年七月二二日）、黒石よされ節で有名な南津軽郡黒石町の「懸賞盆踊り大会」などの大規模なものは、「時局多端の折柄中止」された（「東京日日新聞」（青森版）一九三七年八月八日）。

しかし、翼賛文化運動が始まった一九四一年（昭和一六）頃より、その復活への要求が高まってくる。それは例えば、「盆踊りがその本質において農村文化、娯楽として大きい役割を擔っていることは否定出来ない」のであるから、「これを純化し、盆踊り本来の精神を徹底させて行えば農村文化、娯楽の健全、理想的なものとしてこの上ない」というものであり、[29] 前述した「健全娯楽」としての意義付けが確認される。そして、翌一九四二年（昭和一七）夏、内務省の通牒と期を同じくして盆踊りが復活した。当時の地元新聞からは、青森市長島地区をはじめ県内各地で盆踊りが行われたことを示す記事が確認される（表6-2）。一方、盆踊りに対する奨励に関した記事も散見されるが、それらは風紀を乱さぬ踊りや唄、服装への矯正を求めたり、飲食店の出店も控えさせたりするなどの自粛を伴うものであった（「東奥」一九四二年八月八日）。ただしそれは、警察当局等からの中止要請とは異なり、弊害部分を改善しつつもあくまで盆踊りを行うことを前提としていた。

また、前述の行事事業の一つにあげられていた「青森県盆踊り大会」が、同年八月一五日に青森市の合浦公園で開催されている。これは「銃後ノ県民ノ生活ニ霑ヲ持タセルト共ニ郷土ノ生活芸術ノ香リ高キモノヲ維持長養スルタメ旧盆前青森市公会堂ニ於テ県下ヨリ大凡十組位精選シテ出演セシメ模式的ナル演技歌詞ヲ普及シ健全ナル盆踊リヲ行ヘル気運ヲ醸成[30]」させることを目的として開かれ、当日の観衆は五〇〇〇人に達する盛況ぶりであったという。披露されたのは、青森市連合町会の盆踊、南津軽郡黒石町の「よされ節」、八戸市の「おしまこ節」、西津軽郡十三村の「砂山踊」、下北郡田名部町の「おしまこ節」、北津軽郡嘉瀬村の「奴踊」などであった（「東奥」一九四二年八月一六日）。

ただし、この大会は「旧盆前」とあるように、当初は八月二六日（旧暦七月一五日）の開催予定であったが、実際には八月一五日（旧暦七月六日）という新暦の盆にあわせたものとなった。地方や農村部では、新暦（太陽暦）が実施された一八七三（明治六）年以降も、祭礼や年中行事には旧暦（太陰暦）を使用することが一般的であった。このため国や各県では、旧暦慣習の廃止を明治以降、矯正させようとしてきたが、戦前まで新暦はなかなか定着しなかった[31]。そこで青森県では、翼賛文化運動を契機として旧暦の廃止を訴え、祭礼の新暦による執行を強制させた。この盆踊り大会の開催日変更はそれを示唆しているといえよう。

しかし実際、四二年に新暦で盆踊りを実施したところは、ほとんどなかったようである。例えば、青森市長島町会主催の盆踊り大会では、「毎夜七時から、二十六日は合同練習、二十七日、八、九の三日間の予選を経て三十日が晴れの大会」（「東奥」一九四二年八月二七日）とあるように、明らかに旧暦にあわせた日程が組まれていた。また西津軽郡鰺ヶ沢町で行われた「小地区文化協議会」では、「下部組織を通じて申合せまして見たが當座になり一人申合せを破るものがあると、忽ちこはれてしまふので目的を果すことが出来かった。（中略）新盆若しくは月遅れ盆については、なかなか地方民は納得して行けない」との報告がなされており[32]、新暦強制が相当な抵抗にあったことが窺われる。

この状況は、翌一九四三年（昭和一八）になって変化する。偶然にも、この年は新暦八月一五日が旧暦七月一五日に一致し、盆行事が新旧どちらでも同じ日程となっていた。これを契機として、翼賛会青森県支部

表6－2　1942-44年における盆踊り関係の新聞記事

年	月日	見出し	地域	新聞
1942年	8/06〔旧6/25〕	踊りをどるならしなよく踊れ　合浦公園で県下の盆踊大会	青森市合浦公園	東奥
	8/07〔旧6/26〕	盆踊りは八組　十五日夜全国へ放送	青森市合浦公園	東奥
	8/08〔旧6/27〕	農山村へ娯楽便り　旧盆には楽しめる　盆踊り復活させよとの通牒		東奥
	8/12〔旧7/01〕	県下盆踊大会に八戸から「おしまこ」婦女子十名を選抜出演	青森市合浦公園	東奥
	8/14〔旧7/03〕	「おしまこ」踊出演者決る	青森市合浦公園	東奥
	8/15〔旧7/04〕	“大いに踊って大いに働くべし” 上北で盆踊り奨励	上北郡	東奥
	8/15〔旧7/04〕	けう盆踊り大会	青森市合浦公園	東京
	8/16〔旧7/05〕	汗で稼いで笑顔で踊ろ　国が栄える音頭をとって　昨夜“青森県盆踊り大会”	青森市合浦公園	東奥
	8/16〔旧7/05〕	劔と鍬の座談会　盆踊り大いに結構反映された農民の声	十三村	東京
	8/20〔旧7/09〕	近づいた盂蘭盆先ず“敬祖”と遺家族への思ひ遣り		東奥
	8/20〔旧7/09〕	黒石ヨサレを中継	黒石町	東京
	8/22〔旧7/11〕	弊害ある盆踊　奨励は出来ぬ　弘前市常会で決定	弘前市	東奥
	8/27〔旧7/16〕	明日の力は盆踊りで　長島町内会が開催	青森市長島	東奥
	8/25〔旧7/14〕	あす八戸盆踊大会	八戸市三八城公園	東京
	8/28〔旧7/17〕	隣組盆踊り便り	青森市柳町 青森市長島 青森市油川	東京 東京 東京
	9/01〔旧7/21〕	漁村慰安の夕開く	鰺ヶ沢町	東京
	9/01〔旧7/21〕	柏村桑野木田青年団主催村民慰安盆踊大会	柏村桑野木田	東京
	9/09〔旧7/29〕	けふから三本木祭	三本木町	東京
1943年	7/25〔旧6/24〕	明朗な盆唄を募集　県翼賛文化報国会		東奥
	7/27〔旧6/26〕	決戦お盆は十三日　法界も無駄をはぶきませう		東奥
	7/29〔旧6/28〕	お祭りも決戦色でゆけ　下北翼壮で華美の一掃運動	下田村	毎日
	7/29〔旧6/28〕	製炭にお盆休みも返上	三戸郡	毎日
	8/07〔旧7/07〕	盆踊、自粛的に　警察部で通牒		東奥
	8/08〔旧7/08〕	明朗な決戦盆唄　県文報で募集　入賞歌詞を発表		東奥
	8/11〔旧7/11〕	新盆の試み　町内合同慰霊祭	青森市	東奥
	8/12〔旧7/12〕	さアさしなよく踊れ　翼賛会で盆踊りの指導		東奥
	8/13〔旧7/13〕	翼賛盆をどり		毎日
	8/14〔旧7/14〕	お盆休みは十三日限り　祖先の霊に木炭増産誓ふ	三戸郡	東奥
	8/14〔旧7/14〕	中郷村で盆休みを返上	中野村	東奥
	8/15〔旧7/15〕	長島校前で盆踊り大会（明晩）	青森市長島	東奥
	8/17〔旧7/17〕	大いに踊って大いに頑張れ　知事さん盆踊に金一封	七戸町	東奥
	8/17〔旧7/17〕	お盆休み返上　大鰐虹貝部落	大鰐町虹貝	東奥
	8/19〔旧7/19〕	五所川原町の盆踊り盛況	五所川原町旭町	東奥
	8/19〔旧7/19〕	三本木翼壮決戦型盆踊会	三本木町	東奥
	8/19〔旧7/19〕	舞戸の盆踊り	舞戸村	東奥
	8/19〔旧7/19〕	盆休返上　突進だ　上北の藁工品増産譜	上北郡	東奥
1944年	7/13〔旧5/23〕	お盆は今年も八月十三日　県翼賛会で旧暦廃止提唱		東奥
	7/18〔旧5/29〕	ねぶた、盆踊り、相撲　朗かに逞しく　勝ち抜かう　郷土健全娯楽を復活、奨励		東奥
	8/10〔旧6/22〕	踊って働かう　明朗、健全な盆踊	青森市長島	東奥
	8/13〔旧6/25〕	盆踊　英魂に捧ぐ戦陣の慰楽　心そろへてみ民の踊　明るく楽しく勝ち抜く決意		毎日
	8/18〔旧6/30〕	星空にさざめく盆踊り	青森市長島	東奥
	8/18〔旧6/30〕	北片岡町会でも盆踊り大会	青森市北片岡	東奥

（注）「東奥」：東奥日報、「東京」：東京日日新聞青森版、「毎日」：毎日新聞青森版。

は、盆行事を新暦に変更させたようである。続く四四年（昭和一九）では、新暦と旧暦がまったくずれた日程となったが、昨年同様に新暦の盆を強制した（「東奥」一九四四年七月一三日）。例えば前述の長島町会では、八月一六日（旧六月二八日）から二〇日（旧七月二日）に「勝ち抜く盆踊り大会」が開催されており（「東奥」一九四四年八月一八日）、新暦に切り換えられていることが確認される。

このような新暦強制がなされた一方、盆踊りの健全娯楽としての普及活動は継続していた。「青森県盆踊り大会」は、四二年のみの単発イベントではあったが、以後も、盆踊りの踊り方の指導（「東奥」一九四三年八月一二日）や、時局にあわせた歌詞の制定（「東奥」一九四三年八月八日）などが行われた。そして、戦争末期の四四年においても、県内翼賛会の各支部では「盆踊りの打合せ会を開き、翌日の活動に支障を起こさぬやう踊りの時間を厳守すること、踊りは卑俗に陥らぬやうに慎むことを要望した」[33]ものの、盆踊り自体は行われていたのである。このことは、青森県において翼賛文化運動が少なからぬ影響力を有していたことを示すものであろう。

ねぶた復活

一九四三年（昭和一八）以降、青森県における翼賛文化運動は、その組織および方針に修正を加えられた。青森県文化連盟は、同年四月に制定された「地方翼賛文化団体結成要項」[34]にもとづき、青森県翼賛文化報国会に名称変更した。その趣旨について、それまでの文化連盟は「審議機関」であるのに対し文化報国会は「実践する機関」であること、また各地の文化団体は文化報国会の支部と位置づけられ「実践の一元化」を図ること等があげられた。そして実践に関しては「決戦即応」が謳われ、地方の文化的発展のみならず戦争自体にも貢献するべきと位置づけられた[35]。この軌道修正により、祭礼・民俗芸能はそれまでの「健全娯楽」に加え「勝ち抜く行事」、つまり戦意昂揚に寄与するものとしての意味をも付与された。こうした状況は、明らかに戦況の悪化に影響されたもので、運動の継続が困難になったことを示唆している。しかし、それにもかかわらず青森県では、一九三七年（昭和一二）から中止されてきたねぶたが一九四四年（昭和一九）に復活したのである。

ねぶたは、七夕祭や睡魔を払う「眠り流し」、盆の精霊送りである「灯籠流し」等が習合したものとされ[36]、主に津軽地方や下北半島で行われている。現在その開催時期は新暦八月上旬となっているが、一九五五年（昭和三〇）頃までは旧暦七月上旬であった。また大正期までは、個々のねぶたが市内を勝手に廻っており、他のねぶたとすれ違う際に、しばしば石を投げ合う喧嘩が発生した。このため、昭和初期に市内を一列に巡行するパレード型の形態および優秀なねぶたに懸賞を与えるなどの健全化が図られてきた[37]。

しかし日中戦争勃発により、「時節柄お祭り騒ぎは慎むべきだ」（「東奥」一九三七年七月三一日）との理由から、弘前・青森・大湊（現・むつ市）等の都市部のねぶたは中止され、翌三八年以降も行われなかった。一方、主に農村部の比較的小規模なねぶたは、中止されないものも存在した。例えば、西津軽郡深浦町や南津軽郡中郷村では、御祝儀を国防献金するという形で、子供達によるねぶたが行われている（「東奥」一九三七年八月一七日）。ただし、これらも盆踊り同様、かなり自粛されたものであったと推定される。

こうした状況の中で、徐々に復活への動きが起こってくる。それは当初、「今年は戦時下の時局にあるので県下は何処もネブタを中止したためにけふの七夕は淋しい」（「東奥」一九三八年八月三日）という感傷的なレベルであったが、一九四一年（昭和一六）には「翼賛会弘前支部などでは手廻しよく六月下旬の理事会で（何でも彼でも『べからず』主義では元気がなくなって終ふ。今年は一つ士気振作のためネブタをしませう）と決議」するまでになった[38]。しかし、ねぶた運行の認可権を有していた警察当局は、「最初ネブタを禁止した理由が今日に至っても一つも消滅していないどころか益々緊迫している」[39]との理由により、基本的に拒否の姿勢を続けていた。ここには、ねぶたが盆踊りと異なり、経費や手間を多く必要とするという現実的な背景も存在していた。それでも翼賛文化運動の開始された四二年以降、一部地域で復活するものが確認されるようになる。例えば、下北半島の大湊では、同年が海軍警備府の開府四〇周年にあたっており、その記念行事の一つとしてねぶたが復活し、町内の五地区が参加している（「東奥」一九四二年八月四日）。ただし、これは例外的な措置であったようで、翌年には再び中止されている。

ところが四四年になると、「必勝の信念の下あくまでも敢闘するの戦意を昂揚、縣民士気を振作する」として「事変以来立消えになっていた健全娯楽をこの夏積極的に奨励することになった」との通牒が青森県より出された。そして「その一環としてまづ支那事変以来中止していた「ねぶた」を八年振りで復活せしめること」が決定され（「東奥」一九四四年七月一八日）、これによって警察当局も、その運行を許可するに至った。この通牒の出された経緯は不明ではあるが、絶望的になりつつあった戦局を前に、ねぶた等の祭礼によって民衆に一層の戦意昂揚を図ろうとしたものとも推測される。

ただしそれは、盆踊りと同様に様々な規制をともなっていた。まず期間は、旧暦七月上旬ではなく、新暦八月四日より六日までとされた。ねぶたの数も一町内会で二つ以内とし、ローソクその他資材は特に配給されなかった（「東奥」一九四四年七月一八日）。また服装も、派手な赤襦袢や仮装は禁止され、花笠のみが許可され、防空警報発令の際には中止、さらに御祝儀をもらうことも禁止された（「東奥」一九四四年八月五日）。これらの規制を加えつつ、弘前・青森・黒石・大湊でねぶたが復活したのである。

青森では、市内を一周するパレード形式を取り入れ、出来映えの良いものには懸賞を与えるという戦前に発案された形態を踏襲したものとなった。運行されたねぶたは一八台だったが、これは三〇余台が出た中止前の一九三六年（昭和一一）のほぼ半数であった（「東奥」一九三六年八月二四日）。一日目の四日は、防空警報が発令され途中で中断されたが、五日は予定通りに運行された。六日は午後三時に青森放送局からねぶたの実況をラジオ放送、午後七時までに青森警察署前にねぶたが勢揃いして優秀ねぶたを審査発表してそれから運行開始、そして最後に青森総鎮守の善知鳥神社で「ねぶた奉納式」を執行して、午後一一時に解散したという（『東奥』一九四四年八月五日）。ここにある神社にねぶたを奉納するという形態は、もともと行われていたものではなく（現在も行われない）、ねぶたに必勝祈願・英霊供養という性格を付加させようと新たに考案されたものであった。弘前でも五日夜に城跡公園内にあった青森県護国神社で奉納式を行っている（『東奥』一九四四年八月五日）。このように四四年のねぶた復活は、単に健全娯楽ではなく戦争に直接貢献するものとして位置づけられたのである。

この状況に対して、当時中学生であった作家の大條和雄は、戦時下ということで「意気は上がらなかった」としている。[40] 様々な制約および運行されたねぶたの少なさを考えれば、これは妥当な評価といえるかもしれない。しかし、「本土決戦が叫ばれている昨今、こんなネプタで騒いでいいのだろうか」とも記していることから、ある程度は盛況であったとも考えられる。

獅子踊り・お山参詣、そして終焉

ねぶたが復活した同じ四四年の八月から九月にかけて、他の祭礼・民俗芸能も復活した。まず前述したお山参詣の「古式復活」があげられる。お山参詣は、旧暦八月一日前後に津軽地方の村々から御幣や幟、供物などを携え「登山囃子」を演奏しつつ隊列を組んで岩木山に参詣する祭礼であるが、昭和初期頃より生活文化の近代化や自動車・バスの普及による簡略化が顕著になっていた。木村源蔵のいた弘前文化報国会では、この状況を矯正してお山参詣本来の形態（「古式」）を復活させるために、同年八月三〇日から九月一日のお山参詣で事前の精進潔斎の徹底、徒歩での参詣等を奨励した（『東奥』一九四四年八月一三・一七日・九月一日等）。

次に、当時県社であった猿賀神社（南津軽郡尾上町）の祭礼時に「豊作感謝並妖魔毀滅獅子踊大会」が行われた。獅子踊は、近世初期に弘前で創始されたとの伝承を有し、津軽各地にみられる民俗芸能である。翼賛文化報国会南津軽郡支部では、やはり衰退傾向にあるとされた獅子踊を、それとは直接的関係がなかった猿賀神社の祭礼に一堂に集め、その競演会を行わせた。九月三〇日の大会には、県内一八の獅子踊が出演している（「東奥」一九四四年九月五・二八日・一〇月二日）。この大会に尽力したのが、地元の小学校教員であった葛西覧造であった。葛西は当時、木村のように直接的に翼賛文化団体には所属しなかったが、青森県史蹟名勝天然記念物調査委員の一人として運動に関わっていた。彼は、一九四一年（昭和一六）一〇月に「一体獅子踊りに此の地方の民族に根強い関係を持っているのに、近頃は殆んど忘却せられて顧られていない傾向にある。大政翼賛会の文化部で是が復興を計画せられて居るやうだが誠に時宜に適したものと快哉を叫んで居る一人である」と述べており[41]、以前より関心を寄せていたことが確認される。詳細な経緯は不明であるが、葛西は大会の審査委員長を務めており、「私の村南郡新屋村（現・南津軽郡平賀町新屋）では旧暦八月十五日猿賀神社の御祭の夜初めて獅子が起されます[42]」とも述べていることからしても、彼が大会開催へのキーパーソンの一人であったと考えられる。また木村源蔵も審査委員の一人となっており、彼らの祭礼・民俗芸能に対する少なからぬ影響力が窺われる。

しかし、これらは青森県の翼賛文化運動における最後の成果であった。戦局の悪化によって日常生活はますます逼迫し、一九四三年以降はお盆を廃止する一部の地域も存在した（「東奥」一九四三年八月一四日等）。また、いくら祭礼・民俗芸能の復活を唱えた所で、その担い手である若者の多くが出征しており、その挙行が現実的に困難な状況になっていたのである。一九四五年（昭和二〇）に入ると、本土決戦が準備される中、翼賛文化運動は停滞し、六月になって大政翼賛会は解散され、運動も終焉を迎えることになった。

4　おわりに

一九四五年（昭和二〇）七月二八日、青森市は空襲を受け大半が焦土となり、そのまま敗戦を迎えた。この時期、新聞記事にはねぶたや盆踊りの文字は確認されない。しかし、敗戦とともに県内の祭礼・民俗芸能は徐々に再開された。それらの大半は、戦時色を一掃し、戦争からの復興あるいは平和の時代を象徴するものと位置づけられた。その中で、本稿で紹介した戦時中の祭礼・民俗芸能の「活用」は、軍国主義に歪められた例外的なものとされ、そのまま現在に至っている。しかし実際には、祭礼・民俗芸能を地方・郷土の文化的遺産とする認識が存在しており、現在の無形民俗文化財との類似性が確認される。さらに一部には、運動が戦後に受け継がれた場合もあった。

それは、前述した獅子踊大会であった。この行事は、敗戦直後の四五年九月一九日の猿賀神社祭礼でも開催されており（「東奥」一九四五年九月二三日）、以後同祭礼の恒例イベントとして現在に至っているのである。またこれをきっかけにして、猿賀神社を中心とした青森県獅子踊連合保存会が結成され[43]、葛西覧造がその初代理事長に就任している[44]。葛西自身は、一九五二年（昭和二七）に死去しているが、この大会に出演した獅子踊の多くは、その後六〇年代になって次々に県や市町村レベルの無形文化財（技芸）に指定されており、大会および保存会の影響力を感じさせる。

さらにお山参詣についても、葛西や木村が中心となって、一九四七年（昭和二二）から新たなイベントを創出させている。四四年に行われた「古式復活」は、戦時色が色濃く反映され、それを継続させることは困難であった。そこで葛西らは、お山参詣において演奏される「登山囃子」に着目し、獅子踊大会と同様に、その競演大会（登山囃子大会）を開催させたのである。これは、神道指令や新憲法発布の社会情勢のもとで、宗教的祭礼そのものではなく、芸能に注目することで、お山参詣の振興を図ろうとしたと考えられる。四七年に第一回大会が開催され、審査委員に葛西・木村らが名を連ねており（「東奥」一九四七年九月八日等）、以後現在まで継続している。また、やはりこの大会を契機に、岩木山神社を中心とした青森県登山囃子保存会（現・お山参詣保存会）が結成され、初代会長に葛西、彼の死後は木村がその跡を継承した。[45]

このように、戦後の青森県における祭礼・民俗芸能の動向では、翼賛文化運動やその担い手たる研究者による影響を確認できる。翼賛文化運動では、戦後もその活動を継続したものが少なくなかったことが指摘されているが、[46]上記の状況は、青森県でも同様であったことを示唆していると考えられる。これらの点をふまえれば、本稿で取り上げた事例を例外的なフォークロリズムとは評価できないだろう。

すでに先学が明らかにしている通り、祭礼・民俗芸能を無形民俗文化財と明確に規定したのは、一九七五年の文化財保護法改正以降であった。[47]無論そこには研究者や行政の影響力があったと思われるが、各地の祭礼・民俗芸能が喪失していくように感じられる高度経済成長期の時代背景も無関係ではなかったであろう。こうした構図は、そのまま本稿の場合にも当てはまる。昭和恐慌およびそれに続く戦時体制下で、祭礼・民俗芸能は次々に自粛されていたことが、それらを「健全娯楽」と規定させ、その振興を図らせたとも考えられる。つまり、祭礼・民俗芸能に対する喪失感が、国家・郷土の文化財的なものとして保存・振興すべきであるという認識を発生させたのである。この意味で翼賛文化運動における祭礼・民俗芸能の「活用」は、現代の文化財行政に通じる側面を有するといえるだろう。

注

1―「勝ち抜く行事」『月刊東奥』第六巻第七号、一九四四年一〇月、一二一―一二三頁。

2―河野　眞「フォークロリズムからみた今日の民俗文化―ドイツ民俗学の視角から―」『三河民俗』第三号、一九九二年、九四―一一二頁。

3―福田アジオ他編『日本民俗大辞典　下』吉川弘文館、二〇〇〇年、四五九頁。

4―フォークロリズムに関する事例研究に関しては、①八木康幸「ふるさとの太鼓―長崎県における郷土芸能の創出と地域文化のゆくえ―」『人文地理』第四六巻第六号、一九九四年、二三―四五頁、②同「祭りと踊りの地域文化―地方博覧会とフォークロリズム―」宮田　登編『現代民俗学の視点三　民俗の思想』朝倉書店、一九九八年、一二二―一四五頁を参照。

5―①北河賢三「戦時下の文化運動」『歴史評論』No.四六五、一九八九年、四五―六二頁。②北河賢三「戦時下の地方文化運動―北方地方文化連盟を中心に―」赤澤史朗・北川賢三編『文化とファシズム』日本経済評論社、一九九三年、二〇七―二四五頁、③河西英通「翼賛文化と地方文化」馬原鉄男・掛谷宰平編『近代天皇制国家の社会統合』文理閣、一九九一年、一八一―二〇二頁等を参照。

6―「地方文化建設の理念と方策」『大政翼賛会会報』一九四一年二月一九日『大政翼賛運動資料集成　第一巻』柏書房、一九八八年、八六頁。

7―横山篤夫「十五年戦争と岸和田の地車祭」同『戦時下の社会―大阪の一隅から―』岩田書院、二〇〇一年、四六―四八頁。

8―大政翼賛会『第一回中央協力会議会議録』一九四一年六月『大政翼賛運動資料集成　第二集　第二巻』柏書房、一九八九年、三七七―三七八頁。

9―大政翼賛会組織局文化部『第一回東北地方文化協議会会議録』一九四一年一一月『大政翼賛運動資料集成　第二集　第六巻』柏書房、一九八九年、三一六―三一七・三一九・三二一頁。

10―前掲、横山「十五年戦争と岸和田の地車祭」四九―五四頁。

11―北河賢三「戦中・戦後初期の農村文化運動―農山漁村文化協会の成立と活動を中心に―」民衆史研究会編『民衆史研究の視点―地域・文化・マイノリティ―』三一書房、一九九七年、三三五頁。

12―前掲、『第一回中央協力会議会議録』三七八頁。

13―大政翼賛会実践局文化部『地方翼賛文化団体活動報告書　第一輯』一九四三年七月、北河賢三編『資料集　総力戦と文化　第1巻』大月書店、二〇〇〇年、二九一頁。

14―青森県文化連盟「青森県ニ於ケル文化運動ノ方針ト本年度文化運動ノ目標」『青森県文化』第四巻第七号、一九四二年七月、二三頁。

15―橋本裕之「これは「民俗芸能」ではない」小松和彦編『これは民俗学ではない』福武書店、一九八九年、七二―一〇九頁。

16―柘植信行「戦時下の学問と生活」柳田国男研究会編『柳田国男伝』三一書房、一九八八年、八九八頁。

17―前掲、柘植「戦時下の学問と生活」八九七頁。

18―前掲、北河「戦時下の地方文化運動―北方地方文化連盟を中心に―」。
19―「青森二〇世紀の群像 木村弦三 民俗音楽研究の先駆者」『東奥日報』二〇〇〇年七月一日。
20―以上、「新日本文化の創造へ東北地方文化運動の躍進―第二回東北地方文化協議会紀要―」『青森県文化』第四巻第一二号、一九四一年一二月、二六―二七頁。
21―青森県人名大事典編さん室編『青森県人名大事典』東奥日報社、一九六九年、七四三頁。
22―前掲、河西「翼賛文化と地方文化」一八八―一九〇頁。
23―佐々木義満「青森県文化運動の理念と方向」『青森県文化』第三巻第一一号、一九四二年一一月、一六頁。
24―「県文化連盟発足 青森県文化連盟結成発会式並第一回文化協議会」『青森県文化』第四巻第三号、一九四二年三月、一六頁。
25―前掲、「青森県ニ於ケル文化運動ノ方針ト本年度文化運動ノ目標」二〇頁。
26―前掲、「青森県ニ於ケル文化運動ノ方針ト本年度文化運動ノ目標」二〇―二六頁。
27―大塚民俗学会編『日本民俗事典』弘文堂、一九七二年、六五八頁。
28―笹原亮二「引き剝がされた現実―「郷土舞踊と民謡の会」を巡る諸相―」『共同生活と人間形成』第三・四号、一九九一年、一二六頁。
29―山口晢孝「盆踊りの復活」『青森県評論』第六巻第七号、一九四一年七月、七頁。
30―前掲、「青森県ニ於ケル文化運動ノ方針ト本年度文化運動ノ目標」二五―二六頁。
31―岡田芳郎『明治改暦―「時」の文明開化―』大修館書店、一九九四年、二二四―二二五頁。
32―青森県文化連盟「文化懇談会並映画会記録」『青森県文化』第四巻第一〇号、一九四二年一〇月、二二頁。
33―二川原平三郎「郷土のすがた―ねぶた・盆踊り・お山参詣―」『月刊東奥』第六巻第六号、一九四四年九月、二六―三〇頁。
34―大政翼賛会文化部「地方翼賛文化団体結成要項」『資料日本現代史一三』大月書店、一九八五年、二五二頁。
35―「青森県翼賛文化委員会設立総会・青森県翼賛文化報国会設立総会」『青森県文化』第五巻第七号、一九四三年、二一八頁。
36―前掲、『日本民俗大辞典 下』三〇五頁。
37―今 純三「「ネブタ」から「オ山サンケ」まで」『民俗芸術』第一巻第一一号、一九二八年、五三―五四頁。
38―「煙に消えたネブタ復活論―弘前地方―」『月刊東奥』第三巻第八号、一九四一年八月、一二一頁。
39―前掲、「煙に消えたネブタ復活論―弘前地方―」一二一頁。
40―大條和雄『ザ・ねぷた』水星舎、一九九一年、一九四―一九五頁。
41―葛西覧造「津軽地方に於ける郷土博物館資料(下)」『青森県文化』第三巻一〇号、一九四一年一〇月、八頁。
42―葛西覧造「獅子踊りの事ども(一)」『青森県文化』第四巻第一二号、一九四二年一二月、六頁。

43―松下清子「津軽の獅子舞・獅子踊の現状―一九九〇年前後を中心として―(第一報)」『弘前大学教育学部』第七四号、一九九五年、五二頁。
44―前掲、『青森県人名大事典』一四一頁。
45―品川弥千江『岩木山』東奥日報社、一九六五年、八九頁。
46―北河賢三『戦後の出発―文化運動・青年団・戦争未亡人―』青木書店、二〇〇〇年、二四―二三頁。
47―①才津祐美子「「民俗文化財」創出のディスクール」『待兼山論叢 日本学篇』第三〇号、一九九六年、四七―六二頁。②岩本通弥「民俗学と「民俗文化財」とのあいだ―文化財保護法における「民俗」をめぐる問題点―」『國學院雑誌』第九九巻第一一号、一九九八年、二一九―二三一頁。③菊池 暁「民俗文化財の誕生―祝 宮静と一九七五年文化財保護法改正をめぐって―」『歴史学研究』第七二六号、一九九九年、一―一三頁。

●第7章

郷土という幻想

——民謡の場所とは

潟山健一

1　はじめに

民謡とは、広辞苑によれば、「郷土の庶民の間に自然に発生し、その生活感情や民族性などを素朴に反映した歌謡」を指す。英語圏ではfolksongと表現されるものがおよそこれに該当するが、この語及び観念は、ヘルダー（Herder, Johann Gottfried von）が一七七三年に初めて用いたVolksliedをもとに、ドイツ語圏から英語圏へと移植されたものである。無論、命名することと定義づけることは別問題であるし、また、翻訳され市民権を得たという経緯からしても、folksongという語が論争を巻き起こすのは必定であり、事実、創造説と受容説など、その定義づけについては、これまで数多くの議論が重ねられてきた。[1]

他方、こうした論議を経てなお、何れの場合にも揺るぐことがなかったのは、これらが、土にまみれて生業を営む者たちが口頭によって伝承してきたコミュニティの歌であるという点であった。このような文脈からすると、民謡（folksong/Volkslied）は、郷土という観念に相応しい音楽と言えよう。しかし、郷土が、もはや人の根を張るような実体でなくなっているのだとしたら、民謡とは、果たして如何なる意味を有するものなのであろうか。

本章は、南イングランドの一小村の例を引きながら、「民謡の場所」に纏わる地理学的想像力の問題を検討するものである。ワーキング・ヴィレッジとしての役割に終止符を打った村が、その後もなお農村という衣を脱ぎ捨てることなく、如何なる魅力によって外部者を引きつけてきたのか。そしてまた、その侵入によってどのような変貌を遂げてきたのか。さらには、フォークソング・リヴァイヴァルによって脚光を浴び、ロンドンをはじめとする都市の若者たちに広く受け入れられることとなったこの村の民謡が、村のイメージにどのような影響を及ぼしたのか。このような問題を、農村表象というテーマをも念頭に置きながら解き明かすことで、郷土の何たるかを問い直してみたい。

2　邂逅

一八九七年十一月、かねてより民衆の間に伝わる音楽に関心を寄せていたケイト・リー夫人（Mrs Lee, Kate）は、イングランド、サセックス州の小村、ロッティンディーン（Rottingdean）に知己のエドワード・カーソン卿（Sir Edward Carson）を訪ねた際、歌が上手いと評判の者たちがいるとの話を耳にし、この者たちを屋敷に呼んで歌の採譜を行おうと目論む。このとき名前の挙がった男たちこそ、代々民謡を唄い継ぐ家系として今やイングランドの民謡界では知らぬ者のない、コパー・ファミリー（The Copper Family）の先達、ジェイムズ・「ブラッサー」（James 'Brasser'）とその弟、トーマス（Thomas）であった。大きな屋敷に足を踏み入れたことなどなかった二人は、精一杯の身支度を整え、緊張の面もちでカーソン邸へ赴く。応接室へ通された二人の前には、すでにウイスキーのボトルが一本、カット・グラスのタンブラーが二つと水差しが置かれ、彼らの緊張を解きほぐす気遣いが為されていた。果たしてこの策は見事に功を奏し、かたくなっていた二人の気分は酔いとともに解きほぐれ、この後数日間にわたって、飲んでは歌い、歌っては飲むという会合が繰り返された。その間、リー夫人は一心に彼らの歌を採譜し続けたのである。[2]

文字通り'a copper-ful of songs'[3]を携えてロンドンに戻ったリー夫人は、翌一八九八年、社交界に呼びかけ、それまで光の当たることのなかった農村部下層階級の音楽に目を向けようという気概を有する愛好家百十名と、フォーク・ソング・ソサイエティ（The Folk Song Society, 以下FSSと記す）を結成。歌やバラッド、チューンなどを含めた民衆音楽の収集と保存に、本格的に取り組み始める。[4] FSSは、その後セシル・シャープ（Cecil J. Sharp）によって一九一一年に設立されたイングリッシュ・フォーク・ダンス・ソサイエティ（The English Folk Dance Society）と三二年に合併し、イングリッシュ・フォーク・ダンス・アンド・ソング・ソサイエティ（The English Folk Dance and Song Society）へと再編成され、ロンドンのセシル・シャープ・ハウスを本拠地に現在も活動を続けている。

さて、このリー夫人と二人のコパーたちとの出会いは、十九世紀末における所謂第一次フォークソング・リヴァイヴァルを象徴する出来事であった。茂木健が、適切にも「体裁良き暇つぶし」[5]と形容する当時のイングランドにおける民謡収集は、ガモン（Gammon, V. A. F.）の指摘にもあるとおり、中流階級と労働者階級の遭遇の場でもあった。[6]「ナショナル・ミュージック（national music）」という呼称を掲げ、「イングランド独自の音楽」を求めてやまなかったヴィクトリア朝中流階級の人々は、自らの音楽的基準からすれば、ときに奇異なものとも感じられる農村労働者たちの音楽をこぞって収集するようになる。[7] このような風潮は、階級差を越えた相互理解を志向するという点では、一見歓迎すべきもののようにも思えるのであるが、問題はその収集の方法と姿勢にあった。その名も『フェイクソング（Fakesong）』と題された自著において、ハーカー（Harker, Dave）が鋭く指摘しているとおり、彼らはまさに「文化の書き換え（to 're-write' a culture）」を行おうとしていたのである。[8]

クラシック音楽の教育を受けた人々が行う、五線譜を用いた採譜によって、民衆音楽の姿は見事にねじ曲げられてしまった。音程のずれ、リズムやテンポの揺らぎ、中世教会旋法的（modal）響き等々、十九世紀に教育を受けた彼らの頭の中にある規格に合わない部分は、あたかもそれが誤りであったかのように次々と修正され、生々しい残酷な表現や淫らな性描写、下品な言い回し、わかりにくい方言なども、その多くが削除ないしは訂正されてしまった。ピアノ伴奏付き楽譜として整形された「フェイクソング」は、こうして次々と生み出されていったのである。

無論、需要があったからこそ成立していた行為なのであって、まったく否定されるべきものでもないし、また、実のところ、農村部では未だ読み書き能力の徹底していないこの時代、そのほとんどが耳で覚えるというスタイルに頼っていた民衆の音楽は、こうした収集活動がなければ、完全に消え去っていたかも知れないのである。また、視点を変えれば、整形されたおかげで「作品」として鑑賞に堪えられるものになったとも言え、現実には多くの人々が、今日、五線譜上にきちんと整えられ言葉も正された、言わば「オーセンティック」な版を通じて民謡に接し、「グリーンスリーヴズ（Greensleeves）」をはじめとする多くの民謡を愛唱するようになっているのである。

それでは、中流階級の収集家たちが、整形を施してまで「作品」の中に残そうとしたものは何であったのか。自ら農村に出向いて収集し、不要な部分を切り落とした民謡に、彼らは何を求めていたのであろうか。彼らが、民謡というものに農村のイメージを重ね合わせていたことは疑いの余地がない。何より、当時、大都市ロンドンの下層階級の歌を採集した者はあまりいなかったという事実が、これを明かしている。自らの暮らす都市とは異なる農村に、音楽を通して彼らが手にしたいと願っていたものとは果たして何であったのか。

3　魅せられた人々

牧羊と麦類の栽培を中心として発展してきた小村、ロッティンディーン。その中心部に位置するセント・マーガレット教会の前には集会の出来る広場（the village green）と小さな池がある。道を隔てた西側からこれらを眺めるように立つ石造りの大きな屋敷、その名もプロスペクト・ハウスに、一八八〇年、一人の芸術家が妻とともに移り住む。ラファエロ前派の一角を担う、エドワード・バーン＝ジョーンズ（Edward Burne-Jones）と、その妻、ジョージアーナ（Georgiana）である。以前からどこか良い場所をと考えていた二人は、その三年前にもブライトンを訪れた際、この村に立ち寄っていた。後年、ジョージアーナは、新居を求めて再びロッティンディーンを訪れたときの様子を次のように綴っている。「素晴らしい秋の日の午後のことでした。……私は北側から村へ入りました。そのころはまだ、新しい家々が所狭しとそこかしこに立ち並ぶということもなく、灰色の石壁に仕切られた庭のなかに、小さな家が静かに佇んでいるといった風情でした。日差しのなかで風車の羽がゆっくりと回っていて、その傍らにはまだ、かつて粉屋が暮らしていたという黒い木造の田舎家がありました。道に沿ってまっすぐに歩いていくと、村の広場に面した一軒の空き家の玄関にたどり着きました。私たちはその場で、この家の購入を決めたのです[9]」。

二人はこの村をいたく気に入り、一八九三年、長女マーガレット（Margaret）の結婚式に際しては、エドワードの友人で、しばしばこの村にも足を運んでいたウィリアム・モリス（William Morris）の力添えを得て、自らがデザインしたステンド・グラス三枚をセント・マーガレット教会に奉納したほどで、以後、ともに終生をこのロッティンディーンで過ごすことになる。

彼らとこの村との関わりはここに留まらず、親類縁者の登場でさらに広がりを増していく。何しろバーン＝ジョーンズ夫妻の家系、厳密に言うと、ジョージアーナの親族には、錚々たる面々が名を連ねているのである。

ノーベル賞作家として知られるラディヤード・キプリング（Rudyard Kipling）もそのひとりである。彼は、ジョージアーナの姉アリス（Alice）の子、つまりバーン＝ジョーンズ夫妻にとって甥に当たり、無論夫妻とは懇意の間柄であった。一八九七年六月、夫妻の薦めもあって、キプリングは、妻と二人の子供とともに夫妻の家に滞在しながら、この近辺での新居探しを始める。それから二ヵ月の後、男の子ジョン（John）の誕生で家族が一人増えたキプリング家は、村の広場の北側に接し、夫妻の家からも目と鼻の先にあるエルムズという名の館に、週三ギニーの賃貸契約で入居を決意。その後五年間をこの村で過ごすこととなる。[10]

ジョージアーナの妹の一人、アグネス（Agnes）と結ばれた高名な画家、エドワード・ポインター（Edward Poynter）もしばしばこの村を訪れたし、その下の妹、ルイーザ（Louisa）の息子で、後にイギリスの首相となる、スタンレイ・ボールドウィン（Stanley Baldwin）もまた、度々この村に足を運んでいた。彼は、何度か伯父のエドワード・バーン＝ジョーンズ、そして従兄のキプリングを訪ねるうち、村の広場の南側に接するディーンという館に暮らしていた、ルーシー・リズデイル（Lucy Ridsdale）という女性と出会い、ほどなく将来を誓い合うこととなる。二人の結婚式は、村のセント・マーガレット教会で執り行われた。ボールドウィン夫妻は、ウスターシャーに新居を構えることになるのだが、夏の休暇は決まって妻の実家のあるこの村で過ごすものであったという。[11]

このように、バーン＝ジョーンズ夫妻及びその親類縁者たちは、何かとこの村と関わり続けるのであるが、村の人々との関係は、必ずしも良いものではなかったようである。
　バーン＝ジョーンズ夫妻は、無論この村を気に入ってはいたが、都会に住み慣れた二人にとって、朝から晩まで雛を呼び続ける雌鳥の声や、犬の吠える声、ロバの鳴き声といった田舎の騒音は、大都市ロンドンの喧噪より耳障りなものであったようで、エドワードは、周辺住民に幾度となく苦情を申し立てている。その一方で、村の近代化には真っ向から反対しており、電化の推進が決まった際には、法的措置まで講じる構えを示して異議を唱え、村の人々を唖然とさせたという。[12]
　また、夫人のジョージアーナも、周囲との親睦を図りたいという姿勢は見せながら、代々村に住む人々の考え方、とりわけ「階級差」というものを充分に理解することは出来なかったようで、浮世離れした捉え方で社会主義に傾倒した挙げ句、一八九八年、ボーア戦争勃発の際には自宅の窓に 'We have killed and also taken possession' と書かれた横断幕を張り出し、キプリングの取りなしがなければ暴動さえ起きかねない状況であった。[13]
　愛する叔母のために尽力はしたものの、完全なる帝国主義者のキプリングにとって叔母のこのような行為は、心底恥ずべきものであった。一方で、彼の過激さもまた、よりリベラルなこの村の人々にとってときに煩わしくもあり、一九二三年からロッティンディーンに暮らす作家、イーニド・バグノゥルド（Enid Bagnold）によれば、「村全体が、キャリー（Carrie）夫人には好感を持っているが、ラディヤードは支持しかねる」[14]という雰囲気であったという。
　キプリングは、自伝 *Something of Myself* の中でも、ロッティンディーンというこの村が、"Sussex" という詩を書くインスピレーションを与えてくれたと記しているように、この村での創作活動は順調で、*Stalky and Co.*, *Kim* をはじめ幾つかの作品を滞在中に書き上げているし、また親戚たちと接する機会も多いこの村での生活をたしかに楽しんではいた。しかし、叔母の事件が決定的な契機となったとはいえ、それ以外にも村の人々とのぎくしゃくした関係や、二年目には訪米中で家を空けている間に愛娘のジョセフィーヌ（Josephine）がこの村で亡くなってしまったこと、さらには、観光バス（charabanc）が村の中まで入り込み、家の前に止まっては、「ここがかの有名な作家、ラディヤード・キプリング氏のお宅です」というアナウンスとともに、家のなかの様子まで覗かれるようになってしまったことなど諸々のことが、彼がこの村を離れる決意をする遠因となったようである。結局、彼は、この村で五年を過ごした後、サセックス北東部に位置するバーウォッシュ（Burwash）へ移り、そこで終生暮らすこととなる。[15]

彼がロッティンディーンに暮らしていた期間は、わずか五年ほどのことでしかなかったし、このように、必ずしも村の人々とうち解けた関係にあったとは言い難いのであるが、本人の意向に関わらず、以後キプリングは、この村に暮らしたことのある著名人の筆頭に挙げられ、彼が暮らしていたエルムズの西側に後年造られた庭園にも、「キプリング・ガーデン」と、彼の名が冠されている。

こうした、言わばバーン＝ジョーンズ・ファミリーがこの村に関わったことで、ロッティンディーンの名は、上流社会、及び、作家、芸術家たちに広く知れ渡ることとなる。先述のエドワード・カーソン卿をはじめ、画家のウィリアム・ニコルソン（William Nicholson）、ロイター通信のジャーナリストとして活躍したロドリック・ジョーンズ卿（Sir Roderick Jones）と前述のイーニド・バグノゥルド夫妻、さらには、作家のモーリス・ベアリング（Maurice Baring）、詩人のウィリアム・ワトソン（William Watson）といった各界の著名人たちが、次々とロッティンディーンに屋敷を求め、また現在は住宅として分割、改装されている、かつてのテューダー・クロウズ・ホテルには、銀幕のスターたちが続々と訪れるようになったのであった。[16]

知人のバーン＝ジョーンズやキプリングを訪ねて、ということがこの村に足を運ぶきっかけとなったケースも多いようであるが、この村に新居を求めたり、ここで休暇を過ごそうとやってくる人々が何よりも期待していたのは、都会のストレスと喧噪から解放してくれる「くつろげる環境」であった。穏やかな気候と、ダウンズの美しい景色。海辺の町でありながらブライトンのような騒々しさはなく、港もなく船もない海岸には柔らかな波が打ち寄せ、東西を見渡せば真っ白な崖がどこまでも続いている。ハイ・ストリート沿いには古い建物が軒を連ね、教会前の広場には目映いばかりの緑、そしてその傍らの池ではアヒルたちが遊んでいる。豊かな自然環境と落ち着いた町の佇まい。「古き良きイングランド」、「メリー・イングランド（Merry England）」。こうした言葉のもとに、人々が求め続けていた田園風景が、まさにこの村にはあった。そして、そのイメージに民衆の音楽は見事に調和して見えたのであった。

4 コパー・ファミリー

コパー・ファミリーは、ロッティンディーンで代々農牧業を営んできた家系の一つである。教区記録によれば、この家に関わると見られる最古の記録は、綴りこそ多少異なるものの、エドワード・コパー（Edward Coper）という人物が、一五九三年九月にシスル・ボールド（Cysle Baulde）という女性を妻に迎えたという婚姻記録である。[17] これは、あくまでも推定に過ぎないのであるが、この村の人口規模が、二十世紀初頭ですら八百人でしかなかったこと考え合わせると、その可能性は極めて高いと言えるであろう。また、この姓は『ドゥームズデイ・ブック』にも記載があり、ノルマン・コンクェスト以前からこの地に暮らす家系という推測もまた、強ちお伽話ではないのかも知れない。[18]

血筋をどこまで辿れるかという問題は、不明な点も多いので、この辺りで置くとして、教区記録から分かる確実な線は、一七八四年生まれのジョージ・コパー（George Copper）以降ということになりそうである。この人物は、冒頭でも触れたジェイムズ・「ブラッサー」、トーマス兄弟の祖父にあたる。ジェイムズは一九二〇年代の前半、知人に頼まれ、記憶を頼りに手書きの「ソング・ブック」をまとめているのであるが、その中の一曲‘Shepherd of the Downs’という歌の脚注に、「祖父がよくこの歌を唄っていた」[19]との記載があり、民謡の伝承という点でも、ジョージ以降は確実と見てよかろう。したがって、現在、コパー・ファミリーの大黒柱として、八十八歳の高齢に達してなお、ときにはソロでのギグもこなし、素晴らしい歌声を披露し続けているボブ（Bob）は、ジョージから数えて五代目、そして、一九六〇年代半ばから活動を始めたボブの長男ジョン（John）、六〇年代後半から参加している長女ジル（Jill）と、ジョンの友人で、七四年にジルと結婚し、ファミリーの一員となったジョン・ダドリー（Jon Dudley）の三人が、第六代目ということになる。さらに、九八年十月にリリースされたアルバム、*Coppersongs 3 : The Legacy Continues*[20]では、ジョンの長男ベン（Ben）、長女ルーシー（Lucy）、次男トム（Tom）と、ジルの三人の息子たち、マーク（Mark）、アンディ（Andy）、ショーン（Sean）という合わせて六人の七代目が、全十七曲中五曲に参加しており、全員が成人に達し、ギグへの参加も増えて、本格的な活動を開始したようである。このようにコパー・ファミリーは、およそ二百年の間、あるいは、初代のジョージもまた父祖の代から歌を聞き覚えたのだとすれば、それ以上の歳月、ロッティンディーンに伝わる民謡を唄い継いできているということになるのである。[21]

ボブは、*Coppersongs 3* のライナー・ノートに、幼い頃を振り返りながら次のように記している。「家だけでなく仕事場でも、歌を唄うということは、笑うのと同じぐらい自然なことでした。ですから、長くて暗い冬の夕暮れどきには、赤々と燃える暖炉の周りに皆で集い、歌を唄って過ごしたものでした。しかし、レコードやラジオ、トーキー映画といった、様々な娯楽の形態が生み出され、世の中が変わって行くにつれて、こうした古い歌を唄うという伝統は徐々に無くなり、歌もまた姿を消してしまったのです」。

交通機関も、コミュニケーション手段も、飛躍的な発達を遂げた二十世紀、娯楽の幅も、音楽のジャンルもまた大きく広がっていった。しかし、大人たちさえ古くさい民謡など見向きもしなくなっていく中で、なぜかボブは、三歳年上で仲の良かった従兄のロン（Ron）とともに、昔ながらの歌を唄い続けたのであった。一九四年に筆者がインタビューを行った際、ボブは、「ビング・クロスビーも好きだったよ。それからブルースもね」と、ラジオから流れてくる大衆音楽の類も嫌いではなかったと語ってくれたが、これはごく自然な傾向と言うべきであろう。何より、彼の世代の多くはこのような傾向を示していたのであり、実のところボブの父ジム（Jim）もまた、民謡だけでなく、十九世紀末から二十世紀初頭にかけて流行したミュージック・ホールの歌を好んで唄っていたのだという。[22] 父祖の代より伝わる歌を絶やすまいという思いから、一九三六年にジムが家族に残した手書きの「ソング・ブック」に、合計六十五曲の民謡だけでなく、'Buddy Can You Spare A Dime'や'Rocking Chair'といった、少々毛色の違う歌が数曲含まれているという事実は、こうした時代の変化を物語っていると言えるであろう。[23]

さて、一九一五年生まれのボブは、祖父ジェイムズ・「ブラッサー」と、その弟トーマスという村でも評判のソングスター（songster）たち、そしてその血をひく父ジム、その兄ジョン、ジョンの息子ロンという、民謡をこよなく愛する人々に囲まれて幼少期を過ごした。ボブが彼らの歌に関心を持ち、聞き覚えていくのは、まさに時間の問題であった。

一九五〇年、そんな彼らに転機が訪れる。BBCの人気ラジオ番組「カントリー・マガジン」への投書がきっかけとなり、ジムとボブは、同番組の公開放送で、一八九七年にリー夫人がコパー・ファミリーから採譜した記念すべき第一曲目'Claudy Banks'を唄うこととなる。彼らの歌声は、ロッティンディーンという小さな村のブラック・ホースという小さなパブで顔見知りに聴かせるという枠を遙かに越え、電波に乗って村を飛び出し、初めてイギリス全土に響き渡ったのである。[24]

反響は大きかった。二人のパフォーマンスは、「田舎者が唄う田舎の歌」として、整形された「フェイクソング」に辟易していた多くの人々に好評を博したのであった。第二次世界大戦を戦勝国として終えた（終わらせた）連合王国イギリス、なかでも、とりわけイングランドには、当時、FSSが創設された十九世紀末から二十世紀前半にかけて強くあった、「イングランド独自の音楽」を求める動きにも増して、自国の文化の特質とは何かというテーマを掘り下げ、「イングランドらしさ」を追求するムードが漂っていた。所謂、「フォークソング・リヴァイヴァル」第二波の到来である。

コパー・ファミリーは、まさに第二次リヴァイヴァルの先駆となった。[25] フレッド・ジョーダン（Fred Jordan）、ジーニー・ロバートソン（Jeannie Robertson）らとともに、彼らは、長い年月を越えて伝わる歌やバラッドを継承する人々という意味合いで、「ソース・シンガーズ（source singers）」と称され、所謂「イングリッシュ・リヴァイヴァリスト」たちがクラブなどで唄う際には、彼らに敬意を表して、「誰のどの歌のどのヴァージョンである」などと、その「ソース」を示すのが今日でも暗黙の了解とされている。[26]

マス・メディアでも度々取り上げられるようになった彼らは、まるでプロの歌い手のように、全国各地のフォーク・クラブやフェスティヴァルに引っ張りだことなる。事実、フォーク・ミュージック界における長年の活動を評価され、一九九八年、MBEを叙せられたマーティン・カーシー（Martin Carthy）をはじめ、現在プロとして活躍しているフォーク・シンガーの多くが、この第二次リヴァイヴァルの時代に、新世代シンガーとして各地のフォーク・クラブを転々としながら地道な活動を続け、プロとしてレコード・デビューを果たしていったのである。しかし、コパー・ファミリーは違っていた。

ジョン、ジム、ロン、そして、ボブというカルテットの時代から、幾つものギグや、レコーディングをこなしてきたコパー・ファミリーであるが、彼らがプロを志向したことはなかった。各々が生業を別に持ちながら、仕事を終えた平日の夜や週末、休暇などの空き時間に、彼らは唄ってきた。そのスタイルは今も基本的に変わらない。彼らは、昔も今も徹底してアマチュアを貫いている。

こうしてコパー・ファミリーは、「イングランドらしい音楽」を求める人々にとって、まさに国宝級の価値すら感じさせる存在となった。巷には北の町、リヴァプールから彗星の如く現れたビートルズが一大旋風を巻き起こし、階級闘争、ジェネレーション・ギャップ、モッズ、ドラッグ文化と、目まぐるしい変化を遂げていく六〇年代に、ある意味ではその反動とも言える、伝統に価値を見出し、「古き良きイングランド」の幻想を追い求めるという動きもまた、一層強いものとなっていった。コパー・ファミリーは、まさにそうした歴史と伝統の重みを「知っている」人々と捉えられたのである。

しかし、五二年にジョン、そして五四年にはジムが相次いで天に召され、その後デュエットとして活動を続けることとなったボブ、ロンという第五世代以降には、それ以前の世代との決定的な違いがあった。それは、ロッティンディーンが、もはや彼らの暮らす村ではなくなってしまったということである。時代は確実に変わっていた。

5　ボブ・コパーのロッティンディーン

コパー・ファミリーについて語る上で、ロッティンディーンは欠くことの出来ない重要な場所である。しかし、ボブとロンという第五世代は、その幼少期をこそ、この村で過ごしたものの、父たちの代とは異なり、もはや村の農夫でもなければ羊飼いでもなかった。一九二〇年代の大恐慌を機に、村の地主たちの多くが土地を手放し、農地は宅地へと変貌を遂げ、村の産業構造は一変した。かくして、独り立ちしたボブとロンがその生業と住処を求める余地は、すでにこの村にはなかったのである。

現在のコパー・ファミリーは、ボブをはじめ、第六、第七世代までその全員が、ロッティンディーンの東、約二マイルに位置するピースへヴン（Peacehaven）に暮らしている。生活のすべてがこの町に置かれていながら、彼らは今もなお、ギグの度に、この町のことではなく、かつてこの家のルーツがあった村、ロッティンディーンについて語り続けている。もはや、実際にあの村で暮らしたことがあるのはボブ一人でしかないが、聴衆の期待は、何よりもそこにある。今世紀前半の村の生活、風景、音も匂いも、すべてはボブの心の奥底にしまい込まれた記憶のなかから手繰り寄せられてくるものである。目の前で、今、コパー・ファミリーが聴かせてくれる諸々の歌が、ロッティンディーンという特定の場所で遙か昔に起こった出来事と繋がっている。そのような、言わば疑似体験が、何よりも聴衆の求めるところなのである。無論、歌が次々と新しい世代に受け継がれていく、ということにも興味は尽きない。しかし、今日、圧倒的に四十代後半以上の年齢層で占められるフォーク・クラブの聴衆が、「ソース・シンガーズ」、コパー・ファミリーの歌声の中に感じているものは、民謡が数少ない娯楽として「生きていた」時代への憧憬である。そして、ボブたちもまた、古き良き日の素晴らしさを少なからず強調してきたと言えるであろう。[27]

ボブ・コパーが、フォーク・クラブやフェスティヴァルのギグで、あるいは、テレビやラジオを通じて披露する歌と、その合間の語り、そして五冊の著書の中で描き出した、二十世紀前半のロッティンディーンのイメージ。人はそこに、理想的な「古き良きイングランドの田園風景」を見ている。この言わば架空のロッティンディーンは、人々の心のなかで、今日実体としてあるこの村の姿と瞬く間にすり替わり、ボブが語っていたロッティンディーンが遙か昔のものであることなど、すっかり忘れ去られてしまうのである。かくして、この村は、農家の人々が家畜を飼い、作物を育てて、自然とともに生きてきた素朴な田園という、ロマンティックな美しいイメージで彩られていく。暖炉の前に皆が集い、歌を唄うという光景も、家族の強い絆を感じさせる微笑ましい姿なのであって、間違っても、小汚い暖炉の周りで歌を唄うぐらいしか楽しみのない退屈な場所という見方は為されない。聴衆や読者の心のなかで、美しいロッティンディーンのイメージは際限なく増幅していくのである。

6 民謡の場所

長年にわたるコパー・ファミリーのこうした活動は、かねてよりロッティンディーン村民たちの誇りとするところであったが、一九九三年、その敬意は形となって表されることになる。セント・マーガレット教会の南に位置するかつての牧師館で、現在は、村史博物館及び図書館として使用されているグレンジに、エドワード・バーン＝ジョーンズ、ラディヤード・キプリングらと肩を並べて、コパー・ファミリーのコーナーが設置されたのである。ここには彼らの写真やレコードをはじめ、古い農具や、七〇年にボブが作成した、かつての農地区分図などが展示されている。コパー・ファミリーは、村の伝統を守る宝として、博物館入りを果たしたわけである。

一方で、これは、あのボブ・コパーが暮らした村を一目見ようと、各地から訪れる民謡愛好家の声に応えたものでもあり、敢えて穿った見方をするならば、村の観光化の一環とも言える。観光化といっても、毎年八月に催されるヴィレッジ・フェアの賑わいを除けば、人でごった返すことなどまずない小さな村のこと、さして大がかりなこともないのだが、村のイメージ・アップを図り、「休暇にはあの村を訪ねてみようか」、という気持ちを人に起こさせるには、村の美観を整え、村に関わりのある有名人の名を拝借するのが一番ということになろうか。しかも、ボブは、バーン＝ジョーンズやキプリングなど、余所から入ってきたハイ・ソサイエティの著名人とは異なる、この村出身のしかも庶民である。これほど整った条件はない。事実、村の店の人々と言葉を交わし、ボブ・コパーの名を挙げると、嬉しそうに「グレンジには行ったか」と尋ねられ、「五年前に行ったことがある」と答えれば、「今はもっと良くなっているよ」と、笑顔で返される。今やボブは村の宝、そして、グレンジの目玉なのである（二〇〇〇年三月現在、実際にはやや縮小されている）。

民謡という長閑な農村を想起させる音楽、これを何世代にもわたって歌い継いできたコパー・ファミリー、そのなかでも今世紀前半を知るボブ、そしてこの人物が描き出すロマンティックな風景は、イングランドの田園に対する人々の憧憬に見事にそぐうものであったと言えるであろう。しかも、各界著名人がこぞって居を構えた地となれば、休暇を過ごす場所として、あるいは居住地選定に際して、人々の関心を少なからずくすぐるものであるに違いない。結果は、瞬く間に地価の高騰という経済的な側面に反映され、村は劇的な変貌を遂げていった。この村は、かつて農牧業が営まれていたワーキング・ヴィレッジの面影を残してはいるが、実のところ、「古き良きイングランド」の田園風景に憧憬を抱く富裕層の暮らす場所となったのである。こうした新たな居住者たちの手によって、村には機能に即した物理的実態とは異なる魅力が次々と創出されていった。ここでも見事に文化は書き換えられてしまったのである。

たしかに、村というもの自体、人為的な構築物ではある。豊かな自然環境のもとに人は機能的な集落を築き上げてきた。しかし、社会構造が変化してしまった今日、そこに農村としての機能は不要である。それでは、機能を失った農村に残された魅力とは何か。否、むしろ、機能を失うことによって獲得された魅力とは何かと問うべきであろう。それはまさに、機械に囲まれた都会から離れ、自然とともに生きるという「幻想」ではあるまいか。彼らはこうして、牧歌的な田園風景、心安らぐ架空の郷土を捏造していったのである。ダンカンが指摘した、植民地におけるピクチャレスク構築[28]は、自らに牙をむくことのない自然と共生し得る空間を国内に探しあぐねたイングランド中産階級が、その標的を国外へと移行した行為に過ぎない。首尾よく手近に見出し得たときには、彼らの地理学的想像力をもとに、同じような虚構の空間がまず国内に創出されたのである。

一九三八年、ロッティンディーン在住のロドリック・ジョーンズ卿を初代会長として、ロッティンディーン保存協会（Rottingdean Preservation Society）が結成された。その契機となったのは、海岸沿いに建設された六階建てフラットの是非を巡る大論争で、議論は紛糾し、これに対処すべく構想された同協会の設立に際しては、反対派住民約四百名が瞬く間に会員として参加したという。[29] 以後、同協会は、村の重要なランドマークである丘の上の黒い風車の保存[30]や、交通渋滞、騒音問題への対応、エルムズ脇へのキプリング・ガーデンの設置、及びその維持など、主として村の景観や環境の保全に努めてきた。その結果、一九七四年には、「最良の状態で維持される村（the Best Kept Village）」の栄誉に輝き、「村の美観のみならず、コミュニティ意識が強く、誇り高い村」との評価を得ている。[31]

コミュニティの結束力云々はさておき、同協会が、村の良いイメージを維持する中心的な役割を果たしてきたことはたしかである。住民自らが居住地の好感度を上げるために策を巡らすという行為は、居住環境として、あるいは休暇を過ごす場所の条件として人が何を求めているかという需要を検討する作業と裏腹である。これはまさしく、かつてウィリアム・モリスが思い描いた、「すべてが小ぎれいに整頓された美しい庭園[32]」という二十世紀後半の景観像を構築する行為であった。

ロマンティックな視点から語られた民衆の音楽、そしてそれらが収集された場所のイメージ。そこからは、農村特有の肥料や家畜から発せられる悪臭や、それにたかる虫、あるいはエドワード・バーン＝ジョーンズも悩まされたという家畜たちの鳴き声という騒音、そして、都市とは異なるあらゆる類の不便さといった、ネガティヴな要因が完全に消し去られている。そこには、ときとして人間に牙をむくことすらある自然と対峙する意識など一切ない。便利、快適ではあって欲しいが、近代化には否定的という、かつてのバーン＝ジョーンズの態度は、人間にとって都合のよい自然を求めるこうした人々の心的構造を象徴してはいないだろうか。

7　むすび――郷土という幻想――

こうした「イングランドの農村」という表象は、もはやイングランド人だけのものではない。彼らの心を捕らえて離さない「メリー・イングランド」という言葉。彼らによって培養され、様々に形を変えて世界中に発信されるそのコピーたち。それをさらに美化してしまう遙か彼方の国の人々。一部の日本人が抱く「田園美あふれる英国像という神話」に対する、大石俊一の批判的検討にも一脈通ずるものであろう[33]。もし外部者がイングランドに対して手放しの礼賛を述べようものなら、そのような精神的自己植民地化は発信地からどこまでも後押しされ続ける。幻想が幻想を生み、すべては歪み続ける。

日本では見ることの出来ないような果てしなく連なる美しい丘がイギリスにはあり、そこで生業を営んでいた人々の歌は、同じ民謡でありながら土臭さがなく洗練されているなどという幻想。わが国へと移入された民謡が「教養ある」人々によって書き直されたものであるなど一分の疑念すら抱かぬまま、こうした数々の錯覚は、政治的な脈絡において繰り返されてきたのである。イングランドの外にあってこうした精神構造が増殖していく過程には、六〇年代、ロックやポップの浅薄さを感じ始めた大都市ロンドンの若者たちが、農村の音楽に魅了された心的構造の変異体を見ることが出来る。

ロッティンディーンというサセックスの小さな村について語り始めるにあたって、ブリスは、村というものの一般的な特質に関する、次のような興味深い一節を綴っている。「村というものは人と似て、それぞれに性格も異なれば、日毎に、また夏から冬へと移ろう季節によって、雰囲気も変わるものである。ただし、ひとつだけ人とは違ったところがある。それは、齢を重ねるにつれて若返ってゆくというところである[34]」。

果たして、この村は、これから如何なる若返りを見せていくのであろうか。高山宏は、二十世紀末をマニエリスム的ルーイニズム（廃墟狂い）のサイクルと評したが、[35] 今日のロッティンディーンを眺めていると、図らずもこの言葉が想起されてしまう。無論、この村は廃墟ではない。しかしながら、外に在る者のみならず、内に立つ者までもが、この村を歴史的現実と分断した形で認知し、求めることによってしか手にすることの出来ない「郷土」という幻想の中に生きているのだとしたらどうであろう。民衆の音楽という万華鏡を通して見えるロッティンディーンは、それでもなお「郷土」と称し得る場所なのであろうか。それとも、その誕生とともに歴史を創造してしまったアダムの臍の如きものなのであろうか。

注

1—Maud Karpeles, *An Introduction to English Folk Song*, Oxford UP, 1973.

2—Bob Copper, 'Bob's Story', *The Copper Family Song Book : A Living Tradition*, Coppersongs, 1995, i-iv.

3—Kate Lee, 'Some Experiences of a Folk Song Collector', *Journal of the Folk Song Society*, Vol. 1, NO. 1, 1899, pp. 1-3; Bob Copper, *A Song for Every Season*, Heineman, 1971.

4—James Day, *Vaughan Williams*, J. M. Dent and Sons Ltd., 1961; Ursula Vaughan Williams, *R. V. W. : A biography of Ralph Vaughan Williams*, Oxford UP, 1964.

5—茂木　健『バラッドの世界—ブリティッシュ・トラッドの系譜—』春秋社、一九九六年。

6—V. A. F. Gammon, *Musical Performance in Sussex 1830-1940*, University of Sussex PHD Thesis, 1984.

7—潟山健一「民謡のイングリッシュネス—サセックスにおけるフォーク・シーンの現状とその分析—」『同志社女子大学総合文化研究所紀要』第一八巻、二〇〇一年、八一—九六頁。

8—Dave Harker, *Fakesong : The manufacture of British 'folksong' 1700 to the present day*, Open UP, 1985.

9—Georgiana Burne-Jones, *Memorials of Edward Burne-Jones*, Macmillan, 1904, p. 110.

10—Michael Smith, *Rudyard Kipling : The Rottingdean Years*, Brownleaf, 1989.

11—Derek Heather, *The Remarkable History of Rottingdean*, Dyke Publications, 1993.

12—Heather, *The Remarkable History of Rottingdean*, p. 63.

13—Henry Blyth, *Smugglers' Village : The Story of Rottingdean*, Carmichael & Co Ltd, 1984.

14—Enid Bagnold, *Autobiography*, Century Publishing ed., 1969.

15—Herbert E. Julyan, *Rottingdean and the East Sussex Downs and Villages*, The Lewes Press Ltd, 1946; Smith, *Rudyard Kipling : The Rottingdean Years*, pp. 2-15.

16—Heather, *The Remarkable History of Rottingdean*, pp. 70-78.

17—Copper, 'Sleeve notes' for 'Coppersongs 2 : The living tradition of the Copper Family', Coppersongs CD2, 1995; Copper, *A Song for Every Season*, pp. 5-62, 183-192.

18—S. M. Moens, *Rottingdean : The Story of a Village*, John Beal & Son（Stationers）, Ltd., 1952.

19—The Copper Family, *The Copper Family Song Book : A Living Tradition*, pp. 62-63.

20—The Copper Family, *Coppersongs 3 : The Legacy Continues*, Coppersongs, 1998.

21—潟山健一「民謡のトポスへ—南イングランド—」中川　真編『小さな音風景へ—サウンドスケープ7つの旅—』時事通信社、一九九七年、一二九—一五八頁。

22—Copper, *A Song for Every Season*, pp. 20-29.

23—Jon Dudley, 'Preface' for *The Copper Family Song Book : A Living Tradition*.

24—Copper, *A Song for Every Season*, pp. 185-189.

25—Copper, 'Bob's Story' in *The Copper Family Song Book : A Living Tradition*, pp. i-vii.

26—Niall Mackinnon, *The British Folk Scene : Musical Performance and Social Identity*, Open UP, 1994.

27—Mackinnon, *British Folk Scene : Musical Performance and Social Identity*, pp. 33-50.

28—James Duncan, 'Dis-orientation : On the shock of the familiar in a far-away place', James Duncan and Derek Gregory（eds.）*Writes of Passage : reading travel writing*, Routledge, 1999, pp. 151-163.

29—Heather, *The Remarkable History of Rottingdean*, pp. 91-104.

30—前掲、潟山「民謡のトポスへ—南イングランド—」一二九—一五八頁参照。

31—Heather, *The Remarkable History of Rottingdean*, pp. 102-103.

32—William Morris, *News from nowhere*, Routledge and Kegan Paul, 1890.（ウィリアム・モリス、松村達雄訳『ユートピアだより』岩波文庫、一九七三年）、及びEdward Relph, *The Modern Urban Landscape*, The John Hopkins University Press, 1987.（エドワ

ード・レルフ、高野岳彦・神谷浩夫・岩瀬寛之訳『都市景観の二〇世紀—モダンとポストモダンのトータルウォッチング—』筑摩書房、一九九九年)。

33—大石俊一『「英国」神話の解体—西欧近代と公正でない〝フェア〟の論理—』第三書館、一九九四年。

34—Blyth, *Smugglers' Village : The Story of Rottingdean*, p. 3.

35—高山　宏「廃墟のパラドキシア」『萬：緊急特集　廃墟の魔力』DANぼ、一九九九年、九三—九六頁。

●第8章

戦前期東京の「郷土の緑」

——東京郊外の郷土史家・富岡丘蔵の言説をめぐって

石崎尚人

1　はじめに

「この土地に生れ幾代前からこゝに住ひ、（……）碑文谷の土地に就ては、明るかつた筈の私が、市内につとめる様になつてからは、土地は都市郊外の異常な発展の趨勢に参加して、いつの間にかすつかり生長《ママ》して、私を放つて行つて了つた。朝夕歩るく電車の停車場への道から一歩を入ると、こんな所があつたかと驚かされる程、変わつたのに出逢ふことは一度や二度のことではない。」[1]——一九二七年（昭和二）より東京市（のち都）公園課に勤務し、その傍らで郷土史（誌）家として筆をとった富岡丘蔵《とみおかきゅうぞう》（一九〇二～八一）は、関東大震災（一九二三年（大正一二））後に激変した東京の郊外風景をこう語っている。当時の東京市域（ほぼ旧江戸市中にあたる一五区）を取り巻く「郊外」五郡八二町村は、「市民階級」の成立と爆発的な都市の拡大現象に伴って、まさに「尖端」を行く「大東京」の一部になりつつあった。「五郡」は、すでに震災の前年に、都市計画法（一九一八年）に基づいて「都市計画区域」に組み込まれており（現在の〈二三区〉の範囲にほぼ相当する）、その後僅か十年足らずで、市に併合されて消滅することになる（一九三二年〈昭和七〉の「市郡合併」）。周知のごとく、こうした事態は、「緑」の欠如を重大な社会問題として急浮上させた。東京では、公園行政の独立・専門化（「公園課」が東京市に成立）、公園から敷衍された緑地概念の誕生とその系統化、さらに国際会議を受けての緑地帯計画等々が、この時期、矢継ぎ早に成立してゆく。こうした状況下での「郷土」の激変ぶりが、富岡という人物に、「官吏」と「郷土史家」という奇妙な〈二足の草鞋〉を履く決意をさせた。「私は郷土を離れた所に勤務する様になつてから急に土地の一切の事が知り度くなつ」た。[2]

折りしも、この時期は、官民問わず「健康にして自然的なる田園的生活と〈交通〉利便にして経済的なる都市生活とを連結せる田園都市の生活を実現せしむること」[3]が謳われた時期であった。「都市の郷土化」[4]と喩えられるこの強力な〈イデオロギー〉は、その行使先を、「郊外」、なかんずく、西郊「武蔵野」に求める。もともとは、近代初頭、独歩や蘆花などの少数の文人・知識人によって認識されるに過ぎなかった、ごく「平凡」な「武蔵野の景趣」。「緑」のある風景の「平凡」ぶりは、今や、「郷土色」という、絶好のセールスポイントとして読み替えられたのである。東京郊外は理想的な「都人士の住宅地」として再認識され、とりわけ、「武蔵野の郷土色豊かな風景の残る」場所は、都市計画法に基づく「風致地区」の名のもと、「田園都市生活」の「実現」にふさわしい、住居地と一体化した〈地域制〉としての緑地保存が試みられる。[5]ただし、「郷土」としての「郊外」とその「緑」の再評価を巡るこうした一連の動きは、実のところ、「郊外」に「自然」のイメージを投影することのみに専念し、その結果、「郷土性」の意味づけとして欠かせないはずの、「郊外農村」の日常性の文脈は、躊躇なく削ぎ落としてしまうという、奇妙な矛盾をもたらすことになる。しかも、周知のように、「郊外」の「田園都市化」という構想自体が、予想以上のスピードで到来した市街化の圧力の前にあえなく潰え去ったゆえに、〈矛盾〉の存在自体が今日では忘れられがちである。

富岡は、この矛盾を見逃さずに言説化した稀な一人である。「一思ひに都市化した生活をする訳にも行かず、と云つて昔のまゝでゐる事も許されない。丁度今住宅地と、商業地と、そして昔のまゝの田畑と林とが入り乱れてゐる土地の有様と同じ様に、郷土の人達の心も複雑に取乱されてゐる」[6]。「都市化」と「昔のまゝ」の間で宙吊りにされた「郊外」。そこで「複雑に取乱されて」いる「土地の有様」と「郷土の人達の心」。「帝都」において「郷土の緑」を顕揚する「進歩主義」（それは、今日、我々がイメージする「緑」と地続きである）の孕む欺瞞と矛盾を露呈させてゆく、富岡丘蔵の言説とは、一体どのようなものだったのか。

2　富岡丘蔵と〈疎外〉された「郷土（郊外）」

富岡丘蔵の出発点は、農家の庭園の〈改造＝趣味化〉にある（東京高等造園学校の卒論主題であり、その一部は雑誌に発表。表8-1参照）。「質朴」だが「実利」一辺倒の、或いはその反動で「遊興」に陥りがちな「郷土農村」において、都市文化とは異なる独自の「（良き）趣味」をいかに探り出し、農家の住宅と庭園に反映させるか。富岡の関心には、母校にて教授される知見はもとより（当時、学校長の上原敬二は造園学の一部として「郷土造園」を提唱していた）、文部省が組織した『生活改善同盟会』による諸指針（田村剛の庭園改善案など）、今和次郎の民家研究、柳田國男、小野武夫をはじめとする『郷土会』関係者の諸論等々、当時勃興していた「改良」に関わる多方面からの影響が窺える。しかし震災後の郊外の現実は、富岡の論調に変化をもたらす。「郷土（郊外）」は、一刻も早い都市への同化を迫られて農村共同体の崩壊が始まり、農村独自の「（良き）趣味」を唱える余地は急速に失せてゆく。そうした現実の中で、富岡は、自らの関心を放棄するどころか、逆に、それを一層拡大して、「郷土」としての「郊外」全体の〈趣味化・風致化〉という大胆なヴ

表8-1 戦前・戦中期における富岡丘蔵の主要著作一覧

文献No.	発表年月	表 題	初出〈発行元〉	備 考
1	1922（T11） 8月	房州地方視察の記	荏原郡農会報	☆
2	1925（T14） 10月	伊豆大島の民家	造 園（？）	☆
3	1925（T14） 10月	島の女の生活	生 活	☆
4	1925（T14） 10月	島のあんこ	（？）	☆
5	1926（T15） 3月	「農家の住宅と庭園」		（東京高等造園学校卒業論文）
6	1926（T15） 9、10月	農家と其の庭園	東京府農会報	☆（卒論の一部を再構成）
7	1926（T15） 12月	郷土造園の一省察	造園学雑誌	☆
8	1927（S2） 1月	西郊農家の屋敷地割一二	東京府農会報	☆
9	1927（S2） 5月	農家の高作り生籬	東京府農会報	☆
10	1927（S2） 6月	郊外住宅の庭園	土地装景	☆
11	1929（S4） 4月	『郊外 碑文谷誌』	〈嵩山房〉	単行本
12	1930（S5） 3、4月	郊外地の近代風景	造園芸術	☆
13	1930（S5） 6、7月	夏の公園管理	造園芸術	
14	1930（S5） 12月	町名改称	碑衾青年団報	☆
15	1931（S6） 2月	小公園の利用状況とその管理	造園芸術	
16	1931（S6） 11月	碑文石につき一言	武蔵野	☆
17	1932（S7） 8月	碑文谷をなくしてはならぬ	（パンフレット）	
18	1932（S7） 10月	碑衾町の沿革	〈碑衾町役場〉	『市郡合併記念 碑衾町誌』所収
19	1932（S7） 11月	東京新市域内に於ける公園と緑地の問題	庭園と風景	
20	1932（S7） 12月	西郊碑文谷あたりの史蹟	ハイキング	☆
21	1933（S8） 3月	武蔵野の屋敷林	郷土風景	☆
22	1933（S8） 9月	法華寺破滅の因由	武蔵野	☆
23	1933（S8） 11月	武蔵野の農家と庭と刈込物	庭園と風景	☆
24	1934（S9） 2月	碑文谷に出来た公園	武蔵野	☆
25	1935（S10） 4月	栗山久次郎翁略傳	〈衾西部耕地整理組合〉	単行本
26	1935（S10） 8月	ハイキングと象形刈込物	庭園と風景	☆
27	1935（S10） 9月	追憶の沼田博士と岡村博士	（？）	☆
28	1935（S10） 12月	清水池公園雑記	（？）	☆
29	1936（S11） 5月	『武蔵野の屋敷林』	〈嵩山房〉	単行本（☆を集成）
30	1937（S12） 5月	欅雑記	武蔵野	
31	1939（S14） 3月	清澄庭園の旧地	武蔵野	
32	1939（S14） 3月	武蔵野の風景	風 景	
33	1941（S16） 10月	碑文谷正泉寺とそこの墓	武蔵野	
34	1942（S17） 7月	雑木林は移る	武蔵野	
35	1942（S17） 12月	屋敷林の稱呼	庭 園	
36	1943（S18） 1月	樫の木	武蔵野	
37	1943（S18） 8月	屋敷林を伐る	武蔵野	
38	1950（S25） 11月	『略縁起碑文谷仁王』	〈国宝円融寺復興協会〉	戦後最初の自著単行本

イジョンを抱く。本論は、この富岡的な主題、すなわち、「郷土風景（緑）」の意味について、戦前、特に関東大震災後から「市郡合併」前後の著述を中心に読解し、跡付けるものである。特に、問題にしたいのは、彼の思考が、それを支える事物と取り結ぶ関係であり、また、その関係の〈語り方〉である。論の〈内容〉の是非では必ずしもないことを付け加えておく。

まずは、主題形成の背景となる富岡の履歴に、[7] やや詳細に目を向けておきたい。富岡は、近郊農村時代の荏原《えばら》郡——永らく〈目黒の筍〉の産地として知られた——碑衾《ひぶすま》村（碑文谷村と衾村の合併よりなる。のち同町、現在の目黒区南部）碑文谷《ひもんや》に生まれた。生家は「部落（旧碑文谷村）」の指導層にあたる富農だった。富岡は東京府立園芸学校で学び、地元の村農会技手となる（一九二一年）。その後、当時新興の職能である「造園」分野に関心を抱き、発足して間もない東京高等造園学校（一九二四年、上原敬二の創立、のちの東京農業大学農学部造園学科）で学び直し、同校講師となる。そして、最終的には、先述した通り、一九二七年（昭和二）、これもまた誕生して日の浅い東京市公園課の職に就く（一九六一年退職）。示唆的なのは、富岡のライフスタイルが、あたかも「郊外」の都市化と重なり合うようにして、地元農村組織への就業から、都心への〈通勤生活〉に転換することである。富岡は、「郷土人」が「都人士」化するプロセスを真っ先に経験したことになる。その経験に、そもそもの出自（村の指導層）と職務意識（当時の公園課は、無論、内務機関としての役割の一端を担う）が手伝い、富岡は、混迷する「郷土」に対する〈善導〉意識を強めたのかもしれない。それだけではない。「郷土人」且つ「都人士」、〈官吏〉且つ〈史家（文筆家）〉——富岡の、この両義的立場が、独特の色彩を主題に添えることも留意すべきである。当時の東京における「郷土研究」の諸家と比較してもそれは明らかである。震災後の東京では、既に「郷土研究」が一種ブーム化していた。その淵源には、先に触れた、新渡戸稲造、柳田國男等の名高いサロン『郷土会』や柳田の『郷土研究』誌の活動が挙げられるものの、より直接的には、東京最初の本格的地誌といわれる小田内通敏『帝都と近郊』の公刊（一九一八年）、そして、有名百貨店・白木屋の支援を得て、一九一六年に発足した、大衆的な江戸東京研究の趣味団体、『武蔵野会』（鳥居龍蔵主宰、機関誌『武蔵野』）の影響が見逃せない。富岡もまた、自身が後日述懐しているように、これらの影響下で「郷土研究家」となりえた一人である。[8] しかしながら、富岡の言説は、先述したように、いわゆる郷土史的な範疇を超えて、混乱の渦中にある〈郷土＝郊外〉の今日的問題にまでしばしば及び、そのため、他の諸家と一線を画すのである。「緑」をトピックとする新しい問題群――農家や郊外住宅の庭園改造、郷土風景の保存、都市計画・公園計画等――を主題に、ときには批判さえみせるのが当時の富岡のスタイルと言える。ただし、〈郷土の知識人〉かつ〈東京市官吏〉という、微妙な富岡の立場や、発表媒体の性格（「農会報」を除けば、読者層は、都市の中産階級・知識人が中心と推定できる）も加わり、富岡の発するメッセージは必ずしも直接的なものばかりではなく、やや迂遠であったり、仄めかしや逆説が多用されることも付け加えておく。

時代背景にも触れておこう。震災後の郊外には、東京市内外から、「知識階級」に加えて、「罹災窮民」や恐慌による「生活疲弊者や、失業窮民」が大量流入した。[9] 富岡の出身地・荏原郡碑衾町では事態は甚だしく、電鉄などの交通網の発達と震災が重なった上に、復興策としての「政府の低利資金による住宅新築奨励政策」に後押しされ、当初、四六〇〇人程度にすぎなかった町の人口は、震災から十年弱で、ほぼ十倍（郊外町村のなかで人口増加率第二位）に激増する。[10] その結果、「応接する町村側」は数々の混乱と財政危機に陥る（市郊外八二町村は一致して東京市への合併を陳情、一九三二年（昭和七）、「異例の速さ」で実施される）。[11] 小学校を中心とする深刻なインフラ不足、〈土地バブル〉による「人心の荒廃」、加えて、「都人士（＝知識階級）」の大量流入による「摩擦」、いわゆる混住化問題も浮上する。[12] ちなみに、そうしたなか、碑文谷という地名が「難読」で、イメージが「なんとなく不吉」等の理由から、「地名改称問題」も起きる。[13] この種の混乱は、しかしながら、まさに、その混乱ゆえの思わぬ遭遇・交流も生み落とす。例えば、富岡は「地名改称」の「反対運動」を興したが、それは、近隣に移住してきた「都人士」（流行作家の田中貢太郎）と共にである。[14] また、少なくとも富岡にとっては、そのような、豊富な知と人脈との遭遇が、執筆活動の契機となった。まさに、状況は〈郷土人vs都人士〉という単純な図式を許さない異種混合ぶりを呈していた。いずれにせよ、「郊外」「緑」に関する当時の言説の殆どが「都人士」で占められる中で、富岡は、紛れもなく、〈郷土（郊外）の知識人〉として異色かつ貴重な存在だったと言えよう。実際、中央ジャーナリズムを始めとする「都人士」の一般的言説は、「郊外」を、楽天的な語り口に載せて、アメニティを満たす土地空間として遠望するのみである。例えば市郡合併時の新聞は、「近接町村の東京市への嫁入支度の目録の中で最も目ぼしいものは、旧東京市からは遂に失はれてゐた武蔵野特有の広濶な風趣である。」「碑衾は一昔前の目黒の面影を偲ばせ（……）、いはゆる近郊的農業が盛んだ、新しい建築には東京工業大学が岡の上に西洋の城のやうな堂々たる偉容を示してかけてゐる、古い建築には古称法華寺の円融寺がある（……）」と、新旧対照的なランドマークのある田園風景を指摘し、さらに、「自由ケ丘の如き勤め人の文化村」といった「この種の植民地が竹藪を追払つて広がることであらう」と描写している。[15] そこには、風景から、「郊外」の「混乱」ぶりが残した「痕跡」を認める眼差しは欠けている。一方、富岡には、碑文谷が、常に中央に従属的なために、「今」に限らず、歴史的に、その地理的位置上、「混乱」を一方的にもたらされる宿命を持つという認識があった。「江戸」・「東京」の強いる役割に、次々と置換され、読み替えられ続ける存在。江戸時代初期には「狩猟地として」、同中期は「遊覧地として」、同末期は「菜園地として」[16]……。近代になって漸く「自治」を獲得したかに見えたものの、如上の経緯で困難となり、唯一の存在意義の「田園」性すら剝奪されつつある今、富岡は、郊外は「都市民の居住地として」[17]のみ在る、と述べざるを得ない。不在とさえ同義であるような、避けがたく〈疎外〉された場所としての「郷土（郊外）」。富岡の眼差しは、歴史の不連続性にさらされた「郷土」と「郷土人」に、徹底的に向けられてゆく。

3　「郷土の床しさ」のために

富岡は、最初の「郷土研究」書となる『郊外　碑文谷誌―郷土文化の一省察―』で、こう呼び掛けている。「尚長らく此土地に生活して来た人達は、心持だけでも、永劫に此郷土を離れずに生活して行くことを理想としなければならない[18]」。そして、都市化への心構えと生活信条をスローガン風に列挙したのち、「郷土風景の保護」を訴える。「最後に一つ云ひたいことは、緑を保存せよ、武蔵野の床しさのある町を作れといふ事である。（……）吾人の健康のために、町村の美化の為に、而して住み心地よき郷土を作るために、緑を愛し、緑を保存せよと叫びたい[19]」。他にも、富岡は、「我が碑文谷」が、東京との「相対的関係の上にある」にせよ、「我が町、我が大字の中心は儼として存する様に」、「郷土人」自らの手による「郷土の計画」の樹立が必要だと唱えている[20]。しかし、最重視するのは、徹頭徹尾、この「郷土風景の保護」である。それが、農村共同体としての「郷土」の最期を看取る〈郷土の知識人〉に唯一可能で、かつ実効性を持ち得る振る舞いだとみなしたからだろう。勿論、その際、批判対象となるのは宅地化である。しかも、単に「無秩序な開発」による宅地化のみならず、碑衾町では、むしろ先陣を切って実施されつつあった、中央の「都市計画」に則った「田園都市」づくりの実践も含まれる。富岡は、むろん「郷土」の「田園都市」化を大筋では是認している。しかし、その実施に際して行われることになる「土地整理（区画整理など）」が、土地の細部に対して無配慮な「規格一片《ママ》の設計」（街路や水路の直線化、暗渠化等々）であるために、むしろ、「郷土風景」から「床しさ」を剥奪している点を、問題視するのである[21]。

富岡の考える「床しい緑（郷土風景）」とは、郷土の日常生活に直接関わってきた、ごく「平凡な」諸事物一切を含んだ「緑」の風景を指す。「郊外の社寺」を構成する「抱擁する森林」や「参道」、村の「墓地」、或いは「道路並木」「小流れ」、「道路標」、「庚申塚」、「地蔵尊」、「小祠」のある風景。「郷土人」が主体となって育んできた、それら土地の細部にこそ、郷土の「人為的努力の沿革を物語る」記憶・痕跡がある。[22]「近代化」に際して、その意義が薄れたからと「厄介視」して「不用意」なまま「破壊」せずに、逆に、今こそ、「風致・趣味」の眼差しをもって、それらを、「緑」の一部を成す欠くべからざる「郷土の誇り」を表象するメモリアルに読み替えよう——そう富岡は提案し、「郷土の史蹟名勝天然記念《ママ》物」[23]とさえ名付ける。

富岡の「保護計画」の企図は、あくまで都市行政の一端にかかわる実務家らしく、完全保存ではない。破壊を少しでも抑えるための「設計上の工夫」と、やむを得ぬ場合は、「移設」や部分保存を講ずることである。富岡にとって重要なのは、何よりも、そうした手立てを「郷土人」が打つことであった。国や府の史蹟名勝天然紀念物保存の制度（一九一九年に立法化）では、結局、保護対象は〈中央〉からみて「代表的なるもの」に限られ、「その郷土とは如何に密接な関係に立ち重要な位置を占めるものであっても」、「郷土の人達の日常生活」の事跡にまで及ぶことは考えにくい。[24]翻って「都市計画」的見地からの保護策は図れないか。確かに、そこでは、「武蔵野の平凡な景趣」が「郷土色」として擁護されるが、そのとき保護の中心になるのは「自然の景趣」であり、富岡のいう「郷土の史蹟名勝天然記念《ママ》物」までは顧慮されない。むしろ、「土地整理」が、無意識裡にそれらを完膚なきまでに破壊しつくす恐れさえある。[25]しかしながら、さらに憂慮すべきなのが、こうして次々と誕生する近代化した「郷土」の景観を、当の「郷土人」が、「合理的で新しい」「郷土の光栄」と（望むと望まざるとに拘らず）表現する事態だった。その最大要因は、端的に言えば、「拙速さ」にあると、富岡は考える。故に、富岡は、「郷土人」であれば、せめて逡巡し、「徐々なる地況の推移変遷[26]」となるよう、「計画」を「漸進主義に基いて順次実行すべき[27]」と望む。つまり、「郷土風景の保護」という呼掛けは、共同体としての「郷土」崩壊の局面を、「郷土人」として自覚的に生きるための構想でもあった。富岡には、「郷土（人）」の主体性を〈美（想像）的に回復する〉ための機会は今をおいて無いという、先んじて「都人士」化しつつある者ならではの焦燥感に満たされていたのかもしれない。

4 「郷土の公園」構想（1）――八幡宮と円融寺境内――

「郷土風景の保存計画」に際して、富岡が急務とみなしていたのは、「郷土（碑文谷）」のための永続的な「公園緑地」の確保だった。富岡は、農村時代に生活の中心をなしていた三つの公共的空間に着目し――①「村社」碑文谷八幡宮境内、②村の歴史の中心に位置すると富岡が考える円融寺境内、③旧碑文谷村の共有地である「三谷の池（碑文谷池）」――それらを「風致ある公園」として読み替えることを提案（或いは示唆）する。[28] まず、①の八幡宮境内は、「神苑」と「外苑」に峻別し、後者を「児童遊園」を中心にした「小公園」的な公共利用空間とする。枯損が目立つ「鎮守の杜」には、都市環境下に耐えうる「郷土特有の樹種」を補植し、「森厳」さの永続を図る。②の円融寺は、国の特別保護建築物の「本堂」を始め、境内全体を「史蹟保存公園」とする。③の「三谷の池」は「風景公園」とする（③は次節で詳述する）。

これら社寺境内を公園に読み替えるという富岡の提案は、いかにも当時の状況を反映している。例えば、八幡宮境内のプランは、明らかに一九一五年から二一年にかけて整備された明治神宮内外苑のそれの応用である。一方で、興味深いのは、例えば、円融寺の創立に「奇跡的縁起ばなし」がないことを、「不思議にも、不足にも思はないのみか、却つて時にはうれしくも思ふ」[29] と記すなど、社寺に対する必要以上の神聖視を回避する姿勢を富岡がとっていることである。史家としての富岡が、古文書等の記録を駆使し、諸々の出来事を列挙しながら、八幡宮や円融寺の歴史を丹念に跡づけてゆけばゆくほど、却って、宗教的な〈本義〉の不連続性が強調されるかのようなのだ。以下、少々長くなるが富岡の記すこれら社寺の〈物語〉を要約してみよう。[30]

碑文谷八幡の神体は、この地を拓いたとされる「中世武士（畠山重忠）の兜の前立物（仏像）」とされ、江戸時代には狂歌に詠まれるほど膾炙していたが（富岡は、八幡宮に触れる際、この狂歌をしばしば引用する）、実は、長らく「秘仏」とされ、その実在が曖昧なまま（江戸時代の地誌『四神地名録』による）神仏分離を迎え、「今」は、全国「共通」の八幡神である「応神天皇」が祭られている。ここにはまた、「碑文谷」の地名発祥の源とされる「碑文石」も祭られているが、これも「近代的」考証によってその可能性は否定されている。

円融寺は、当初（平安時代）は、天台宗（法服寺）として創建されたが、中世には日蓮宗（法華寺）となり、村民はこの「新しい平民的な宗旨」である同寺の檀徒となる。だが、江戸時代に入り、同宗の不受不施派に属することになると、同派の「全く清廉純潔」だが「劇烈」で「自宗信仰の情熱のみに燃え」た「信仰生活」が逆に「仇とな」り、自他宗派を問わず大きな摩擦を生んで、巷間、「切支丹不施不受もとひとつ」と譬えられて幕府より大弾圧を被る。この大事件は、寺と村民、あるいは村民同士の間に「近年までも禍根」を残す。その後、江戸中期には、突如として、門前の「仁王尊」が「流行仏」となり、一時的に「江戸人」の「物見遊山」の場所として盛名を馳せる。寺は天台宗へと再改宗して「円融寺」となるが、この頃より「衰退」が始まって、「事蹟」は荒れ（紀行文や狂歌にその様が示される）、明治には廃仏毀釈の影響も手伝い、寺門など一部の建造物が売却される。その後、一八九七年（明治三〇）に成立した「古社寺保存法」により、「本堂」は、貴重な「建築物」として、〈美的な〉名誉回復を遂げるが（一九一一年、「特別保護建造物」に指定）、「郷土」の人々の間では、同寺を「敬遠」して「余りに何事にも気付かない」風が残ったままである。

目まぐるしく変転を重ね、ときには廃棄すらされる社寺の〈本義〉は、富岡にとって、「郊外」の置換され続けるアイデンティティーをそのままに映す鏡像に等しいのかもしれない。その移ろいやすさに反し、建築物を筆頭とする様々な表象＝形態は、持続するものとして、断片的にではあれ、〈今、ここに残っている〉。この事実こそ、富岡が最重視したものであった（寺の事蹟が売却される事態について、富岡は「寺の形態上における自殺行為」とまで表現する）。富岡が、例えば円融寺の場合、国宝級の「本堂」のみならず、「境内」という場所全体を、「郷土の公園」化の足がかりにしたかったのは、「郷土人」が、この持続的な〈形態〉を通じて、不連続な歴史を直視することを期待したからだろう。「打ち捨てられ」気味の一見、「平凡」な細々とした「事蹟」が散らばるその場所は、波乱に富む「郷土史」の重層性を証言し担保するものであり、しかも、「物見遊山」など、江戸時代から「今日まで公園的使命を以て、一般人に利用され」てきた。「郷土人」が自らの手で社寺境内を公園化することで、わだかまりを弔い、昇華し、新しい時代の「用意」となすことを富岡は望んだのではないか。

5　「郷土の公園」構想（2）——三谷の池——

富岡が、「郷土風景の保護」計画中で最も拘泥したのが、彼がときに「聖なるべき土地」とまで呼ぶ[31]「三谷の池」の「風景公園」化構想である。

三谷の池（碑文谷池）は、「武蔵野のところどころにある自然湧水池」の一つだが、江戸時代には、狩猟地の「鴨池」、さらに、その後は付近農地の灌漑用水源、そして、当時は、「東京横浜電鉄に貸与し、釣堀と貸しボートを」浮かべた一種あいまいな遊園地へと、その役割を変転させてきた。その「自然の景趣」は、「ありし日の武蔵野の一部の俤をそのまゝ残」している。「郷土人」には、「あまりに目慣れてゐるためにさつぱり面白くなく、さつぱり平凡に見える」が、一方、「都人士」的見地に立てば、「あれは武蔵野の平坦地に於てのみ、作出される纏つた面白い景色である。それはそのまゝでも立派な自然公園」の価値を有すると言える。「一村の町村公園としても、尚大都市の市外風致公園としても極めて恰好」なため、富岡は、この池の「自然の景趣」を「なるべくいじらずそのままに維持」し、公園経営を、営利優先の民間から町立にすべきと提案する。[32]

ところで、市郡合併時の一九三二年（昭和七）、東京市長・永田秀次郎は、東京市に公園が登場して六十周年の記念行事で、「今」あるべき公園の意義を次のように述べている。「公園が高雅な趣味の下に少数の人々の理解によつて作られた時代と比べて、今日公園の名が如何に意味広く且一般的になつたかは五百万市民の日常的生活の中に公園が欠くべからざるものに自づと成つたことで、明らかであります。公園へ行かうといふ言葉は、飯を食はう、といふのと全く同じく自然な、日常的生活の慣用語で、然も他と共に楽しむ協同性が現れてゐます」。[33] 富岡自身も、公園が「都人士」と「郷土人」の協同性を取り持つことを期待していた。ただし、「郷土人」が「公園へ行く」ことは、「飯を食」うような日常とはなってはいない、と富岡は考えていた節がある。三谷の池の「自然の景趣」が「慰楽」であるのは、あくまでも「都人士」にとってである。「郷土人」にとっては、「慰楽」以前に、「郷土愛の発露」がもたらされるべきなのだ。かつて「池普請」を、また、植樹や葦刈りなどの「労役」の一切を「土地の人の共同出仕」で行ってきた、「村の共有地」という「聖なる」場所。今後は、そこを、自らが〈かつて「郷土人」であった〉ことを意識的に想起できる場所にしたい。――一つの公園が、「都人士」と「郷土人」それぞれの眼差しや「追慕」を受け入れて、〈呉越同舟〉の場所と化すことを、富岡は強く望むのである。

富岡が公園に込める両義的な機能が鮮やかに浮かび上がるのが、池の傍にある「シラカシ並木」に触れたくだりである。その「並木」は、「明治時代維新前後」と「ずつと年代が下がつた（頃）、土地の人の手によって植栽され」、しかも、そうした植樹行為は、「つい最近まで」の共同体の慣習であった。[34]「郷土人」は、今後、これらを眺めながら、「先代の残したこの行蹟の貴い価値を思ふ」だろう。一方、「逍遙するための人」、即ち「都人士」にとって、「此の池の景趣を一人で引受けて」いる「樹群れ」は、「なつかしい」存在となる。「(幹)周り四、五尺以上のシラカシの群落は、近郊にも珍しい立派なもので、かうした常緑樹濶葉樹に被はれてゐたといふ学者の言を信ずるならば、原始武蔵野の面影は斯の如きものではなかつたか」という感慨を起こさせるからである。[35] 無論、この「なつかしさ」とは、いわゆる〈教養〉によって初めて喚起されるロマンチシズムに他ならないが、そうした「都人士の趣味」を「郷土人」も体得することが急務であり、他方、「都人士」は〈ロマン〉の背景に匿された移住先の歴史を知ることが〈礼儀〉であることを、富岡は仄めかすのだ。

富岡は、さらに、公園が媒介する「都人士」と「郷土人」の協同性の意義を、「郷土」全体が市街化し尽くすであろう近い未来をも視野に収めて述べている。「大震災以来急激に安全地帯の郊外へ、自然味の多い市外へと志して来た人々も、一年中時々に美しい自然の姿を現してくれた田や、畑や、林や、森やが次第に切り開かれ、そこに喧噪、乱雑な時には都市のどこにも劣る街が現れた時、よし口に出さずとも淡い失望を禁じ得ないだらう。そこには又(……)従来熱心にやつて来て農業を捨てたはよいが、四囲の新移住者に、同化し得ないで、一種の淋しさに身を包まれてゐる人もあるのである。それ等(都人士と郷土人の双方)の人達に対してせめてもの慰みは何であるかと考へる時、私は一部でも取残された自然味の多い郷土の姿ではなからうかと思ふ。自然への憧れ、郷土風景への思慕——私は今碑文谷の地は勿論、付近全村に亘つても家屋の櫛比せられるであらう其時にあたつて、せめて三谷の池だけは大字の共有を幸ひ、あのまゝ保存して、ありし日の武蔵野の一部の俤をそのまゝ残して行きたいと思ふ」[36]——急速な市街化は、「田園都市」としての夢であった「自然」をも奪う。「都人士」も「郷土人」も、結局、それぞれの幻滅と喪失体験を生きざるを得ない。近い将来、両者が共に郊外だった頃の郷土を追憶するという、図らずも、そして皮肉にも一致した振るまいで「協同」するときが、必ず来る。だからこそ、「此池を公園として利用してゆく事は、向後の移住者に対する何よりの贈物であり」、「此地に生まれた私等自身にも限りない懐しみと慰安を与へ、たえず郷土愛を沸き起させる泉となる」のだ。[37]富岡にとって、「郊外の公園」とは、「風趣」の喚起力でもって一連のアイロニカルな振舞いが実践される場所――まさに、疎外論的契機を媒介として弁証法的に生き直される場所であった。

6　民家の「緑（屋敷林）」の保護構想

「都人士」にとっては懐かしき「自然」、「郷土人」にとっては「郷土の歴史〈文化〉」の記号である「緑」が失われれば、それを見つめる両者の眼差しの〈差異〉そのものが、あたかも〈なかったこと〉になる。――富岡の抱く危機感と、「緑」への追慕が、最も色濃く読み取れるのが、「屋敷林」の保全を巡る言説である。「都人士」が「武蔵野の景趣」として憧れた「郊外の緑」と言えば、まずは「雑木林」「竹林」の広がりであった。しかし、その憧れが、皮肉にも一帯の急激な宅地化を招いた。代償として、あらたに注目され始めたのが、農家の「屋敷林」である。

天空まで聳えるケヤキやシラカシなどの老大木から成る「屋敷林」。それは、まるで自然の森の如き外観を呈する。知識人はその保護を訴え、行政側も、東京の「風致地区」の指定と維持においてそれを重視し、いくつかを府〈市〉での史蹟名勝天然紀念物として指定〈仮指定含む〉する。しかし、当の現場では、「移住者〈都人士〉」「地主〈郷土人〉」ともにこれを「厄介視」し、「至る処今伐採の途中にある」厳しい状況にあった。[38]

さて、富岡の言い分はこうである。農家の「屋敷林」は、最早、「武蔵野村落の生活上の必要品として」の意義を終えた。そこで、今後は、これを「市民の健康と、都市の美観の上から、都市計画中の緑の一群落」として読み替え、「都市の誇りとして厳存せしめたい[39]」。ただし、その際、守るべき「屋敷林」の「風致」とは、人為の「痕跡」が希薄で自然の森の如く機能し得る「老大木」だけではない。「都人士」からは閑却されがちな、「自然美」とは性質を異にする「附属物」をも含まなければならない。富岡は、屋根を越えんばかりに衝立のように刈込まれた「高作り生垣」――武蔵野で「風除け」と称され、一般的にシラカシなどの常緑性高木の単植から成る――を最重要視し、その意義を次のように強調する[40]。

「高作り生垣」は、「（防風等のために）極端に実用化された」、一帯ではありきたりの緑である。しかしながら、「疑ふまでもなく武蔵野農家の情景を物語る庭園細部の一つ」であり、「屡々（狭義の）屋敷林と共に、平野の村落の郷土景観としても、壮大な感慨を与へる」。富岡にとって、その形態は実用性を凌駕する造形美であり、実用重視の農村時代に育まれた、稀な「郷土趣味（美）」の発露がある。「郷土」の人々は、それが「極めて簡素な又整然とした、端正な美観を発揮」し、「家屋と一団になつて極めて美しい表現をなす」と「気付い」て、その結果、「身の廻り一切、自然形の樹木のみに見飽き切つた彼等（武蔵野農家の先祖達）は必要以上にこの人工的な籬を愛したであらう」と、富岡はやや性急に断じさえする。なるほど、今や、「高作り生垣」は、「日当り」や「通風」を「妨げる」し、「近代人の趣味」は「樹木の天性に逆ふ刈込に飽きて来た」かもしれない。富岡は、それも「もつともである」と肯定した上で、敢えて、「武蔵野の郷土人」の逡巡を求める。「それ（高作り生垣）を継承するにせよ、廃絶するにせよ」、「農家を抱擁する村落の景観に、郷土美に、進んで郷土愛に如何なる影響を及ぼすかと云ふ点まで考へたい[41]」。

富岡は、「高作り生垣」の「趣味的価値」の擁護を通じて、郊外農村にも独自の「趣味性（文化）」が存在したことを訴え、「郷土人」こそが、農村で培われたテクネー――「刈り込み」という〈樹芸〉――を含む

「郷土美」を保存継承しなければ、全てが永久に失われてしまうことを恐れたのである。そのものの前に立てば、誰もが（「都人士」も含め）、その創造者たる「郷土人」の存在を否が応でも意識せずにはいられない——あからさまな「人為の痕跡」が、「緑」から読み取れることにこそ意義があるからだ。

7　インターフェイスとしての「郷土（郊外）」——「刈込物」と「仁王尊」——

さて、富岡的な「郊外（郷土）」像は、必ずしも、常に〈中央＝都市〉に従属するものとしての悲哀を伴って立ち現れるわけではなかった。富岡は、ときに、郊外を、都市と農村の相互交流により祝祭性を帯びる場所としてもとらえていた。例えば、先に挙げた「高作り生垣」。富岡の視点は、ともすると、それを通り越して、農家における、「刈込物」全般の〈樹芸〉そのものへと向かう。「個々の形を鑑賞すると云つた体の凝つたものは、案外農家の庭に多く見受けられる」[42]と述べ、その実例（信州の農家）から、あるいは、江戸時代の文献に現れた例から、列挙、紹介する。[43]単純な「円錐形」、あるいは具体的な「帆掛け舟」「富士山」「鳥獣魚等」——「種々の形に模して作られた」「特異な形態」を呈する、過剰な技巧性と極めて通俗的な趣味性に満ち溢れたそれらは、実用性は勿論、通常イメージされる「簡素」で「素朴」な「郷土美」からさえ逸脱した、言わばキッチュである。当時の知識人なら許容し難いであろうこれらを、富岡は、「『野の芸術』と讃へる事も出来ようか」[44]とまで称賛する。そんな富岡の真意は、一体どこにあるのか。

まず、富岡の筆が、江戸時代の事例の紹介にまで及ぶことに注意すべきである。とくに、「江戸時代武蔵野観賞家の第一（随一）に推される」[45]「江戸時代の典型的ハイカー」[46]と富岡が呼ぶ、十方庵大浄（敬順）の紀行文『遊歴雑記』を「近世紀行文の白眉」として度々引用していることに注意したい。例えば、富岡は、大浄が、旅の途中、江戸近郊の田園風景を一望して、その「天然の雅景」を称える一方、民家の庭先にも眼を向けることを見逃さない。大浄の視線の先には、「黄楊の作り樹」が「庭一ぱいにはびこ」り、「数十歩を離れて望めば、真の山の如し」姿がある。[47]つまり、「刈込物」は、当時においては有意味な美的対象であり、それが、現在の農家にも伝承されていることを、富岡は示唆するのだ。それだけではない。江戸の知識人＝大浄の、自然美と土着の文化表現を同時に包括する眼差しを例示することによって、大方の近代人（＝都人士）を暗に批判してもいるのである。遠望（全体）と近景（細部）という二つの位相を分け隔てなく鑑賞することこそ、「拙速な」近代的知性が切り捨てつつある振る舞いであった。

また、富岡は、「特異な刈込物」の記号性についても、以下のように考えを及ばせる。[48]江戸近郊で、「特異な刈込物」が最も見られたのは、街道筋の植木・盆栽を営む農家（植木屋）の庭先であり、「（これら植木屋の）特殊な形の刈込物の存在理由の一つは、その刈込物自身を以てその植木屋の広告物―宣伝物乃至呼び物として、人心をそこに収攬し、之を観賞させた」からだと推測する。「当時の植木屋の庭」は、商品としての植木や盆栽の「陳列場といふ用途以外に、今日の公園より寧ろ遊園地的の意味色彩を多分に持つて居た」はずである。一種、過剰な広告塔としての「刈込物」の置かれた「庭」には、「上下貴賤の区別なく」あらゆる階級の人々が「来遊したものと思」われ、それが「明治の中頃まで盛んであつた東京内外の、社寺景勝地によつた何々花壇といふもの丶萌芽をなした」のではないか。「花壇」とは、いわば、「自然の景趣」に貢献する「緑」が看板をなす今日的な「公園」と、娯楽性の高い「遊園地」が明確に分化する以前の、雑多な、祝祭的な場所といえ、その表象こそが「刈込物」だと、富岡は考えたのである。

同様の解釈は、円融寺の「仁王尊」を巡る富岡の言説にも垣間見ることができる。既に触れたように、円融寺の文化財的価値において、富岡は、国宝的価値をもつ本堂以外の、些細な諸物件にも注目したのだが、とりわけ重視したのは「仁王尊」であり（この点は『郊外　碑文谷誌』で多く割かれるが、戦後早々の著作となる

『略縁起碑文谷仁王』では一層顕著である）戦後すぐに、荒廃気味の「仁王尊」の保存講を起こすほどであった。

碑文谷の「仁王尊」は、「作者不明」で、「世上の仁王」とは「一風変った」趣を漂わせる。大して「勢いなく甚だ痩形で、極素朴な、民芸的、荒彫り、それは又平面的彫刻であつて、立体的形像になつていない部分があ」る「所謂田舎手法」によるもので、「名作だか、凡作だか」は判じ得ないような美的特徴をもつ。[49]これが逆に、江戸庶民の間では、名工の手になる霊験あらたかな像だと解されて、「信仰三分に、七分の趣味道楽」[50]「物見遊山」をかねた「仁王詣で」の流行となり、戯作や狂歌などにこぞって取り上げられるほど、「仁王尊」は、寺そのもの以上に高名な「碑文谷」の代名詞的存在となった。[51]富岡が、「郷土（＝碑文谷）を「繁昌」の場所とした原因を「仁王信仰」に帰すとき、重要視するのは純粋な信仰形態ではない「行楽的な」側面である。[52]その「行楽」地の内実は、先の「花壇」にも増して過剰で猥雑さを帯びている。例えば、「侠客」や「品川宿の娼家の繁昌」などとの関連[53]、さらに、門前で流行した願掛けのための「断食」がきっかけとなって、「自然に異様な、断食者の集団」や「変質者浮浪者まで」の様々な人々が謂集し、「物目ずらしやの都会人――江戸人が多数押しかけて来て、新名物となり一世の流行」となったことを、富岡は記す。[54]富岡は、当時の随筆、戯作、狂歌等々を通して、この「断食」が、「それ程の難行苦行」ではなく、「参籠独特の趣味、旅寝の趣、否もつと猟奇と、呉越同舟の雑魚寝の快もあつたことでしょう」と推測し[55]、逸脱ぶりを示すこうした信仰形態に、「平民」のエネルギーを見る。そして「郷土の人」が、この「呉越同舟」の場所に「茶屋」を出すなどして経済的恩恵を被っていた、と富岡が続けて言及するとき[56]、猥雑卑俗な「遊園」としての「郷土」を、富岡は喜んで受け入れてさえいるようである。

富岡は、あたかも、〈計画と統制〉を身上とする官吏的な生真面目さを不意に放棄し、戯作者的な歴史家に変貌するかのようである。「諦念」の上に立った者ならではのユーモアとも呼べようか。そのとき、富岡にとっての「郷土（＝郊外）」は、単なる農村でも、都市に従属的なアイデンティティなき場所でもない、

〈混在郷〉としての相貌を現すこととなる。「刈込物」や「仁王尊」などの「通俗的」な匿名の美との出会いを通じて、富岡は、村と都市のインターフェイスとしての「郷土（＝郊外）」の姿を一瞬垣間見たのだろう。

8 おわりにかえて

富岡のヴィジョン（計画＝幻視）は、「都人士」が編成する「計画」に〈対抗〉することではなかった。それは、「都人士」によって公的に認証された〈郷土の記号〉が支配する「郊外」の風景の隙間に、〈（かつての）郷土の徴〉としての諸断片を密かに埋め込む（残す）ことにあった。マクロなレベルでは、近代的価値感に則る「代表的」風景が展開し、ミクロなレベルでは、「その土地の痕跡」の断片が顔を覗かす。言わば、同一の場所において次元の異なる複数の価値を並存させる、位相的な構想だったと言えようか。富岡の構想は、今日の眼には至極穏当なものとも映るが、当時の合理的価値観にとっては、余分なものに拘る「面倒」で「厄介」な考え方だったかもしれない。確かに、富岡が擁護する「郷土的」なモノや概念は、〈モダンな知性〉が思考停止に陥りかねない〈過剰さ・不透明さ〉を孕んでいる。そもそも、〈複数の並存〉を求めるヴィジョン自体が、透明で一元的な序列化を求めてやまない時代の発想とは、逆方向を向いている。富岡の「郷土」の探求が、統制する側の立場にありながら、悉く、その立場が持つべき価値観とは相反する身振りとなってしまったことは、その意味でも象徴的である。そして、彼が、単に文筆家・研究家としてではなく、ローカルな実務家を兼務した上で、図らずも、諸々のポストモダン的な諸事物（細部）に出会ったことにこそ、まさに意義があったといえよう。そして、その予想外の出会いのキーワードが、多大なノイズを抱えたものとしての「緑」であったことを、「拙速な」社会に未だ生きる我々は、今一度、想起する必要があるだろう。

最後に、富岡の重視した「郷土風景」に関するその後についても触れておこう。

今の碑文谷は、東京における典型的な〈閑静な住宅地〉のひとつに数え挙げられ、碑文谷八幡と円融寺境内は、この地域の「景趣」を支える「緑」「史跡」としての姿を留めている。「三谷の池」は、富岡の尽力が実り、市郡合併時に町から市に寄付され「東京市立碑文谷公園」として開設した（当時の経緯はすでに『武蔵野の屋敷林』に記されている[57]）。現在は目黒区立となり、敷地内には、今なお「池」や「樫の並木」などが残るが、全体の「景趣」はすっかり都市公園のそれである。民家の「屋敷林」は、碑文谷付近では、庭の風致樹へと転化した残存木が僅かにみられるが、「高作り生垣」は、碑文谷にかぎらず、旧西郊の民家から殆ど姿を消した。円融寺の仁王尊は、一九六九年（昭和四四）東京都重要文化財に指定された（他にも、同寺に残る「事蹟」のいくつかが、戦後、都・区の文化財に指定された）。富岡丘蔵は一九八一年に他界。生地にはその住居も近親者もすでになく、残された蔵書と原稿類の一部は、戦後に富岡が初代会長をつとめた『目黒区郷土研究会』を通じ、目黒区守屋教育会館郷土資料室に『富岡文庫』として寄贈された。

目黒区守屋教育会館郷土資料室学芸員・横山昭一氏より、多くのご協力を頂いた。記して謝意を表したい。

なお、本稿の一部は、日本地理学会、二〇〇一年度秋季学術大会において発表された。

（注記）①注は紙幅の都合上、最低限に抑えた。②傍点による強調は、全て筆者（石崎）による。③本文中の「　」の文と語句は、注で示した諸文献からの引用を示し、それ以外のもの（〈　〉で示す）と区別した。④「　」中の（　）は、全て筆者（石崎）による補記である。⑤『武蔵野の屋敷林』からの引用は、初出誌が確認できるように、「注」において、表8-1の文献番号と対応するようにした（初出は「文献＊」と付記）。

注

1―冨岡丘蔵『郊外 碑文谷誌』嵩山房、一九二九年、序文七頁。
2―前掲、冨岡『郊外 碑文谷誌』序文八頁。
3―水谷駿一「帝都に於ける風致地区に就て」『都市公論』第一六巻第二号、一九三三年、五五頁。
4―北村徳太郎「風致地区に就て（其の一）」『都市公論』第一〇巻第四号、一九二七年、二―三頁。
5―前掲、水谷「帝都に於ける風致地区に就て」五三―五八頁。
6―前掲、冨岡『郊外 碑文谷誌』序文七―八頁。
7―編集部「冨岡先生の略年譜・著書」『郷土目黒』第二五輯、一九八一年、一三五頁。
8―冨岡丘蔵「郷土研究物語（一）かえりみる郷土誌」『目黒郷土研究』第二三九号、一九七四年、四頁（ちなみに、「武蔵野会」は、当初、編集実務を市公園課長・井下清が担っていた。冨岡は井下のすすめで同会に入会し、やがて常連執筆者となる）。
9―碑衾町役場「社会事業」、同町役場編集・発行『碑衾町誌』一九三二年、三六七―三六八頁。
10―前掲、碑衾町役場「行政」、『碑衾町誌』一七六―一七七頁。
11―前掲、碑衾町役場「大東京完成」、『碑衾町誌』一―七七頁。
12―前掲、冨岡丘蔵「郷土研究物語（三）かえりみる郷土誌」『目黒郷土研究』第二四〇号、一九七四年、四頁。
13―冨岡丘蔵『武蔵野の屋敷林』嵩山房、一九三六年、一二一―一二四頁（初出は「文献一四」）、および、同書七四―七九頁（初出は「文献一四、一七」）。
14―冨岡丘蔵「田中貢太郎と碑文谷」『目黒郷土研究』第二一八号、一九七三年、四―五頁。および、田中貢太郎「私の姿」、前掲、冨岡『武蔵野の屋敷林』一五一―一五五頁（冨岡の注記によれば、「サンデー毎日」誌上に一九三二年十月掲載された記事を、同書に再録したもの）。
15―東京朝日新聞『新東京大観 下巻』同新聞一九三二年十月一日発行・附録、三頁、および、一二頁。
16―前掲、冨岡『郊外 碑文谷誌』一二頁、前掲、冨岡『武蔵野の屋敷林』一〇一頁（初出は「文献一二」）（ただし、ここでは「菜園地」は「園芸地」と表現される）、および、一四六頁（初出は「文献七」）。
17―前掲、冨岡『武蔵野の屋敷林』一〇一頁（初出は「文献一二」）。
18―前掲、冨岡『郊外 碑文谷誌』一〇五頁。
19―前掲、冨岡『郊外 碑文谷誌』一〇九―一一〇頁。

20—前掲、富岡『郊外 碑文谷誌』一〇六—一〇八頁。
21—前掲、富岡『武蔵野の屋敷林』一〇七—一一二頁（初出は「文献一二」）、および、一四七—一四九頁（出所は「文献七」）。
22—前掲、富岡『武蔵野の屋敷林』一〇八—一一二頁（初出は「文献一二」）、および、一四四—一四七頁（初出は「文献七」）。
23—前掲、富岡『武蔵野の屋敷林』一一〇—一一二頁（出所は「文献一二」）、および、一四四—一四七頁（初出は「文献七」）。なお、「天然記念物」という用語は、戦前では、一般に「——紀念物」と表記される。
24—前掲、富岡『武蔵野の屋敷林』一四四—一四七頁（初出は「文献七」）。
25—前掲、富岡『武蔵野の屋敷林』一〇八—一一二頁（初出は「文献一二」）、および、一四七—一四九頁（初出は「文献七」）。
26—前掲、富岡『武蔵野の屋敷林』一〇九頁（出所は「文献一二」）。
27—前掲、富岡『郊外 碑文谷誌』一〇七頁。
28—前掲、富岡『郊外 碑文谷誌』一〇六—一一〇頁。
29—前掲、富岡『郊外 碑文谷誌』一一五頁。
30—前掲、富岡『郊外 碑文谷誌』三二—四六頁、および、一一一—一三一頁、富岡丘蔵「碑衾町の沿革」、前掲、『碑衾町誌』八一—一二九頁、前掲、富岡『武蔵野の屋敷林』六九—七三頁（初出は「文献二二」）、および、八〇—八八頁（初出は「文献一六、二〇」）。社寺の〈物語〉の要約は、以上をもとに再構成した。
31—前掲、富岡『武蔵野の屋敷林』一一八頁（初出は「文献二四」）。
32—前掲、富岡『郊外 碑文谷誌』二三二—二四二頁。
33—東京市役所『公園六十年』同市役所、一九三二年、一頁。
34—前掲、富岡『武蔵野の屋敷林』一一七—一一八頁（初出は「文献二四」）、および、前掲、富岡「碑衾町の沿革」、『碑衾町誌』八六—八七頁。
35—前掲、富岡「碑衾町の沿革」、前掲、『碑衾町誌』八七—八八頁、および前掲、富岡『武蔵野の屋敷林』八二頁（初出は「文献二〇」）。また、前掲、富岡『郊外 碑文谷誌』二三八頁にもやや曖昧ながら同種の表現あり。
36—前掲、富岡『郊外 碑文谷誌』二三六—二三七頁。
37—前掲、富岡『郊外 碑文谷誌』二四〇—二四一頁。
38—前掲、富岡『武蔵野の屋敷林』六—七頁（初出は「文献二一」）。
39—前掲、富岡『武蔵野の屋敷林』七頁（初出は「文献二一」）。
40—前掲、富岡『武蔵野の屋敷林』二五—二七頁（初出は「文献九」）。

41—前掲、富岡『武蔵野の屋敷林』三二—三三頁（初出は「文献九」）。ちなみに、生活改善同盟会の指針では、「低い」生垣を奨励している。
42—前掲、富岡『武蔵野の屋敷林』一三頁（初出は「文献二三」）。
43—前掲、富岡『武蔵野の屋敷林』一一—一四頁（初出は「文献二三」）および、一五—二四頁（初出は「文献二六」）。
44—前掲、富岡『武蔵野の屋敷林』一九頁（初出は「文献二六」）。
45—前掲、富岡『郊外 碑文谷誌』一六頁、および、前掲、富岡『武蔵野の屋敷林』一一頁（初出は「文献二三」）。
46—前掲、富岡『武蔵野の屋敷林』二〇頁（初出は「文献二六」）。
47—前掲、富岡『武蔵野の屋敷林』一一—一三頁（初出は「文献二三」）。
48—前掲、富岡『武蔵野の屋敷林』二三頁（初出は「文献二六」）。
49—富岡丘蔵『略縁起碑文谷仁王』国宝円融寺復興協賛会、八—九頁。この一文のもととなる、十方庵大浄『遊歴雑記』の記述が、前掲、富岡『郊外 碑文谷誌』一七六頁に引用される。
50—前掲、富岡『略縁起碑文谷仁王』六五頁。
51—前掲、富岡『郊外 碑文谷誌』一七〇—一八六頁。この記述をもとに、まとめ直して一書としたものが、前掲、富岡『略縁起碑文谷仁王』である。
52—前掲、富岡『郊外 碑文谷誌』一七〇—一七九頁、および、前掲、富岡『略縁起碑文谷仁王』四七—五四頁。
53—前掲、富岡『郊外 碑文谷誌』五一—五七頁、一七八頁、および、二三四—二五一頁。また、前掲、富岡『略縁起碑文谷仁王』四三—五〇頁。
54—前掲、富岡『略縁起碑文谷仁王』五六—六二頁、および、前掲、富岡『郊外 碑文谷誌』一八二—一八三頁。これらでは、江戸時代の随筆（栗原東随舎）と戯作（山東京伝、芝全交）にあらわれた描写を中心に引例する。
55—前掲、富岡『略縁起碑文谷仁王』六五頁。
56—前掲、富岡『略縁起碑文谷仁王』六〇—六二頁。
57—前掲、富岡『武蔵野の屋敷林』八二—八三頁（初出は「文献二〇」）、および、一一六—一二四頁（初出は「文献二四」）。

●第9章

都市人と郷友会

――高度成長期における出郷者の都市生活

山口　覚

1　はじめに

人々はこれまで移動し続けてきた。生まれ故郷を離れ異郷に行く。農村から都市へ。こうした人口移動は近代以前でも珍しくなかった。明治期に人口移動が突如増加したように見えるのは、移動に関する調査や統計が一元的に制度化されるまで移動状況が把握されていなかったからだという。[1] しかしより多くの人々が都市に定着し「都市人」となったのが近代以降、特に第二次大戦後であることもまた確かである。

たとえば近世期における移住者は故郷と移住地とに「二重帰属」していたし、[2] 近代以降でも戦前の故郷はまだ「帰れる故郷」であった。[3] ただし後者については異論もある。農村から都市への出郷はそもそも土地がないことによって生じたものであり、「事実上帰村は不可能だった」という意見がそれである。[4] いずれが正しいかはここではさておき、戦後になると故郷は完全に「帰れない故郷」へと変貌する。農村部では終戦直後の人口集中によって人口支持力が低下し、さらには出郷者自身が都市に生活基盤を置くようになったためである。高度成長期の東京は集団就職者などを中心とした「青年の町」であり、「東京の住民の二人に一人は地方出身者で」あった。[5] 工業都市であった川崎市では市立日本民家園が設立されたが、それは同市人口の「八割以上が全国各地から集まった人々で、その点、川崎市民は日本の縮図ともいえるので、市民共通の『ふるさと』として」構想されたものであった。[6] 同様に尼崎市でも「尼崎五五万市民のうち、約八割以上の方が他府県出身者である」という言葉が語られ、出郷者のために産業郷土会館という施設まで作られた。[7]

出郷者向けの「ふるさと」づくりや福祉政策が川崎・尼崎市行政によって推進されたのは、おそらくは様々な思惑によるものだったはずである。しかしそうした諸政策は次のような共通する理解に基づいていた。それは出郷者を「孤立した都市人」と見なすような理解である。

都市人の孤立というテーマはシカゴ学派都市社会学者による社会解体論などで繰り返し取り上げられてきた。都市への移住とともに故郷との関係やそれまでの人間関係が断ち切られ、個々人に対する既存の社会的行動規範の影響力が弱まる。すると各人の「自然」な欲求が発現して社会が解体する、というのである。しかしながら都市における孤立という考えには数多くの反証がなされてきた。リトワク Litwak の修正拡大家族説によれば、コミュニケーション技術の発達は遠距離間での人間関係を維持するため、移住にともなう対面的関係の喪失は拡大家族との関係の断絶を意味しない。[8] また、「つて」を頼って移住する連鎖移住という現象が広範に見出されるようになると、都市人の孤立という考えが大幅に修正される可能性も出てきた。柳田國男はすでに『都市と農村』において「郷里から出た者は必ず頼って行く処がある」と記している。[9] 同郷者が移住地で多数見出されるとき、出身県を単位とする県人会や、出身市町村以下の狭域を「同郷」の範囲とする同郷団体が形成されることもある。出郷者が移住地において同郷者とともに組織する集団の総称として、ここでは「郷友会」の語を用いることにしよう。

出郷者が移住地で郷友会を作ることは世界的に見られる現象であり、日本でも明治以来その存在が確認されてきた。郷友会は移住地で社会的に不利な立場にある出郷者に相互扶助の機会を与え、出郷者を「全体社会」に適応させるための緩衝装置になるものと見なされた。出郷者はしばしば後進性とも表象されるような異質性を持っており、移住地の社会にただちに同化することができなかったという訳である。ガンス Gans の言う「アーバン・ビレッジ urban village」、つまり「都市的でない慣習や文化を都市的環境に合わせるための場所」[10]という概念を郷友会の説明に用いるような研究は、そうした認識に基づいている。[11]「擬制村」という言葉が使われることもある。[12]

さて、「ビレッジ」や「村」という「都市」に反する言葉が用いられるのは、当然ながら都市への移住後も故郷での人間関係が比較的強固に維持されていることを示すためである。しかしこのような認識では都市人としての出郷者の姿はとらえられなくなってしまう。一部の研究[13]をのぞけば、同郷者以外の人々と結びつく多様なネットワークはあまり重視されていない。郷友会に関する諸研究は「孤立した都市人」という考えに対する反証事例を提供したが、今度は逆に郷友会以外の場における出郷者の在り方が忘れられることになったのである。

そこで本章では、高度成長期に故郷を離れた出郷者第一世代の郷友会を対象に、その活動や変化を通して都市人としての出郷者の在り方について考えてみたい。このとき地方政治との関係は注目に値する。柳田は「郷友会の先輩を自認し、そのくせ田舎へはどうしても還って住み得ない者が今なお……腰掛け気分で、平然として悪党原の市政を利用するのを坐視している」と記し、戦前の出郷者が移住地での都市政治に無関心であったことを示唆する。[14]戦後におけるその変化を確認することで、都市人として生きる出郷者の一面をとらえられよう。筆者のこれまでの主要な調査対象は阪神間、特に尼崎市のそれであったことから、ここで扱う事例も同地域を中心としたものとなる。

2　都市人としての出郷者と「故郷」

「故郷」とは何か

郷友会の話に入る前に、まず「故郷」という言葉について見ておこう。とくに出郷者の故郷を考えるとき、彼／女ら自身の出身地ないし出生地がもっとも重要であることは言うまでもない。しかし故郷について論じた近年の論考によれば、出身地だけを想定していては広範なイメージを含む故郷という言葉について考える上で不十分だとされる。たとえば倉石は「実態ある故郷」と「観念的な故郷」[15]、千田は「故郷」と「コキョウ」という二つの言葉を用いている。[16] それぞれの前者が出身地を意味するのに対し、それを包含する広い意味を持つものとして、あるいはそれを有意味化する「根源的な何か」として後者が挙げられる。その後者である「観念的な故郷」や「コキョウ」は、『故郷喪失者たち The homelessmind』でピーター・バーガーらが言うところの「ホーム・ワールド」とほぼ同義であろう。[17] それは「社会の中で自分の意味の中心」になるものとされている。以下、出身地＝「実態ある故郷」を「故郷」、「観念的な故郷」＝「コキョウ」を「ホーム・ワールド」とする。

出郷者が「ホーム・ワールド」を欲するとき、「故郷」は最初に、またもっとも強固に見出されるものとなろう。しかしまた「故郷」は「ホーム・ワールド」の一つの表出形態に過ぎないものでもある。たとえば見田は、「故郷」を意味する「第一の家郷」と移住地で新たに形成される「第二の家郷」とを区別し、出郷者が都市において家産＝マイ・ホームや新宗教の諸団体を「第二の家郷」として創造していく様相を指摘している。[18] また福田によれば、ある状況においては「故郷はある意味では人的なものである」[19]。つまり自らにとって重要な人物が「ホーム・ワールド」として機能することもあるというのである。都市人が「ホーム・ワールド」を必要とするとき、その形態は「故郷」を含め多様なものとなる。

おそらくは郷友会もまた「アーバン・ビレッジ」や「擬制村」といった「故郷」との連続性をそのまま想起させる概念によってではなく、たとえば東京における出郷者の盛り場としての新宿の発展[20]、出郷者による創価学会や日本共産党の勢力拡大[21]、「出郷者の新しい望郷の歌」としてのマイ・ホーム主義[22]、さらには集団就職者が出身地を越えて自ら組織していった「若い根っこの会[23]」といった出郷者に関連する様々な「ホーム・ワールド」の一つとして考えるべきであろう。

もっとも、都市において「故郷」を標榜しつつ同郷者を組織するという現象はメンタルな側面だけで説明できるものではない。郷友会は明確な社会的・政治的機能を持つことも少なくないのである。出郷者を都市人として見る場合、そうした側面がより重要になる。

都市人になる

次に都市人としての出郷者について触れておく。まずは一九世紀にパリに集まってきたフランスの地方出身者の例を見てみよう[24]。「当初はブルトン人街やオーヴェルニュ人街やその他の、ありとあらゆる種類のゲットーが生じた」。しかし「つぎの世代からは、パリは種々雑多な人間が集まる巨大なるつぼと化して、そのるつぼのただなかに地方的特殊性はそっくり溶け合い、そうしてブルトン人やオーヴェルニュ人やサヴォア人やコルシカ人は、すっかりパリなまりを身につけて、『地方』全体を、……蔑視するようになります」。こうした例は近世期の「江戸っ子」などでも同様である。江戸にやって来た出郷者第一世代は「故郷」との関係の中で生きていたとされ、「第三世代以降になって初めて、土の世界＝田舎（ムラ）と切り離された『都市人』になるのではないか[25]」。もっとも、このように記した高岡は「現代都市人」はそれとは異なっているという。現代では出郷者第一世代であっても「意識の個別化のもと、個人がそれぞれバラバラに地域の特性から離れた、抽象的な『都市人』になっていく」。本稿では現代日本の出郷者第一世代について、多少なりとも「故郷」から切り離され、都市で孤立する可能性のあった都市人と考えたい。

ここで重要なのは、孤立する可能性もある出郷者の都市生活が出郷直後からただちに始まるため、彼／女らが早急に人間関係を再構築する必要があることである。このとき、出郷者個々人が移住直後に有する人的資源は限られており、もっとも確保しやすい資源が同郷者であることは間違いない。松田によれば、ケニア・ナイロビに住む農村出身者は、被抑圧的な生活状況を克服するために移住当初は同郷者ネットワークを形成し、それは後に移住地での地域的なネットワークに再編されていったという。[26]日本の郷友会もまた、出郷者が都市社会に適応していくにしたがって相互扶助のような手段的（instrumental）な機能から親睦中心の表出的（expressive）な側面を強めるとされる。[27]このような観点からすれば、移住当初における同郷者との結合はあくまで都市生活における必要のために作り出されたものであり、その関係は決して絶対的なものではない。「同郷」が強く叫ばれるのも円滑な相互扶助のためであろう。そうであるならば同郷者でない人々とのネットワークも遅かれ早かれ構築され、拡張していくはずである。孤立する可能性があるからこそ多様な集団やネットワークを必要とするのが都市人なのである。「故郷」や同郷者との密接な関係だけを見ていては都市人としての出郷者は理解できないであろう。

出郷者を「故郷」との結びつきから考えようとすると都市人としての側面はどうしても軽視される。都市人として生きる姿を重視すれば「故郷」から切り離して考える傾向が強くなる。「故郷」を語りながら出郷者が都市生活の中で実際に何をおこなってきたかを詳細に見ていくこと、このような姿勢が出郷者と郷友会を理解する際に必要となる。

高度成長期の出郷者

高度成長期の都市に生きた出郷者はどうか。すでに見た通り、戦後において「故郷」は「帰れる故郷」から「帰れない故郷」になっていた。移住形態についても、生活基盤を「故郷」に残したかたちでの出稼ぎから、家族全員で都市へと移住する挙家離村へと変化していく。新規学卒者の労働力移動もまた様変わりし、労働省＝公共職業安定所を介した集団就職が中心となる。集団就職によって中小・零細企業に単身で雇用された新規学卒者は、まさに都市内で孤立状態に置かれることになる。一九七〇年代前半までの日本では電話のような遠距離コミュニケーション技術が普及していなかったが、そのためであろうか、出郷者の孤立が社会問題になっていく。当時のメディアではノイローゼや自殺、非行、犯罪といった集団就職者のアノミーが喧伝されていた。連鎖移住の結果として近隣に同郷者が居住している場合でさえ、交替制勤務の採用に代表される労働強化によって日常的には会えないことが珍しくなかった[28]。同郷者を見出しやすかったはずの尼崎市はこの時期、「孤独の街」と称されていたのである（『毎日新聞』（尼崎・伊丹版）一九七〇年六月二一日）。行政や企業は出郷者の孤立対策として「ふるさと電話の設置」、「故郷へ手紙を出す運動」などをおこない、様々なサークル活動を支援した。高度成長期の多くの出郷者は確かに孤立傾向にあったのである。しかしながらこのことは、個々の出郷者が多様なネットワークを拡張し、複数の集団に参加し得る可能性を示すものでもあった。多様な「第二の家郷」はこうした状況下で生み出されたのである。

付言すれば、多くの出郷者にとって家族が「異郷者の集団」であることも重要かもしれない。労働市場が性差によって区分されてきた結果、出郷者の移住地もまた性差によって異なっていた。鹿児島県甑島出身者の郷友会の一つ「関西内川内麦の芽会」では、名簿に登録された七七人の会員のうち男性は四八人、女性は二九人であった[29]。つまり会員の六割が男性だったのである。同会は尼崎市を活動拠点とするが、それは重工業への就職を目的とした連鎖移住によって同市内に居住する男性が多かったためである。一方で女性は京都市や大阪府岸和田市に立地する紡績会社に就職し、その土地で同郷者以外の配偶者を得て結婚する例が多かった。つまり尼崎市に居住する内川内出身女性が少なかったことが同会会員の性別割合に影響しているのである。同郷者同士の夫婦もあまり多くない。

このように戦後の出郷者の家族は自らの「故郷」、配偶者の「故郷」、そして子供の「故郷」=都市という複数の「故郷」を内包する可能性があった。その結果、複数の「故郷」を整理しつつマイ・ホームを「ホーム・ワールド」として想像する努力が払われることもあろうし、自らの「故郷」に対する望郷の念をより一層深めたり、その代替物として郷友会を重視するということもあったかもしれない。これらは互いに矛盾するものではなく、それぞれがその状況に応じて意味を持ったであろう。

都市人としての出郷者とその郷友会を考える場合、以上のような諸点を理解しておくべきである。出郷者の持つネットワークの一つが同郷者ネットワークであり、それが明確な集団として凝集=「結晶化」したものが郷友会である。言い換えれば、郷友会は出郷者の持つ複数のネットワークの一つでしかないのである。

3　出郷者と郷友会

多様な郷友会

ところで、ここで郷友会と総称している集団は多種多様であり、必ずしも一元的に語り得るものではない。それぞれの郷友会が標榜する「故郷」の空間スケールを見ても、出身県をその範囲とする県人会から、出身集落・学区単位で設立される同郷団体に至るまで様々にある。異郷で形成される同窓会支部などもこれに含まれよう。個々の郷友会の設立・活動目的が多様であるだけでなく、ある一つの集団に焦点を当てた場合でも、その表情はその時々でまったく異なったものとなる。時に政治団体であり、時に親睦団体であることは珍しくない。郷友会が設立される理由を「出郷者の郷愁や望郷の念」と解釈し、これらを非近代的・非都市的な集団と見なす意見は少なくないが、それは誤っているか、ごく一面的な妥当性しかないといえよう。

出身集落や学区といった小スケールを同郷の範囲とする同郷団体と、県のような広域をもって設立される県人会とを比較すると、その性格はいささか異なったものとなる。同郷団体が出郷以前から知己であった地縁・血縁関係者によって構成されている一方、県人会ではもともと知己でなかった人々が多数を占めるからである。沖縄県本部町の一集落である崎本部の出身者は、自らの所属する同郷団体「関西崎本部会」と「沖縄県人会兵庫県本部」について次のように言う。

県人会はあっちこっちの出身（者）が集まっとる。まあ県人会も沖縄の、同じ県の出身やという親しみがあるけども、（関西崎本部会には）また変わった味があるんですわ。まあ幼なじみの集まりということやからねえ。また親しみが、特別に味わいがあるんですよ。

このように同郷団体と県人会とでは性格を異にするが、相対的に密接な人間関係の見られる同郷団体もまた「故郷」での関係をそのまま引き継いだものではない。それはあくまでも都市で二次的に再構築されたものである。

ここで高知県出身者の県人会を例に、その全国的な展開を表9-1で見ておきたい[30]。同じ高知県人会とは言え、会員募集の空間スケールは「関東」のような広域から大阪市「旭」区のような挾域に至るまで多岐にわたる。また、高知県の隣県である香川・愛媛両県でも県人会が確認される。郷友会が故郷から遠く離れた土地で設立されるとは限らないのである。つまり郷友会の設立には望郷の念の解消だけでなく、それ以外の

表9－1　高知県出身者の県人会（1992年）

所在地	県人会名	会員数	所在地	県人会名	会員数
北海道	北海道高知県人会	644	大阪府	堺阪南高知県人会	400
宮城県	仙台高知県人会	30		茨木高槻摂津高知県人会	1200
東京都	関東高知県人会	159		関西高知県人経済クラブ	80
	東京黒潮会	100		関西青高会	50
	関東青高会	62	兵庫県	神戸高知県人土陽会	208
静岡県	静岡高知県人会	33		尼崎高知系県人会	444
	浜松よさこい会	67	和歌山県	和歌山高知県人会	65
愛知県	名古屋高知県人会	397	岡山県	岡山高知県人会	190
三重県	三重高知県人会	102	広島県	広島高知県人会	317
近畿	高知県人会近畿連合会	3964	香川県	香川高知県人会	1200
京都府	京都高知県人会	200	愛媛県	愛媛高知県人会	1600
大阪府	大阪高知県人会	432		宇和島土佐人会	27
	旭高知県人会	100		新居浜高知県人会	494
	北摂高知県人会	200		八幡浜高知県人会	117
	西大阪高知県人会	70	福岡県	西日本高知県人会	120
	城の東高知県人会	130	宮崎県	宮崎高知県人会	53
	東大阪高知県人会	200	鹿児島県	鹿児島高知県人会	91
	北河内高知県人会	300			

（資料）高知県商工労働部調査資料、1992年。

多様な目的があるものと思われる。

郷友会の活動・機能

郷友会が設立される目的は、岡橋による同郷団体の整理によれば、①親睦、②相互連絡、③郷土情報の交換、④相互扶助（職業上の交流、結婚就職相談など）、⑤郷土の発展への協力、⑥（同郷出身の）政治家の後援などがある。[31] しかも郷友会の活動はその時々のコンテクストによって変化する。

岡橋の言う③・⑤については、たとえば「故郷」における災害への援助や民俗芸能の創出などに際しての情報交換や寄付などがある。しかし郷友会活動として注目すべきは①・④・⑥のような都市生活に密接に関わるものである。
まず④の相互扶助から見ていく。たとえば頼母子講や模合といった相互扶助的な金融組織が形成され、それが郷友会に発展するという例は珍しくない。また「職域県人会」と呼ばれるような企業内や同一業者間で組織される郷友会もある。よく知られたものとして東京や大阪で浴場業を営む北陸出身者の組織を挙げることができる。[32] 表9-1では「関東青高会」や「関西青高会」がこれに当たり、後者については「高知県出身者で京阪神地区に在住する青果関係者」によって組織され、「会員の相互扶助及融和親睦をはかり、併せて直接間接高知園芸の発展向上に寄与する」ことを目的とする。[33]
関西青高会の例にも見られるように、①の親睦はほとんどすべての郷友会がおこなっている活動であろう。さらに言えば、年に数回程度の親睦活動しかおこなわない会も少なくない。都市生活において孤立傾向にある出郷者の場合、同郷者との日常的な相互扶助など望むべくもない。そのような郷友会はむしろ「ホーム・ワールド」の一つとして意味を持つことになる。
鹿児島県甑島の一集落、江石の出身者によって構成される同郷団体「(鹿児島県)江石会」(一九六七年設立)の場合、次のように言われている。多くの江石出身者は連鎖移住によって尼崎市に移住したものの、それぞれの勤務先では交替制勤務体制が採られており、近隣居住者であっても日常的には会うことができなかった。このような状況では「会が発足する以前は出郷者の大半が極く限られた方以外はただ風の便りに噂を聞くしかありませんでした」(「江石会新聞」第二一号)。そして「人間は、苦しい時に人が恋しくなる。この気持ちこそ、江石会を発足させた由縁であろう」(同上第一五号)とされ、「私はお陰で江石会という恵まれた集団に包まれ、望郷の寂寥からは幾分脱し得ていることは確かである」(同上第一一号)。故郷・江石では毎年一一月三日に集落全体での運動会が開催されており、江石会は同じ日に尼崎市内で「故郷」と同様の運動会をおこなっている。その際には関西一円に暮らす数百人から千数百人の会員が一堂に会し、年に一度の再会を祝う盛大な集会となる。

しかし親睦主体の郷友会であっても、時にまったく異なった様相を見せることがある。その代表的な活動例が岡橋の言う⑥、つまり同郷出身の政治家の後援である。たとえば江石会それ自体は政治家の後援はおこなっていないものの、同会の設立・活動には甑島出身の尼崎市議会議員の助力を必要としたこともあり、尼崎市内に居住する多くの会員がこの議員を支持していた。

以上では郷友会の多様な活動、機能の一端に触れた。それらは「故郷」との関係ではなく、あくまでも都市生活との関連において考えられるべきものである。また、繰り返し述べているように高度成長期では出郷者は孤立傾向にあった。そのような状況下で郷友会を設立するには多大な労力が必要とされたが、たとえば政治との関連を想起すれば、同郷者を組織するための労力が積極的に投下された理由もそれとなく理解されよう。

4　郷友会と地方政治

すでに明らかなように、郷友会の会員個々人がそれ以外の集団やネットワークと関係していたとしても何ら不思議はない。複数の社会的カテゴリーに関わるこうした問題を見るには郷友会と地方政治との関係は適当な題材となる。ここでは尼崎市における鹿児島出身者の郷友会と地方政治との関連を中心に話を進めたい。

尼崎市における郷友会と地方政治の関係

まず概略的な点を確認しておこう。冒頭に記したように高度成長期には「尼崎五五万市民のうち、約八割

表9－2　尼崎市議会選挙における本籍地別候補者数・当選者数（1967、71、75年）

本籍地	1967			1971			1975		
	政党所属	無所属	計	政党所属	無所属	計	政党所属	無所属	計
尼崎市	16(12)	26(21)	42(33)	23(18)	25(19)	48(37)	29(24)	18(13)	47(37)
兵庫県	2(2)	2(1)	4(3)	1(1)	3(2)	4(3)	4(4)	3(2)	7(6)
その他の府県	12(10)	10(6)	22(16)	11(9)	11(3)	22(12)	13(9)	5(0)	18(9)
長野県	—	1(1)	1(1)	1(1)	—	1(1)	1(0)	—	1(0)
富山県	—	1(1)	1(1)	—	1(1)	1(1)	—	—	—
石川県	—	1(0)	1(0)	—	—	—	—	—	—
福井県	—	—	—	—	1(0)	1(0)	—	—	—
愛知県	—	1(1)	1(1)	—	—	—	—	—	—
三重県	—	—	—	—	—	—	—	1(0)	1(0)
滋賀県	1(0)	—	1(0)	—	—	—	—	—	—
京都府	1(1)	—	1(1)	1(1)	—	1(1)	1(1)	—	1(1)
奈良県	—	2(2)	2(2)	—	1(1)	1(1)	—	—	—
大阪府	5(4)	—	5(4)	1(1)	2(0)	3(1)	—	2(0)	2(0)
岡山県	1(1)	1(1)	2(2)	1(1)	1(1)	2(2)	4(3)	—	4(3)
鳥取県	—	1(0)	1(0)	1(0)	—	1(0)	1(0)	—	1(0)
香川県	1(1)	—	1(1)	1(1)	—	1(1)	1(1)	—	1(1)
愛媛県	—	—	—	1(1)	1(0)	2(1)	3(2)	—	3(2)
高知県	1(1)	—	1(1)	—	—	—	—	—	—
長崎県	1(1)	—	1(1)	1(1)	—	1(1)	—	—	—
大分県	—	—	—	—	1(0)	1(0)	—	1(0)	1(0)
熊本県	1(1)	—	1(1)	1(1)	—	1(1)	—	—	—
鹿児島県	—	2(0)	2(0)	2(1)	3(0)	5(1)	2(2)	1(0)	3(2)
計	30(24)	38(28)	68(52)	35(28)	39(24)	74(52)	46(37)	26(15)	72(52)

（注）表中の数値は候補者数を、カッコ内は当選者数を表す。「兵庫県」は尼崎市を除く。
（資料）『尼崎市選挙結果調』、各年分。

以上の方が他府県出身者である」という言葉がしばしば語られた。そうした状況にあって同市では出郷者が地方議員になることも珍しくなかった。

『尼崎市選挙結果調』には一九六七、七一、七五年に行われた尼崎市議会選挙・兵庫県議会選挙（尼崎市選出分）候補者の本籍地が記載されている。本籍地がそのまま候補者当人の出身地となる訳ではないが、尼崎市外に本籍地を持つ者の多くが出郷者第一世代であると考えてよいであろう。表9-2は尼崎市議会選挙における候補者の本籍地を府県別に示したものである。この表で注目されるのは候補者の本籍地が兵庫県以外に一九府県あること、鹿児島・岡山・愛媛各県を中心とした西日本が多いことである。この一九府県のうち、古今を問わず尼崎市において県人会が設立されなかったのは長野・三重・京都・大阪の四府県だけであった。このことは選挙に出馬した出郷者と県人会との結びつきを想起させよう。同市の県人会について触れた次の新聞記事は興味深い（「毎日新聞」（尼崎・伊丹版）一九七八年九月七日）。

「県人会の活動は四年周期でピークが来る」そうだ。四年とは、地方統一選挙と市長選挙のことである。県人会会員の県会議員や市会議員は、普通、顧問の資格で納まっているが、役員の肩書を持つ人もいる。この人たちにとって、組織化された県人会は魅力。……できれば、県人会の組織を後援会とダブらせたい。……県人会組織に支援されていると自負する市議は「県人会会員の結婚、就職問題やスポーツ大会のグラウンドを確保など、政治家と結んだ方が有利。……」と、県人会組織と政治の永続的な結束を強調しており、県人会と政治・選挙の縁はなかなか切れそうもない。

尼崎市における郷友会と地方政治のこうした関係の中で、鹿児島出身者のそれはもっとも強力なものであった。

尼崎市における鹿児島県出身者と郷友会

鹿児島県出身者と尼崎市との結びつきは、同市における近代的大工場の先駆けとなった尼崎紡績（現ユニチカ）が女性労働力として同県出身者を採用したことに始まる（一九〇六年）。同工場は貧困化した旧士族の救済のために一八九一年に設立されたものであったが、その後は設備増強にともなう「近畿一円、四国一円、山口、大分の遠隔地よりの子女採用」が開始された。さらに、ある鹿児島県出身者の縁故によって「知覧からきた乙女」一五人が採用されることになり、数年後には女性労働者の募集のため、鹿児島県内に尼崎紡績の出張所が置かれた。「知覧からきた乙女」という話は尼崎市と鹿児島県の結びつきを示すものとして半ば神話的に語り継がれている。[34] さらに戦間期における工都の発展にともない、より多くの鹿児島県出身者が同市に流入することになる。戦後間もない一九五〇年の『国勢調査報告』で「出生地」の項目を見ると、同市の全人口二七万九二六四人のうち出生地が兵庫県である者は一三万四五七五人、次いで大阪府四万四二九〇人、鹿児島県五九八二人となり、鹿児島県は都道府県別出生地で第三位であった。そして高度成長期の開始とともに鹿児島県出身者は一層増加する。同時期の求人難の解決のためになされた「求職開拓」、つまり尼崎市への労働力移動を促進するためのPR活動ではやはり鹿児島県が最大の対象地とされた。[35] 尼崎市長が鹿児島県に出向き、同県知事に尼崎市への労働力移動を直接訴えたのである。

こうして同県出身者は尼崎市内で数多く見られるようになり、先述した関西内川内麦の芽会や鹿児島県江石会といった出身集落を単位とした各種の同郷団体から、鹿児島県全域を対象とした尼崎鹿児島県人会にいたる多種多様な郷友会が組織されていった。尼崎鹿児島県人会の設立については次のように言われている。「昭和三一年ごろには（鹿児島県出身の）Y代議士を中心に一部で活動がおこなわれていたが、県人会の形をとってスタートしたのはその数年後」の一九五九年であった（『神戸新聞』一九七九年七月一二日）。また同会は一九七八年の時点で「十万人とも十五万人ともいわれる」会員を有していたとされる。もちろんこの人数に明確な根拠はないが、人口約五〇万人の尼崎市における社会的・政治的状況にかなりの影響力を有したであろうことは想像に難くない。

鹿児島県出身者の郷友会と政治との関係

一九七八年におこなわれた尼崎市長選挙では、尼崎鹿児島県人会が実際に重要な位置を占めることになった。市長選挙候補者の一人が鹿児島県出身者だったからである。「県人会で最大勢力の鹿児島県人会はすでに市長選にどっぷりつかって獅子奮じん」（「毎日新聞」（尼崎・伊丹版）一九七八年九月七日）。結果的にこの候補者は僅差で落選したが、このときの県人会の活動はきわめて活発なものであったという。またここでより重要なのは、この候補者が自由民主党・公明党によって支持されていたことである。前節で見たように尼崎鹿児島県人会は「Y代議士を中心に」設立されたものであったが、Y代議士は日本社会党所属であった。さて、同県人会と政党との関係はいかなるものであったのか。

たとえば一九九九年には兵庫県議会選挙がおこなわれたが、鹿児島県出身で同県人会顧問の公明党所属候補者は「尼崎・すきやねん・よかど・鹿児島」と銘打った集会を開催した。この集会では公明党幹事長のF代議士なども応援演説をおこなったが、基本的に政党色はあまり強くなく、尼崎鹿児島県人会のメンバーが司会進行役を務めていた。「鹿児島」を銘打ったこのような集会は、少なくとも尼崎市では各種の選挙がある年には必ず開かれてきたはずである。二〇〇〇年の衆議院選挙（兵庫八区＝尼崎市）では自由連合公認の候補者が「出身の鹿児島県人会や無党派層に浸透を図る」ことを目指している（「読売新聞」（阪神版）二〇〇〇年四月二〇日）。一方、市議会選挙に関しては「同県人会は多数の立候補者を抱え『その時期はいつも、県人会の活動は休止状態になる』」（「毎日新聞」（尼崎・伊丹版）一九七八年九月七日）。表9-2で明らかなように鹿児島県に本籍地を持つ候補者は多数いたのである。しかも本籍地を鹿児島県から尼崎市に移している鹿児島県出身の政治家も複数確認できるため、同県関連の候補者はさらに多かったことになる。

ところで、一般に多くの郷友会は政治との関係を避ける傾向にあると言われている。たとえば「江石会は伝統的に政治の関与を排除してきた」（「江石会新聞」第三〇号）。こうした言葉の背景にあるのは、郷友会会員がそれぞれの生活の場において異なった政治意識を持つようになり、郷友会と政治との関係が微妙なものになっていたということである。政治家との何らかの関係を持つ場合には、たとえば先に見た「尼崎・すきやねん・よかど・鹿児島」の例でも明らかなように「故郷」「同郷」を徹底して強調し、同時に特定政党のカラーを可能な限り排除することになる。

尼崎市を含む都市部の地方議会では、高度成長期には「全議席に占める政党所属議員の割合の増加」を意味する政党化現象が見られた。日本社会党、日本共産党、公明党といった諸政党は、そのいずれもが出郷者にとって手段的な機能ないし「ホーム・ワールド」としての意味を持ち、高度成長期に勢力を伸ばしている。そのため、同じ出郷者によって構成される郷友会への影響もまた避けがたいものであった。表9-2では政党化現象がはっきり確認されるとともに、「その他の府県」に本籍地を持つ無所属候補者の当選が困難になっていく様子が見て取れる。政治家の後援会として設立された郷友会は特にこうした現象の影響を受けたものと思われる。なおも政治団体として活動するのであれば特定政党の支持者は脱会し、会の規模も縮小され、ついには政治団体としての機能も低下する。そのために休会に追い込まれるものもあったであろうし、会を存続させるのであれば、少なくとも表面的には政治との関係を極力排除する必要があった。

柳田は都市政治に関心を持たなかった戦前の郷友会会員について記した。そうした状況は戦後になると多少なりとも変化する。郷友会は出郷者が都市政治や都市社会との関係を持つための一つの手がかりであるとともに、出郷者第一世代が「腰掛け気分」ではない都市人としてあることの証拠にもなる。しかし一方で、現在見受けられる多党化・政党化した政治状況を作り出したのも出郷者であった。このとき、郷友会を介した政治への関与は微妙なものとなっていく。そしてまた、郷友会は出郷者が都市において作り出した重層する集団やネットワークの一部分でしかないということを、この事例は明瞭に示している。

5　まとめにかえて――第二世代以降の都市人と「故郷」の不在?――

出郷者、特に高度成長期に移住した第一世代が都市においていかに生きてきたか、それを郷友会の活動を通して明らかにするのが本章の目的であった。既存の郷友会研究では「アーバン・ビレッジ」や「擬制村」といった概念が重視されてきた結果、都市人としての出郷者という在り方にはあまり重点が置かれてこなかった。以上で見てきたのは孤立する可能性があり、また実際に孤立傾向にあった出郷者が都市生活の中で様々な集団やネットワークを構築しており、その一つとして郷友会があるということであった。郷友会とは都市における多様な生活実践の中で設立されるものであり、それらは出郷者の『いま・ここ』のネットワーク[36]」の一つが、ある状況下で凝集した集団なのである。

実際に郷友会会員に接して気づくのは、彼／女らが「故郷」や郷友会一辺倒で生活している訳では決してなく、実に多種多様な集団やネットワークの中で都市に生きている姿である。あるいはこう言っても良いかもしれない。手段的な機能を求めてであれ「ホーム・ワールド」を求めてであれ、異郷の地で「故郷」を標榜してわざわざ同郷者を探し出し郷友会を設立しようとするほどに、出郷者が集団なりネットワークなりを作り出そうとするエネルギーは強力だったのだ、と。それとも、多種多様な「ホーム・ワールド」の「モデル」として「故郷」があり、それを参照することによって「ホーム・ワールド」をいくらでも作り出せたのであろうか。そしてその最たる例が「日本」を想像することではなかったか[37]。いずれにせよ、高度成長期に出郷し都市に定着した多くの出郷者第一世代は、「故郷」だけに執着することもなければ、それから完全に切り離された都市人としてある訳でもなかった。では、第二世代以降についてはどうか。

高度成長期の終焉を受けて施行された第三次全国総合開発計画（三全総、一九七七年）では「定住構想」が打ち出され、一九八三年には尼崎市でも「定住都市の形成」が政策の課題とされた。大量の出郷者の流入によって町が活気づくという時代はこの時すでに終わっていたのである。「今や、尼崎で生まれ育った市民も多いことから、これらの市民が、尼崎で住みつづけられるような『ふるさと尼崎』の形成が望まれる」[38]。つまり第二世代以降の都市人のための「故郷」づくり、「ふるさと」づくりが問題とされるようになったのである。しかしながら都市は彼／女らの「故郷」になったのであろうか。

神戸市のニュータウンにおいてかの「酒鬼薔薇」事件が起こったとき、犯人の少年の家族が奄美・沖永良部島出身者であったことが一部で注目された[39]。沖永良部出身者は「沖洲会」という強固な郷友会を持っており、一九九五年の阪神大震災において積極的に同郷者をサポートしたという報告もある[40]。ここで注目すべきは、同郷者の相互扶助で重要な役割を果たした沖洲会が、おそらくこの少年には役立たなかったであろうということである。彼にとっては自らの住まうニュータウンも「故郷」ではなかったのであろう。もちろん高度成長期における集団就職者の様々な事件、たとえば「連続ピストル射殺魔」事件などを知っていれば、こうした事件がさして特異なものでないことは明らかである。これらはいずれも「孤立した都市人」による事件である。しかし重要なのは第二世代、第三世代全般にとって自らの「故郷」たる都市がネットワークの結集軸としての意味を持たない可能性がある点である。大小の移動と関係の明滅が織りなす都市社会は安定した「故郷」とはなり得ないのである。それとも「酒鬼薔薇」のような強い孤立状態は例外であり、状況に応じて小規模の人間関係が重層的に築かれるという、マフェゾリが言うところの「小集団の時代[41]」にすでに入っているのだろうか。現代都市の研究において今後検討されるべきはこうした都市生活の姿であろう。

（付記）これまで多大な御高配を賜って参りました多くの郷友会の関係各位に心より御礼申し上げます。なお本章で使用した「郷友会」という言葉は、本来であれば「同郷者集団」とでも言うべきものであることを付け加えておく。

注

1―中村牧子『人の移動と近代化―「日本社会」を読み換える―』有信堂、一九九九年。

2―前掲、中村『人の移動と近代化』七八頁。

3―高橋勇悦『都市化の社会心理―日本人の故郷喪失―』川島書店、一九七四年。

4―川添　登『都市の歴史とくらし』ドメス出版、一九九六年、一五四頁。

5―前掲、高橋『都市化の社会心理』六四頁。

6―古江亮仁「日本民家園について」『民具マンスリー』第七巻第一号、一九七四年、三頁。

7―山口　覚「都市における県人会の設立と活動―尼崎高知県人会を中心に―」『地理科学』第五四巻第一号、一九九九年、二一―四四頁。

8―Eugene Litwak, Geographic mobility and extended family cohesion, *American sociological review*25, 1960, pp. 385-394.

9―柳田國男「都市と農村」『柳田國男全集二九』筑摩書房、一九九一年（初出一九二九）、三五三頁。

10―Herbert Gans, *The urban villagers: group and class in the life of Itarian-Americans* (updated and expanded edition), The free press, 1982, p. 4.

11―松本通晴・丸木恵裕編『都市移住の社会学』世界思想社、一九九四年。鯵坂　学「同郷会」地域社会学会編『キーワード地域社会学』ハーベスト社、二〇〇〇年、七四―七五頁。

12―松本通晴「都市の同郷団体」『社会学評論』第三六巻第一号、一九八五年、三五―四七頁。

13―石井宏典「職業的社会化過程における『故郷』の機能―生活史法による沖縄本島一集落出身者の事例研究―」『社会心理学研究』第八巻第一号、一九九三年、九―二〇頁。

14―前掲、柳田「都市と農村」四三六頁。

15―倉石忠彦「都市生活者の故郷観」『日本民俗学』第二〇六号、一九九六年、一二―二四頁。

16―千田智子「故郷論再考」『お茶の水地理』第三七巻、一九九六年、九六―一一四頁。

17―ピーター・バーガー、ブリジット・バーガー、ハンスフリード・ケルナー、高山真知子・馬場伸也・馬場恭子訳『故郷喪失者たち―近代化と日常意識―』新曜社、一九七七年、七三頁。

18―見田宗介『現代日本の心情と論理』筑摩書房、一九七一年、五―一六頁。
19―福田珠己「場所の経験：林芙美子『放浪記』を中心として」『人文地理』第四三巻第三号、一九九一年、六九―八一頁。
20―吉見俊哉『都市のドラマトゥルギー』弘文堂、一九八七年。
21―加瀬和俊『集団就職の時代―高度成長のにない手たち―』青木書店、一九九七年。大嶽秀夫『高度成長期の政治学』東京大学出版会、一九九九年。
22―前掲、見田『現代日本の心情と論理』、高橋『都市化の社会心理』、中嶋昌彌『都市空間の検証―生活空間の社会学―』晃洋書房、一九九一年。
23―加藤日出男「集団就職」エコノミスト編集部編『証言・高度成長の日本（下）』毎日新聞社、一九八四年、一六二―一六九頁。
24―ブローデル他、福井憲彦・松本雅弘訳「10月20日―フランス―」『ブローデル 歴史を語る 地中海・資本主義・フランス』新曜社、一九八七年、二二七頁。
25―高岡弘幸「『都市人』の民俗学のために」森栗茂一編『都市人の発見』木耳社、一九九三年、一七―一八頁。
26―松田素二『抵抗する都市―ナイロビ 移民の世界から―』岩波書店、一九九九年。
27―湯浅俊郎「大都市圏における都市移住者の動向―石川県小松市、加賀市出身者（加賀浴友会）を事例として―」地域社会学会編『地域社会学会年報第12集 生活・公共性と地域形成』ハーベスト社、二〇〇〇年、一五五頁。
28―山口 覚「高度成長期における出郷者の都市生活と同郷団体―尼崎市の鹿児島県江石会を事例として―」『人文地理』第五〇巻第五号、一九九八年、二五―四五頁。
29―山口 覚「性差から見た出郷者の移住形態と同郷団体―関西内川内麦の芽会の事例―」『人文論究』第四八巻第三号、一九九八年、一八九―二〇二頁。
30―前掲、山口「都市における県人会の設立と活動」二二三頁。
31―岡橋秀典「広島県における農村からの人口流出と都市の同郷団体」『内海文化研究紀要』第一八号・第一九号、一九九〇年、一二七―一五九頁。
32―宮崎良美「石川県南加賀地方出身者の業種特化と同郷団体の変容―大阪府の公衆浴場業者を事例として―」『人文地理』第五〇巻第四号、一九九八年、三九六―四一二頁。西澤晃彦「東京の銭湯―思想としてのアーバニズムの一形態―」『現代思想』第二八巻第一一号、二〇〇〇年、八〇―九三頁。前掲、湯浅「大都市圏における都市移住者の動向」、など。
33―高知県人会近畿連合会『よさこい』第三号、一九七五年。
34―阪神読売会編『阪神間の民話散歩 むかしと今』阪神読売会、一九八七年、一〇三―一〇四頁。

35―山口　覚「工都尼崎市の求職開拓政策」『地域史研究』第二八巻第三号、一九九九年、三三―五五頁。
36―寺岡伸吾「ふるさと静岡県」中野正大編『静岡県の地域イメージ』静岡新聞社、一九九五年、二一四頁。
37―成田龍一『「故郷」という物語―都市空間の歴史学―』吉川弘文館、一九九八年。
38―尼崎市企画局企画室『21世紀へのまちづくり』尼崎市、一九八三年、一八頁。
39―町村敬志・西澤晃彦『都市の社会学　社会がかたちをあらわすとき』有斐閣、二〇〇〇年。
40―吉村好昭編『阪神大震災の証言―沖永良部人の叫び―』沖洲通信社、一九九五年。川崎澄雄「奄美郷友会と阪神大震災」『金城学院大学論集　社会科学編』第三八号（通巻第一六五号）、一九九五年、九七―一〇九頁。
41―ミシェル・マフェゾリ、古田幸男訳『小集団の時代―大衆社会における個人主義の衰退―』法政大学出版局、一九九七年。

第3部 「郷土」の詩学と政治学

●第10章　郷土のもの／郷土のこと（竹中　均）
●第11章　自然の国民化／国民の自然化（中島弘二）
●第12章　地域アイデンティティと歴史意識の交錯と変容（大城直樹）

これまでの章で明らかにされてきたように、郷土は素朴な実体ではなく、また実在する空間的範域だけの問題に還元できるものでもなく、むしろ様々な教育装置の介在によって心的に構築され、かつ政治的・経済的・文化的諸契機との偶有的な節合を経つつ再生産されるものであった。前2部では、学校や博物館、また民藝運動といった実践も含めた教育装置の具体的な稼動振り、およびそうして形成され一般化したモジュールがスケールと発現形態（風景・民俗・民謡・緑・郷友会）を異にする諸実践においてどのように展開されていったかが実証的に明らかにされていったわけだが、この第3部では、モジュールとしての「郷土」が空間尺度的に展開（国・地域）していく際、こうした表象および実践にいかなる意図が作用し、それと同時に自明化されるのか、言い換えれば、いかなる政治性やレトリックがそこに介在しているのか、といった「政治学 politics」と「詩学 poetics」が主題となる――無論このことは「郷土」レベルにおいても問題になることであるが――。そしてこれらの位相と同時に、「郷土」というものがどのように調査・研究の「対象」とされるのか、またそこにどのような認識上の差異が生じるのかといった問題も扱われる。前者については第11章および第12章、後者は第10章で取り組まれる。

第10章の竹中論文は、郷土の「もの」を対象にする立場（民藝運動）と郷土の「こと」を対象とする立場（日本民俗学）の違いを比較対照させ、これに民具研究を絡め、一見似たような対象をもつ三つの学問の「緊張／親和関係」を探っていく。民俗学の「こと」へのこだわりが、重立立証法と周圏論を道具として日本を内閉する同心円のなかでその起源を求めて内向していったのに対し、逆に民芸や民具研究の「もの」への徹底したこだわりは、その閉曲線を破り「日本文化は日本列島の上で孤立して存在していたものではなかった」と指摘するにいたったことが取り上げられる。

第11章の中島論文は、日本人の国民性と自然との必然的な結びつきを強調する言説を「国民環境論」と呼び、これを批判する立場から、「日本」という同一性に回帰しようとする欲望を持つ国民環境論がたびたび依拠する和辻哲郎の「風土」論を検証していく。和辻の風土論は「一見すると比較文化論的な装いをとりながら、最終的には「日本」の特異性へと向けられ」る「国民性論」であり、結局はその風土的特殊性から「近代ヨーロッパにモンスーン地域で対抗しうる唯一の国民としての日本を哲学的に肯定する運動」であったと指摘する。

第12章の大城論文は、沖縄の現在の地域意識について、一九九八年の県知事選挙前後の保守・革新両陣営のヘゲモニー争いとそれに連動して登場した「沖縄イニシアティブ」なる言説に孕まれる問題構制を事例に、そこで沖縄の人々の歴史意識の評価がどのように行われ、沖縄という地域が中央政府に対してどのように措定されているのかを検討する。第10章では沖縄の外から沖縄がどのような「まなざし」を向けられていたかが問題とされていたが、ここでは沖縄の内で沖縄という地域（つまり「郷土」）をどのように表象するかが問題とされる。

（大城直樹）

●第10章 郷土のもの／郷土のこと
――民俗学・民藝・民具研究

竹中　均

1　「もの」と「こと」――柳宗悦と柳田國男――

民藝の創始者の一人柳宗悦と、日本民俗学の創始者柳田國男は、一九四〇年、雑誌『月刊民藝』（一九三九年創刊）誌上で、式場隆三郎の司会のもと対談を行っている。それは、「民藝と民俗学の問題」という抽象的な題名が与えられており、民藝と民俗学という、時代を共有する二つの新しいジャンルの相違点について、双方の創始者が直接語りあった数少ない機会として評価されてきた。結果的に、民藝は「もの」を扱う「価値学」であり、民俗学は「こと」を扱う「記述学」であるので、立場を異にするということの確認で終わった[1]。その意味では、極めて理論的な内容の対談だったと言えるだろう。しかしこの対談には、一つの具体的な文脈・背景があった。それは沖縄である。

実はこの対談は、前半はたしかに「民芸学と民俗学との関係、双方の立場の相違などについての対談」であるが、後半は「沖縄の問題」について論じており、二つの論題の組み合わせで出来上がっていた。[2] おりしも対談の時期は、標準語励行運動をめぐって「沖縄方言論争」が展開している真っ最中であった。民藝と民俗学という、現在に至るまで水と油の関係を保ち続けている二つの世界は、沖縄という具体的な場を仲立ちとして否応なく出会ったのである。

一般にあまり言及されることはないが、この座談会には、柳田に師事した比嘉春潮も参加している。初出の『月刊民藝』誌上では、出席者紹介が「柳田國男 柳宗悦・對談」「司會 式場隆三郎」「沖縄懸人 比嘉春潮」となっている。[3] 比嘉の出席は後半の「沖縄の標準語問題批判」の部分に限られ、その発言数も少ないのだが、彼の存在は、対談が必ずしも柳と柳田の二者関係に尽きるわけではないことを示している。

郷土に根ざした手仕事の力を信じる柳にとって、沖縄は特権的な場所だった。沖縄について柳が残した熱烈な文章を読めば、それを実感できるだろう。また、郷土の研究を科学にまで高めようとする柳田にとっても、沖縄は重要な場所だった。『海南小記』や『海上の道』という著作がその証拠である。

しかし、そのような共通性があるにも関わらず、二人の沖縄賛美者・柳と柳田は、対談において冷ややかに対立したのである。たしかに柳の運動は、美的生産につながるものであり、他方、柳田の方は、客観的な学問体系を目指していた。また、柳は「もの」＝物質文化の世界に深く関わり、柳田は「こと」＝言葉の世界に主軸を置いていた。だからすれ違って当然、とも言えよう。しかしながら、沖縄という固有の場所と組み合わされることにより、この一見明快な対立は、ある種の陰影を与えられていたようにも思われる。

「もの」と「こと」の対立――この問題はいかにも抽象的に見える。それに比べて沖縄の問題は、反対にあまりに具体的である。対照的な二つの論題が一つの対談の中で隣り合っていることの意味は一体何だったのだろうか。

これら一連の問題を解きあかすための鍵は、「郷土とは何か」という問いにある。そこでまずは、柳田國男の郷土観から見ていくことにしよう。

2　柳田國男の「郷土」――ユニティーと周圏論――

一九三〇年代中頃、柳田は「日本の民俗学の全体像」を作り上げた。その大仕事の途上、一九三五年に、柳田自身の手によって一般向けの案内書が刊行される。それが『郷土生活の研究法』である。一九三一年の神宮皇學館での講演記録である本書は、民俗学の基礎理論というべきであるが、「当時は未だ民俗学という用語は定着しておらず、柳田國男自身も民俗学という言葉を使用することに躊躇していた」。「殊に一般の読者や聴衆を相手にして語るときには民俗学とか民俗という言葉を避けて、より理解の得やすい郷土研究をしきりに使用していた」。その意味で、「郷土」とは、単にある人々にとっての特定の場所を指すというよりは、一つの方法を意味する言葉だった。[4]

では、自らの郷土を研究するということには、どのような特色があるのだろうか。柳田は次のように説明する。「日本人が自らわが民間伝承を採集し記録して、これを各自の祖先の活き方を知る手段にする場合と、たとえば我々が高砂族の現状を観察し、あるいは白人がスワヒリやエスキモオ《ママ》などの生活誌を報告する場合と、どれほど違っているか」。

その違いの第一は、異文化観察の機会は、自文化観察の機会よりも圧倒的に稀少であるので、異文化を訪れる旅人に出来ることは高々、容易に耳目に入る文化の一部を切り取って持ち帰るだけなのだが、そこが一般に馴染みがない場所ならば、少々不正確な情報であっても大目に見られ、感心してもらえた。

だが当然、そういう知識には限界があるので、その土地にしばらくとどまって観察を深めようとする熱心な観察者も出てくるだろう。しかし、それとても、「その背後に潜んでいる感覚の微細なもの」にまでは容易に届きえないのが実情である。

その点、郷土研究はまったく面目を異にしており、人々の心のひだに分け入る研究が可能になってくる。「いかなる時代が来ても史学が国民的でなければならぬ理由、国の歴史と外国の歴史とが、よく似たものでありながら終始二分れに、研究せられなければならぬ」理由がここにある[5]。

だが、そのような利点と、それに伴う重大な使命を担った郷土研究ではあるが、異文化研究にはない独特の落とし穴も待ち受けている。それは、「これだけはわが土地にしかないだろうと信じて、しきりにその珍しさを強調する」傾向と、「こんなことはもっともありふれた世間並だろうと思って、いっこうに注意を怠る」傾向という「二つの速断」である。郷土とは、両極を成す「二つの速断」の間に位置しているものである。

必要なのは何よりも「相互連絡と比較調査」である。郷土への関心の高まりと反比例するように、遠い地方のことに無関心になるという傾向は、一時的な悪習として看過できるような根の浅い問題ではない。大事なのは、研究を孤立したままにしておかないことだ。

「ただ一つの古い記憶、または一片の口碑などが、単にある土地かぎりの特発のものであったならば、それが具えている史料としての価値は、実はそう大きなものであり得なかった。近く模倣や輸送の行われた気遣いのない遠い土地に、飛び飛びに離れて三十も五十も分布していればこそ、奇しく珍しく、またそれと国全体と郷土の住民との三つの関係が、問題として考えさせられるのであった」[6]。

このような「遠方の一致」に注目する者にとって、「沖縄の発見ということは劃期的の大事件であった」[7]。しかし、なぜ沖縄だけがとりわけ「劃期的」なのか。沖縄がいくら特徴的な文化を持っているとはいっても、一郷土に過ぎないではないか。ある特定の一地方だけが特別に重大な意味を持つというのは、そもそも「郷いのか。全ての地方は皆それぞれにかけがえのない郷土のはずではないのか。このような疑問がわき起こってくる。

しかし、柳田にとって郷土という言葉は、その優しい響きとは裏腹に、厳格な学問的意義を持っていた。佐谷眞木人が言うように、「郷土研究」とは「柳田らによって創出された、現実に対する一種の認識態度」なのであり、そこには「普遍化・抽象化という方向」が込められている。[8] その点について詳しく論じているのが、『民間伝承論』（一九三四年）である。

後藤興善や比嘉春潮ら、身近な学徒たちを前にして行われた私的な講義の口述筆記から成る『民間伝承論』の中で柳田は、郷土という言葉の分かりやすさに抵抗して、次のように述べている。「郷土研究といっても東京日本橋も郷土であるという意味の郷土研究と違う。文部省の今日やっている郷土教育の郷土観念とも違い、フランスの劃地主義のそれとも違うのである。一言でいうならば、日本人の過去、日本人が持っていたものを知るための郷土研究であって、一地方だけの狭い知識をいうのではないのである」。それでは、何が郷土研究の真の目的なのか。

柳田によれば日本には、他の国にはない特殊事情がある。地理的に日本列島は非常に多様であり、その結果、生活も多様であって、「かくも複雑な日本人の生活と社会を一様に見ようとすることは、実際できぬ相談であることは明らかである。しかもこの国土の中に一つの種族が行きわたっていることは、国としては非凡であるといわざるを得ない」。「同じ日本人が異なった環境にいるがために、異なった相や様式を持っているのである。統一というか、単一というかユニティーの問題などを研究するにはもってこいの国といえるのである」。ここにこそ郷土研究の真骨頂があり、「隣同士の間に相違があって遠方の一致がある」という現象は、「ユニティー」のまぎれもない証しなのだ。

単に「郷土を自分の住んでいるところという風に取らず、学問上の一つの単位と考える」のが、「遠方の一致」という方法を駆使する柳田の郷土研究である。この立場に立つならば、「郷土郷土で差異があり、その調査の上に価値の相違があることは否まれなくなるのは当然である」。「要するに郷土には、我々の学問的調査の対象としては、階級があり段階があるともいえるのである」[9]。

「沖縄の発見」が、「無限」の暗示を与える画期的事件である所以は実は、沖縄の文化的・社会的独自性にあるというよりは、日本という全体の解明に重大な示唆を与えてくれるがゆえなのである。「周圏論」的な観点からすれば、都という中心から最も遠い沖縄の発見こそ、最も重大ということになる[10]。それは、『郷土生活の研究法』の表現を用いれば、「日本の古い分家」としての沖縄の発見である[11]。

そして、このような「周圏論」的な郷土観こそ、「もの」の世界・物質文化の世界に対する柳田の態度を規定した一因だった。

柳田は、郷土研究のための資料を三種類に分類している。「第一部」は、「目に映ずる資料」であり「有形文化とも生活技術誌あるいは生活諸相」とも言い得る領域である。福田アジオによれば、この「有形文化という言葉は柳田国男独特のことばで、一般的な理解とは少し意味が違う」という。字面だけからすると、民具のような物質文化のことかと早合点してしまうが、しかし柳田のいう有形文化は、目で見て観察可能な文化のことであり、例えば祭りや儀式など民俗的行為の大部分がここに含まれてしまう[12]。当然ながら「もの」の世界もこの「第一部」に含まれるだろう。

つづく「第二部」は、「耳に聞える資料」であり「言語芸術あるいは口承文芸」がそうである。そして最後に、「第一部」や「第二部」では捉え尽くせないもの、すなわち「微妙な心意感覚に訴えて始めて理解できるもの」全般を「第三部」と位置づけた。

柳田の考えでは、「第一部」は「通りすがりの旅人でも採集できる部門」にすぎない。それに対して、「第二部」は「寄寓者の学」であり、「第三部」が「同郷人の学」である。「同郷人・同国人でなければ理解のできぬ部分」である第三部こそ、柳田にとって郷土研究の根幹をなしている。第一部も第二部もいわば、第三部に到達するための過程なのだ。

第一部を対象とする研究について言えば、一見すると、いわゆる考現学と大差がないと見えるかもしれないが、「以前から日本人の持っていた生活が知りたいのであるから、その目的とするところが考現学と違っている」のである。また、「物の外形にしても、その背後にあるものの伝承に注意するようにしなければならぬ。画家・写真師と我々との相違は、外形や色彩をただちに採集することなく、その奥に潜むもの、社会的動因ともいうべきものに対して注意するか否かの点にある」。

このような学問的姿勢を堅持することによって初めて、真新しい「もの」の背後にも、古い「こと」を見出しうるのである。「草履は秋ごとに作り、菅笠は田植ごとに買うゆえ、常に新しいといい得るが、少しずつ変りつつもなお変らず残るものがある」。たとえば、草履の鼻緒の独特の結び方がそうだ。そして変らず残るものを「今日まで持って来た背後の力」にまで考えを及ぼすことこそが学問であり、この点が、「一国民族学徒と殊俗誌家との根本的な差のあるところ」なのである。[13]

この根本的な差を方法的側面で示してくれるのが、「周圏論」に裏打ちされた「重出立証法」であろう。ただし、「重出立証法」の何たるかを柳田本人は明確に示さなかったのではあるが。[14]

過去のある時点で、都という中心で生み出された新造語は、時間の経過と共に、水滴の波紋のように同心円を描いて広がってゆく。それゆえ、現在、ある特殊な言葉が遠く離れた複数の地方で同時に使われているならば、それは古い文化のしるしである。空間的に遠方を見ることが、時間的に過去を見ることへと変換される。

このことは物質文化にも当てはまる。とりわけ湿度が高く、木のような腐りやすい材料を物作りに使用する日本においては、そもそも過去が遺物の形で残存しにくい。そのため、遺物を手がかりにして過去を再現しようとするのはかなり難しい。歴史学が限界に突き当たるのが、この点である。その弱点を補うのが、現在もなお作られ続けている物質文化の「遠方の一致」を媒介として過去を透視しようとする民俗学的手法である。柳田は、「遠方の一致」という空間的現象を時間的遡及に変換する装置を駆使することで、歴史学とは一線を画する学問領域を作り出したのである。

柳田は、物質文化には、変化していく部分と変化せずに伝承されてゆく部分との両方があることを認めつつも、「変らず残るもの」の探究の方に、郷土研究の意義を見出しているようである。すなわち、「外形は内に伝わるものを知る手段である」と。「外形の背後に内的に横たわるものにまで注意して来ると、もう一部とか二部とか三部とかの分類は借り物であって、民間伝承の研究は終極では分れずに一致してしまうことがわかるのである。従うて一部の専門家、二部の専門家はあり得ないはずである」[15]。

このような柳田から見れば、物質文化ならではの独自性にこだわる姿勢は、「殊俗誌家」の姿勢同様、郷土の本質を見失った錯誤にすぎないと批判されるのは当然だろう。例の対談において柳田が、「もの」を主とする研究を「われわれの立場」とは違うときっぱりと拒絶できたのは、このような郷土観に裏打ちされていたからである。

『国史と民俗学』(一九四四年)所収の「郷土研究と郷土教育」(一九三二年)の中で柳田は、一九一三年以来続いてきた自分たちの郷土研究を、次のように位置づけている。自分たちは「郷土を研究しようとしたのではなく、郷土であるものを研究しようとしていた」と。その「あるもの」とは、いうまでもなく、「日本人の生活、ことにこの民族の一団としての過去の経歴」のことである[16]。

柳田がこの点を繰り返し強調するのには、時代背景上の理由がある。当時「文部省系統の人々」によって提唱されていた「いわゆる郷土研究事業」には、「各自の郷土の事情を明らかにすることをもって、いったんの目的達成と観る風」があり、「単に自分の土地の事しか知らない郷土研究者」が賞賛される傾向があった。そのような現状に対して柳田は不満だったのである。柳田は、どちらの郷土解釈が優れているかについては読者の判断に任せつつも、「学問の理想としては、私は自分の方が正しいと信じて」いると書き記している。[17]

3　民具学の視点――変化と移動――

「郷土を研究しようとしたのではなく、郷土であるものを研究しようとしていた」――この柳田の言葉を巻頭に掲げた書物、それが宮本常一の『民具学の提唱』である。宮本は次のように続ける。「この言葉は民具研究についてもそのまま適用できるのではないかと。つまり民具研究は単に民具を研究することではなく、民具を通してあるものを研究することではないかと思う。そのあるものとは文化とか技術とかを明らかにしていくことであり、個々の民具を知ることは手段であったといっていい[18]」。

この『民具学の提唱』は一九七九年の刊行であり、比較的最近の書物だが、だからといって、物質文化研究の歴史が浅いというわけではない。日本における「近代科学としての民具研究」は既に明治期に始まっていた。「後の時期と違って」、明治期の研究者たちは「一般に物質的具象的な民俗事象に深い関心」を寄せていた。[19]日本の人類学の祖・坪井正五郎らによる先駆的な物質文化研究などから生まれた「旧東京大学理学部人類学教室資料」が、その象徴である。[20]

大正期になると、柳田國男・高木敏雄の共同編集による『郷土研究』創刊によって、郷土の本格的研究のための地盤が築かれていった。しかしながら、この雑誌では「文献学的方法」の重要性が強調されており、「後に単独編集にあたられた柳田先生によって地方生活誌の研究が指向されたが、民具の研究は大正期を通じて沈滞してしまった」という。

その後、昭和戦前期になって、民俗学・民族学が独自の学問として確立していくとともに、民具研究も画期的な展開をみせる。その中心が、渋沢敬三らによる「アチック・ミューゼアム」である。[21]「民具」という言葉も、渋沢によって確立されたといえる。「アチック・ミューゼアム」は民具蒐集の拠点であると同時に研究所でもあり、渋沢の薫陶を受けて多くの民具研究者が輩出した。その一人が宮本常一である。

このような民具研究の変遷を見てもわかるように、柳田民俗学との近さと、そこから逆説的に生み出される遠さとは、民具研究を一個の学問として確立していく上での重大な懸案だった。宮本の『民具学の提唱』は、まず柳田の郷土研究からの継承関係を明らかにした後、否応なく、次のような問いかけにも答えなければならなかった。「近ごろよく周囲の人から何のために民具の研究をするのかという質問をうける」。すなわち、「民具の美術的な価値を求めるのでなく、民具の材質や形体や用法をしらべて見ても」大して価値はないのではないか。あるいは、「民具の研究を民俗学の中から切りはなすほどの必要があるのか、民具の研究は一つの科学として成り立ち得るのか」と。[22]

「民俗学から民具学を引きはなす理由」について宮本は次のように説明している。「従来の民俗学が重出立証法によってその始源をさぐろうとしたのに対して、技術の共通性と差異性を系統的、系譜的にたどっていくことによって、古い技術をさぐりあて、またそれがどのように変化していったかを明らかにする方法もある。民具を研究対象にすることによって、いままで民俗学がもっともなおざりにしていた民衆の日常生活と技術の発達を追求することができるように思うのである」と。

「有形物」を研究対象とすることによって、たとえその起源を十全に解明できなかったとしても、その「発展流布」・「一つの形態が生まれて来るまでの過程」・「作り方」などを知ることは出来る。さらには、「新しい民具が生活をどうかえていったか」を調べることにも繋がってゆく。「それがどう変わっていったか、何故変わらねばならなかったか」、「一つの生活環境の中でいつどうして伝えられ、また変化していったか」という問いの探求を通じて、「変化や普及の法則」を見つけだすことが、民具研究の大きな目標なのである。

福田アジオによれば、柳田には「歴史は必ずしも進歩とか発展とは限らないという考え方」があったという。むしろ、「過去に矛盾のない調和のとれた状態」を想定した上で、「社会の変化」が「矛盾を引き起こして」様々な問題を引き起こすに至ったと考える傾向があったとすら言えるかもしれない[23]。このように柳田民俗学が、時を越えて変わらないものの探究を目指し、それゆえに、「心意現象」をもっとも重要な研究対象としつつ、重出立証法という武器を駆使するのに対して、民具研究では、研究目標の違いを反映するように、「重出立証法がもっとも重要な手段ではなくなっていく[24]」。

宮本はこのように主張した後、民具研究の実例として、養蚕業において蚕に繭をまかせるために用いる「マブシ」を挙げる。宮本によれば、藁製の波形マブシは、明治に入ってから生み出された「間にあわせ的な」「発明」で、使い捨ての「全く粗末なものであり、民具の形体だけを取りあげる人によってはその研究などほとんど問題にならない」代物だった。しかし、これこそが「養蚕業の上に革命的な変化をもたらした」のである。波形マブシの普及につれて、大量飼育が可能になり、そのことは「民家の構造」にも変化をもたらした。さらに、養蚕の発達によって、結果的に、農村全体の結合力が強まっていったと宮本は主張する。「農村の共同化は藩政時代よりも明治時代に入って進んだところが少なくない」のである。宮本は結論として次のように記している。「物を通して文化の発展を見てゆくとき」、従来の発展論とは異なる考え方が可能になってくる。「私は民具を通して文化発展の新しい見方を持ちたいと思っている」と[25]。

それに対して、柳田の「重出立証法」を支える「周圏論」の方は、「それぞれの地域は非常に素直に何の抵抗もなく中央から来たものを受け容れ」、「それをまたそのまま次の地域に伝えていく」という考え方に基づいており、「そういう点ではこの周圏論は地方というもの、あるいはそれぞれの地域というものの主体性を無視」していると言えなくもない[26]。

常民の生み出した物質文化の技術は、それが技術である以上、常に改良の可能性に対して開かれており、不変ではありえないし、他の土地でも利用可能な脱文脈性を多かれ少なかれ持っている。変化と移動こそ、技術の変わらぬ本質である。その点で、柳田の技術観――「長い間の政治経済の変化の間を、変化せずに伝わって来た無形の趣味、それを技術は伝えているのであって、技術は民族に伴なうものだといえる」――と、民具研究は必ずしも整合的ではありえない[27]。

時代を超えて変わらずに一貫する背後の何かを追い求める柳田の郷土研究観に対して、民具研究は、基本的に伴走しながらも、変わらないものと同じ程度に、変わってゆくものにも注目した。そのことは、宮本の著書に至って明確に定式化されるようになったわけだが、その萌芽は、宮本の師である渋沢敬三の中に既にあったのではないだろうか。

渋沢の発想の斬新さについては、網野善彦による『澁澤敬三著作集』解説によって簡潔に浮き彫りにされている。それによれば、「人と物の移動を見逃していない」渋沢の「日本広告史小考」における「移動・遍歴する職人・商人への関心」や、漁民への注目など、農民を関心の中心に据えた柳田民俗学との間の微妙だが重大な差異を見出すことができるという[28]。

漁業史への関心が低かった時代に、先駆的にこの主題に目を向けた渋沢は慧眼である。しかしそれだけではない。海への関心は、創始者・柳田の方法を相対化するかもしれない側面さえ持っていた。宮本は次のように記している。

「澁澤は魚方言を集めている間に和学名、あるいは標準和名といわれるものに外来語がきわめて少ないことを発見した。それは植物に比して対照的であるといっていい。また和学名あるいは標準名といわれるものはひとたび文化の中心地に採用された魚名で、それは多くの地方の魚方言と併称されやすい。が、文化の中心にかならずしも全部の魚が集まるものでもない。魚に関する限り中央の知識はそれぞれの地方に比しかえって貧弱であったと見る方が妥当であることが多いことを指摘している。したがって魚名には方言周圏説はきわめて成立しにくいものになることを指摘し、文化の中心に集まりにくい魚に方言の多いことも指摘し、魚類によって方言量の多少の因由をさぐろうとしている」[29]。柳田には「周圏論」によって空間を時間へと変換しようとする傾向があったのに対して、渋沢の方は必ずしもそうではなく、空間に対する独自の感受性を持っていたようだ。

宮本常一によれば、民具を通して見えてくるのは「日本文化は日本列島の上で孤立して存在していたものではなかったということ」である。したがって「民具を見ていくということは日本的な視点だけでなく、国際的な視点がその背後になければならない。もっと大事なことは国境というものをぬきにして見る視点が重要な意味を持って来るのではないか」。「この関係は柳田先生が民俗学を内省の学として規定したのに対して石田英一郎教授が多民族学に対する単民族学として民俗学をとらえようとしたこととも つながって来る」[30]。

渋沢は「アチック・ミューゼアムを主宰し、民俗学、水産史の分野で多くの研究者を育て、また日本における民具研究の礎を築いた。と同時に、日本民族学の発展を側面から支えてきた」と評されるのだが[31]、この「と同時に」は、単なる偶然ではないだろう。民具研究と民族学は、柳田民俗学の内省性と一線を画しつつ、「国境というものをぬきにして見る視点」を共有し、空間に対する独自の感受性を持つという点で、方法上の近さを持っている。そして、これら二つの新学問を、渋沢という一人の人物が体現していたのである。

4　民具と民藝——陶磁器がもつ意味——

渋沢から宮本へと具体的に何が継承されたのかについては、財界人として多忙を極めた渋沢自身の残した文章に、アカデミックな意味での体系的・理論的叙述が少ないため、渋沢の学問構想の全体像が描きにくく、なかなか判別しがたい。しかし時に、宮本が師の学問的姿勢をはっきりと書き残してもいる。

それによれば渋沢は、「恣意的に集めたものは正しくは民具とは言えないのではないか。たとえ少数のものを集めても、それが全体のものの中のどのような部分をしめているかがはっきりしていないと民具とは言い難いのではなかろうかと言っておられた。その例として『釣瓶は水を汲むために工夫されたものであり、そうした使用目的を示すような蒐集をしたものは民具といえるが、その形を面白がって花生けなどに使っているのを見ることがあるけれども、それは民具とは言えないのではなかろうか。民具を利用した骨董品とでも言うのが適切ではないかと思う』と話しておられたことがあった」。

「渋沢先生がもっとも関心をもったのは有形民俗資料のうち民具であったが、民具に関心を持つ者はきわめて少なかった。そのうち骨董的価値のあるものなどは民芸品と称して買いあさるものは多かったが、それが学問的な研究対象になったわけではない[32]」。

これからもわかるように、民具と民藝との間には、ほぼ同時期に始まり、なおかつ同じような物を追い求めたにも関わらず、あるいはそのためにかえって、根深い溝がある。それは、両者の蒐集物の違いに表れている。「柳の目は江戸時代、職人が作り出した商品としての道具に向けられていた」のに対して、渋沢は「より古くからの形を残すと思われる身近な材料の自作品を集めて研究するべきだ」と考えていたようだ[33]。

宮本の説明によれば、「民具の場合には、渋沢先生がこれを集めはじめた頃にはその範囲はきわめて狭いものであった。漠然とした概念があって、手作り自体が基本であり、職人の作ったものはできるだけ除外している。未開《ママ》社会にあっては、職業分解はほとんど見られず、その社会に必要なものはそこに住む人たちによって自給されていた。そういうものを民俗品というならば、当然、鍛冶屋、大工、石工、瓦師、焼物師などの作ったものは民俗品とは言えないことになって来る」[34]。

たとえば、もともと画家出身で、民俗学・民具研究に転じた早川孝太郎が個人的には陶磁器に関心を持っていたにも関わらず、渋沢はアチック・ミューゼアムとしての蒐集を許さなかったという[35]。結果的にその蒐集は、民藝館の蒐集ときわめてよく似た染織品を含む一方で、陶磁器が非常に少ないという特徴を持つこととなった[36]。柳田が郷土という言葉に特別な意味を与えて学問用語として鍛え上げたのと同様に、渋沢は民具という言葉に、我々が現在考えている以上の限定的な意味をこめていたようである。

アチック・ミューゼアムといえば、藁製の自給的な履物「あしなか」を全国から大量に集めた研究が有名であるが、それが行われた一九三五年当時は、「まだ民具という言葉がこなれていない時代で、民芸品と区別して説明するのに苦心した」と、研究に携わった礒貝勇は回想している。と同時に彼は、「アシナカをテーマとしたことは民具研究の例題としてあるいは適切でなかったかもしれない。もっと普遍的な、たとえば飲食器などをえらぶという工夫があってもよかったとも思われる」とも記している[37]。

その後、民具研究は、その研究対象として陶磁器をも取り込んでいくことになる[38]。しかしながら、創始者・渋沢のこの自己限定を単なる偏狭さと片づけてよいのだろうか。柳たちの民藝にとって陶磁器は、もちろんその全てではないものの、決定的な重要性を持っていたように思われる。そのことと比較しつつ、民具にとって陶磁器が持つ意味については、考えるべき余地が残されている。

5　二人の巨人——具体性と抽象性のはざま——

民具研究と民藝との関係は、初期に限って言えば、ある種の交錯があったようだ。たとえば一九三六年には、双方が相手方の拠点、日本民藝館とアチック・ミューゼアムを訪問したという。[39] しかしその後、基本的には平行線をたどって現在に至っている。

しかしながら、この平行線に、柳田という補助線を加えてみると、状況は少し変わり、平行線が必ずしも平行線ではなくなってくる。柳田の民俗学・渋沢の民具研究・柳の民藝——これらを三角形の関係として捉えることで、柳田と渋沢の間にある近さと緊張関係、渋沢と柳の間にある接点と対立、そして柳田と柳の間にあった擦れ違いを、大づかみに捉えられないだろうか。もちろん、三角形の中心に位置するのは郷土、とりわけ沖縄という郷土である。

冒頭で紹介したように、柳と柳田の対談は、少なくとも民藝側から見れば、「もの」を扱う「価値学」と、「こと」を扱う「記述学」とは違うということの確認で終わった。ただし、柳田の「有形文化」という言葉が広い意味合いを持っていたのと同様に、柳が言う「もの」も、それなりに微妙なニュアンスを含んでいる。対談の前年一九三九年に雑誌『工芸』誌上に掲載された柳の文章「『もの』と『こと』」によれば、「もの」という言葉は「必ずしも『品物』といふ意味に限らず、『具體的なもの』といふ意に解してよい。人間も活きた『もの』であり、歴史も動きつつある『もの』に外ならない。只さういふ『具體的なもの』の實例として品物が一番手近なものであるのは言ふを俟たない。『こと』は之に對して『抽象的な事柄』の意になる」と注釈している。[40]

このように、「もの」という言葉には独特の意味のふくらみが与えられているのだが、にもかかわらず実際的には、物質文化を重視するか否かが重要な相違点とならざるをえない。すなわち、「民藝學が形のある品物を主要な對象とするのは必然であり、之に反し民俗學では品物の方は補足的材料になってくる」。「民藝學の方では最も便宜な材料として焼物を例に選ぶことが多い。然るに日本の民衆生活に最も多く用ゐられてゐる此の品物に就て、民俗學が述べてゐる場合は非常に少ない」[41]。

柳自身は、他の品物に比べて陶磁器は「もの」的性格が強いためにそうなるのだと説明しているのだが、既に述べたように、民具研究における渋沢の陶磁器拒否は、「もの」と「こと」の対立だけでは割り切れない複雑な側面をはらんでいる。たとえば、ある座談会で、民具研究にゆかりのある人々が、湯呑みのような焼物を民具と見なすかどうかに関しては現在もなお微妙な問題があることを指摘している[42]。

柳田の冷淡さ、そして、渋沢による拒否——この二重の排除を受けたのが、陶磁器であった。その意味では、陶磁器への関心の有無が、民俗学やその一部としての民具研究と、民藝とのはっきりした相違点のように思える。

しかし、民俗学とは一線を画する独立した学問としての民具研究を提唱した宮本常一の言葉に耳を傾けてみると、また別の世界が開けてくる。たとえば、『民具学の提唱』によれば、先島諸島・竹富島で上勢頭亨によってなされた民具蒐集は「これまでの学者たちの見落としている世界をほりおこしてくれた」のだが、「それを物語るのは陶器である」という。

「この地方の陶器はこれまでは先島地方に見られるパナリ焼と、那覇の壺屋から普及していった甕や壺の類が主であると言われていた。ところが上勢頭さんの集めたものには中国のものが多い。それも宋、明、清にかけての長い歴史を物語るもので、その多くは埋葬地から出たのである」。そして、このような「沖縄で生産されたものでない陶磁器」すなわち「先島に残る大陸系陶磁器の発見の量はおびただしいものがあるようで、中世における先島と中国の関係の深さを知る大きな手がかりになる」[43]。「もの」がダイナミックに動く有様が、そこには垣間見られる。

福田アジオによれば、柳田民俗学は「沖縄を日本の最も古い姿、あるいは日本の原型と考える立場」を取っていた。しかし、「沖縄は日本本土とは違った形で中国と直接接触をしました。沖縄は一九世紀の中頃、明治維新を迎えるまでは、本土の幕藩体制に組み込まれつつも別の国家を作っていたからです」。「ですから沖縄の方が中国の文化との関連が大きいことははっきりしています」。「そういうことから考えましても、沖縄の様子は簡単に日本の最も古い姿を示しているとはいえないわけです。しかし柳田国男はそういう中国の影響のはっきりしているものは取り上げず、無視しました」。つまり、「沖縄が日本の中で一つの独立したというか、別の地域だということがしばしば忘れられてしまうことがあります。その点では柳田国男は日本の中の一つだという考え方を出して、重要な場所にしましたが、沖縄を特別な地位とか存在としては考えなかったといえます」と福田は指摘している[44]。

それに対して、民俗学から独立した民具研究を目指した宮本は、陶磁器への注目から、柳田とは異なる沖縄像を紡ぎ出そうとしていたのである。一つの都から遠いということは、言い換えれば、もう一つ別の都から近いということでもある。沖縄の焼物に対する宮本の視線は、一方で柳田の郷土観の根底を見据え、また一方では、柳の沖縄に対する賞賛の周辺部にあった可能性をも照らし出す。

たしかに柳は「沖縄人に訴ふるの書」（一九四〇年）の中で次のような主張を繰り返している。「ここに日本を見よと、どうして沖縄人は叫ばないのか。日本とは違ふと想像される沖縄に来て、始めて害はれない日本に逢えるのである」。「何よりも大和文化の独自性を最も多量に所蔵するのは沖縄だといふ自覚を有たれよ」と[45]。

このことに注目して疋田雅昭は、「沖縄方言論争」において民藝側が、日本国家による標準語の強制に対して沖縄の言葉の固有性を擁護しつつも、「沖縄を日本を代表する『美』として見出し、その文化の保存と普及を奨める」立場を取っていた点を批判している。[46]「似ていること」を「同じこと」へと回収してしまう「代表」という言葉が、サイードによるオリエンタリズム批判のキーワードの一つであることを思えば、この問題は小さくない。

だが、もっと具体的に「もの」、例えば壺屋の焼物について語る時、柳の語調は微妙に変化する。「私達のやうに日本全土の焼物を集めてゐる者が仮りにその中に壺屋の骨甕を置いたとしよう」。すると、その美しさは「圧倒的な威力」で他をよせつけない。なぜか。「その姿は漢代以降綿々として続く素晴らしい東洋の形態を示してくれる」からである。[47]柳の沖縄への賞賛は、日本を代表する郷土としての沖縄という視点を含みつつ、そこには収まりきれない広がりをも示している。

柳田の場合、都から空間的に離れた沖縄は、日本文化の時間的な始源へと変換されてしまったが、柳の場合、時間への変換は貫徹されておらず、むしろ、民具研究と共通するような空間への感受性が垣間見られる。「周圏論」的な同心円から外れてゆくぶれを含んだ郷土観が、柳の中には隠されている。柳の言葉と宮本の言葉を二重写しにする時、そのような読みの可能性が浮かび上がってくる。

柳がこのように柳田とは異なる郷土観を持ち得たのは、一つには、渋沢や宮本がそうであったように、「もの」の世界への深い関心のおかげだったように思われる。そして、両者の郷土観の違いは、沖縄重視の仕方の違いへと反映されていった。

例の対談において、柳も柳田も、お互いが違うのを自覚しているという点では一緒だった。その意味では、民藝・対・民俗学という二項対立の構図は、図らずも両者によって共有されていたと言えるのだが、そこには、柳田民俗学と民具研究とが一枚岩ではなく、その間に質的な差異があり、民俗学・民具研究・民藝の三者鼎立関係が成り立つかもしれないという可能性の視点が欠落していたように思われる。

たとえば柳は、民具研究を、「具體的な民具そのもの」よりも「民具たること」への興味の産物、すなわち「民具と呼ぶ抽象的な世界への観察」にすぎないと見なし、自らの立場との連携可能性を敢えて追求しなかったが、果たしてこの切断は適切だったのだろうか[48]。

柳の「もの」、柳田の「第一部」、そして渋沢の「民具」——これら三つは、部分的に重なりつつも、奇妙なねじれ関係にあり、それは、現在に至るまで解消されてはいない。

渋沢たちのアチック・ミューゼアム民具コレクションは現在、紆余曲折を経て、国立民族学博物館に収められているが、そこで二〇〇一年春、「企画展 大正昭和くらしの博物誌—民族学の父・渋沢敬三とアチック・ミューゼアム—」が開催された。さらに「第十七回民族藝術学会大会」も催され、「民具と民藝」をテーマとしたシンポジウムと、関連する研究発表が行われた[49]。平行線を交差させるための試みがようやく始まったといえよう。しかし、どのような共通言語で語り合えばよいのか、まずそれから組立てねばならないというのが実情である。民俗学・民藝・民具研究——これら、郷土をめぐる三つのアプローチを、三つどもえの緊張/親和関係で捉えることで、「もの」と「こと」から見た新たな郷土論を切り開くという可能性は、未だ可能性のままでとどまっているのである。

注

1—水尾比呂志『日本民俗文化大系六 柳宗悦』講談社、一九七八年、二四四頁。
2—大藤時彦「解題」『民俗学について—第二柳田國男対談集—』筑摩書房、一九六五年、二八一頁。
3—『月刊民藝』第二巻第四号、一九四〇年、二四頁。
4—福田アジオ「解説」『柳田國男全集二八』筑摩書房、一九九〇年所収、六三一—六三五頁。
5—『柳田國男全集二八』筑摩書房、一九九〇年、五四—五五頁。
6—前掲、『柳田國男全集二八』七七—七八頁。

7―前掲、『柳田國男全集二八』八〇頁。
8―佐谷眞木人『柳田国男―日本的思考の可能性―』小沢書店、一九九六年、一〇六、一〇七頁。
9―前掲、『柳田國男全集二八』三三三―三三八頁。
10―福田アジオ『柳田国男の民俗学』吉川弘文館、一九九二年、七四頁。
11―前掲、『柳田國男全集二八』八一頁。
12―福田アジオ『民俗学者柳田国男』御茶の水書房、二〇〇〇年、五九、六一―六二頁。
13―前掲、『柳田國男全集二八』三七一、三七二、三七四・三八九頁。
14―前掲、福田『柳田国男の民俗学』六八頁。
15―前掲、『柳田國男全集二八』三八九―三九一頁。
16―『柳田國男全集二六』筑摩書房、一九九〇年、四八六頁。
17―前掲、『柳田國男全集二六』四八七頁。
18―宮本常一『民具学の提唱』未来社、一九七九年、一〇頁。
19―宮本馨太郎編『図録・民具入門事典』柏書房、一九九一年、一四〇頁。
20―宇野文男『みんぱくコレクション』財団法人千里文化財団、二〇〇〇年、一三頁。
21―前掲、宮本『図録・民具入門事典』一四一、一四四頁。
22―前掲、宮本『民具学の提唱』一一頁。
23―前掲、福田『民俗学者柳田国男』三五頁。
24―前掲、宮本『民具学の提唱』一一―一四頁。
25―前掲、宮本『民具学の提唱』一五―一九頁。
26―前掲、福田『民俗学者柳田国男』五一頁。
27―前掲、『柳田國男全集一八』三九一頁。
28―『澁澤敬三著作集 第三巻…犬歩当棒録 東北犬歩当棒録』平凡社、一九九二年、五七四、五七五頁。
29―宮本常一『日本民俗文化大系三 澁澤敬三』講談社、一九七八年、七五頁。
30―前掲、宮本『民具学の提唱』六一、六二頁。
31―田村善次郎「渋沢敬三と民族学」近藤雅樹編『図説 大正昭和くらしの博物誌―民族学の父・渋沢敬三とアチック・ミューゼアム―』河出書房新社、二〇〇一年、一二七頁。

32―前掲、宮本『民具学の提唱』七五、八〇頁。
33―『民芸と民具―「美」と「歴史」の発見―第16回特別展関連図録』浜松市博物館、一九九七年、二六頁。
34―前掲、宮本『民具学の提唱』四七頁。
35―前掲、『民芸と民具―「美」と「歴史」の発見―』二六頁。
36―熊倉功夫・吉田憲司編「カラーグラヴィア：民具と民藝」民族藝術学会編『民族藝術』vol. 18、二〇〇二年、八頁。
37―礒貝 勇『民俗民芸双書七五 続・日本の民具』岩崎美術社、一九七三年、四四、四六頁。
38―前掲、宮本『民具学の提唱』四七頁。
39―前掲、『民芸と民具―「美」と「歴史」の発見―』三二頁。
40―柳 宗悦「『もの』と『こと』」日本民芸協会編『新装・柳宗悦選集第八巻 物と美』春秋社、一九七二年所収、二頁。
41―柳 宗悦「民藝學と民俗學」前掲、水尾『日本民俗文化大系六 柳宗悦』三七四頁。
42―泉 房子・勝部正郊・神崎宣武・中牧弘允「特別座談会 アチック・ミューゼアムと民具研究」『月刊みんぱく』第二五巻第五号、財団法人千里文化財団、二〇〇一年所収、六―七頁。
43―前掲、宮本『民具学の提唱』二一四、二一六頁。
44―前掲、福田『民俗学者柳田国男』五六―五八頁。
45―『新装・柳宗悦選集第五巻 沖縄の人文』春秋社、一九七二年、一二九―一三〇、一四五頁。
46―疋田雅昭「『似ていること』と『同じこと』―昭和初期の沖縄をめぐる学術的言説について―」『日本文学』日本文学協会、五〇巻一号、二〇〇一年所収、三九―四〇頁。
47―前掲、『新装・柳宗悦選集第五巻』一四二頁。
48―前掲、柳「民藝學と民俗學」三七五頁。
49―前掲、『民族藝術』vol. 18。

●第11章

自然の国民化／国民の自然化

——和辻風土論の再検討

中島弘二

1　はじめに——風土論の亡霊——

「自然」と「国民」、この一見すると何の論理的なつながりも持たない二つのカテゴリーは、かつて十五年戦争期の風土論のコンテクストにおいては論理必然的なつながりを持つものとして論じられていた。和辻哲郎の『風土——人間学的考察——』（一九三五年）をはじめとして、寺田寅彦『日本人の自然観』（一九三五年）、脇水鉄五郎『日本風景誌』（一九三九年）、藤原咲平『気象感触』（一九四二年）、高瀬重雄『日本人の自然観』（一九四二年）など、日本人の国民性と日本の自然との必然的な結びつきを強調する言説が、この時期に数多くあらわれた。こうした一連の言説を、かつて筆者は「国民環境論 national environmentalism」と呼び、その理論的な批判を試みたことがある。[1]「日本文化風土論」を唱える安田喜憲によれば、和辻によって先鞭がつけられたこのような国民環境論の試みは、しかし「第二次世界大戦の敗戦を境に、頓挫した」とされる。

安田はその原因を「国家主義、小民族主義の亡霊」に求め、日本文化風土論がそれらに飲み込まれてしまったために「この魅力ある自然と人間の関係の科学の発展は頓挫した」と結論づけている。[2] しかしここで問われるべきは、国家主義、小民族主義の功罪などではない。国民を自然と結びつけて理解しようとする認識のあり方そのものであり、両者の節合のうえに「日本」なるものへの欲望を生産し続けようとするテクストの構造そのものである。

安田自身指摘しているように、グローバル化や地球規模の環境問題がクローズアップされてきた現代において「再び日本的なものの見直しの気運が高まってきている」[3] のであり、その中で国民環境論は再び息を吹き返しはじめている。実際、現代日本の環境論のコンテクストを見ると、様々な形での風土論の流用が見られる。現代日本における主導的な環境倫理学者の一人である鬼頭秀一は、和辻の『風土』を引用しながら、守るべき自然の価値を文化の母体としての風土性に求め、多様な形での文化の展開を保証するものとして自然環境を守っていくことの必要性を説いている。[4] 一例として、彼は白神山地のブナ林における林道建設問題をきっかけとして一部の研究者たちによってまとめられた『白神山地ブナ地帯における基層文化の生態史的研究』[5] によりながら、基層文化としてのブナ帯文化を山村の地域文化と結びつけることで人間と自然との深いかかわりを現代的な形で蘇らせることの必要性を説いている。[6] 言うまでもなく「ブナ帯文化論」は「照葉樹林文化論」と同様に、日本の基層文化を植生区分に基づく生態的環境と生活様式の種別的な結びつきに求めるものである。[7] その地理的連続性を中国雲南省やヒマラヤ地域、あるいはシベリアやオホーツク周辺にまで広げながらも、両文化論が解明しようとするのはあくまで「日本文化」のルーツであり、「中国文化」や「シベリア文化」のそれではない。雲南省の少数民族の村で納豆に類似した発酵食品に「遭遇」するとき、あるいは遠くシベリアのツングース民族の生活用具にかんじきやサケ皮製の靴を「発見」するとき、そこに見いだそうとするものは「日本」という表徴を示すなにものかであり、「中国」や「ロシア」のそれではない。そのまなざしは最終的に「日本」という同一性へ回帰しようとする欲望をはらんでいる。

鬼頭によるブナ帯文化の位置づけは、「多様な文化の展開」を唱えながらも、そうした同一性への欲望と無縁ではない。「自然の権利訴訟が提起したもの」と題して一九九六年十一月十一日の朝日新聞紙上で鬼頭が展開した議論は、そのことを端的に示している。アマミノクロウサギやムツゴロウなど自然の構成員にも固有の権利を認めることを要求する「自然の権利訴訟」をめぐって、鬼頭は「原生自然が多いアメリカでは自然に固有な価値を置くのが一般的だが、日本の自然は人間とのかかわりが大きく、『自然の権利』概念自体も違ってきている」と述べて、日本における「自然の権利」概念は西洋近代の概念を変える可能性を持つものであると高く評価している。[8]

このような「欧米―日本」、「西洋―東洋」というステレオタイプの区分に基づいて、環境問題に直面した現代社会における日本や東洋の思想・文化の独自性や優越性を主張しようとする言説のあり方は、梅原猛や安田喜憲の一連の仕事に典型的に見出される。[9]「生命学」を提唱する森岡正博は、このような「自国や自民族の文化や伝統や価値観などを世界に広めてゆくことで、環境問題が解決するというふうに考える思想」を「エコ・ナショナリズム」と呼んで厳しく批判している。[10]森岡によればこのエコ・ナショナリズムは「ナショナリズム」とは自覚されない形で、文章の背後の「メタ・テキスト」としてあらわれてくるものであり、著者の意図を越えたところで働きはじめる言説のメカニズムにほかならない。オギュスタン・ベルクは現代日本の環境保護主義的思想の一つとして安田や梅原の著作を取り上げながら、彼らにおける東洋と西洋との対比が、一方では善を自然や固有のアイデンティティに、他方では悪を反自然や他者に結びつけようとするものであることを指摘して、それが「自然に関わってくるものについて私たちの下す判断の基底にある無意識の構造」として作用していることを明らかにしている。そうした無意識の構造は「一見それとは分からないようなさまざまな形で、たえずメタファー的に再生産されている」のであり、そのことに対して意識的であることの必要性を説いている[11]。

筆者が「国民環境論」と呼んで批判しようとするものは、自然に関わるわれわれの判断を方向づけるこのような無意識の構造であり、環境をめぐるさまざまな言説においてたえずメタフォリカルに再生産されているメタ・テキストのあり方である。このような国民環境論は和辻の『風土』にその典型を見出すことができるが、思想史家の津田雅夫は志賀重昂の『日本風景論』をとりあげ、それが日本という風土についての地理的解釈学として和辻の主著『風土』に接続していくという点から、両者の間の継承性を指摘している。「それ（『日本風景論』）は、風土という解釈学的現実を通しての国民的・文化的なアイデンティティの雄弁な主張として、和辻の風土論がそこに回帰するところの地点を示している」[12]。その意味では、国民環境論は近代日本の始まりから、国民的アイデンティティとその風土性との節合を通じて、「日本」への欲望をたえず生産し続ける言説装置として作動していたと言えよう。そしてこのような近代日本の国民国家形成期に醸成された、「自然」と「国民」を特権的に結びつける特殊な環境論としての国民環境論は、前述の安田の指摘とは反対に、上で見たように現代においてもなお形を変えてたえず生産され続けているのである。

本稿では国民環境論の代表的な言説である和辻の風土論をとりあげ、その思想史的な検討をおこなうことを目的とする。和辻の風土論は、他の「国民環境論」の諸テクストに比して、すぐれて理論的緻密さと思想的含意を備えたテクストであり、それだけにまた現代の環境論に与える影響も大きい。和辻風土論に内在する「自然」と「国民」を結びつけようとする欲望の構造は、先に見たように現代日本の環境思想をその根底において大きく規定してきたと言わざるを得ない。しかし従来の和辻風土論の位置づけは必ずしも和辻自身の思想史的展開に即したものであるとは言いがたく、それゆえにその問題点も十分に明らかにされてきたとは言えない。そこで以下では、和辻風土論を「国民性の考察」から「国民道徳論」へと至る和辻の思想史的展開の中に位置づけなおす作業を通じて、そこにおける「自然」と「国民」の節合的な関係を明らかにすることを試みる。

2 『風土』批判の問題設定

和辻哲郎の『風土―人間学的考察―』（一九三五年刊[13]）は単に風土論ないし文明論の著作としてのみならず、その後の多くの日本人論・日本文化論において繰り返し参照される古典として位置づけられている。それゆえまた同書に対する批判も、同書が出版された直後から多くの人々によって試みられてきた。それらは例えば『風土』の解釈学に内在する日本主義的イデオロギーやオリエンタリズムのイデオロギーに対する批判[14]、人間環境関係における生産活動や経済組織の意義の軽視に対する批判[15]、風土の直観的理解がもたらす解釈学的な恣意性や文化主義的理解に対する批判[16]、風土に関する和辻の個人的主観性と民族の共同主観性の安易な混同に対する批判[17]、『風土』に見られる日本回帰と民族（国民）中心主義に対する批判[18]など多岐にわたるが、これらの批判が論点とする『風土』の問題点を要約するとおおむね以下の三点に集約されると思われる。（一）風土理解における経済的・歴史的側面の軽視（対象認識の偏り）、（二）風土理解の解釈学的恣意性ないし主観主義（方法論的な疑わしさ）、（三）日本の特異《ユニーク》な国民性を析出するための他者性の恣意的流用（独我論的な他者理解）。これらの論点は単に『風土』一書のみならず和辻倫理学全体の問題設定と密接に結びついたものであり、その意味で『風土』の理解は和辻倫理学の全体的な展開と関連づけておこなわれる必要がある。

前記三つの論点のうち、（一）は和辻とマルクス主義との対決に示されるように、和辻が経済的利害の共同に基づく「階級」を批判し、歴史性と風土性に基礎づけられた「国民的全体性」を志向したことと関連している。和辻とマルクス主義との対決は河上肇との論争[19]が有名だが、それは必ずしも和辻が保守反動の右翼思想の持ち主であったことを意味するものではない。よく知られるように和辻自身はむしろ近代資本主義の利己主義的エートスを批判して「国家（国民）社会主義」的な方向性を模索する立場にあった。その過程で和辻はマルクス主義の階級闘争をプロレタリアートによる利己的な利益追求の運動として位置づけ、「国民的自覚」に基づく共同社会の構築の必要性を唱えたのである。[20] 一方、（三）は比較文化論的な国民性論への関心のみならず、「世界史的意義」に裏打ちされた「国民的自覚」を構築しようとする意図と関連している。和辻はマルクス主義への批判と同時に、保守反動の国粋主義や超国家主義に対しても厳しい批判を加えたことで知られている。大正リベラリズムの民本主義思想を擁護する文章の中で、和辻は復古的な攘夷論や封建的な忠君愛国論を「国家社会の変遷を顧みない一種の危険思想」として論難している。[21] そのうえで「国民的自覚」に基づいたあるべき「日本精神」に立ち戻ることの必要性を唱えている。[22] また（二）は自らの直観を出発点として認識の対象を内側からとらえようとする和辻風土論の解釈学的方法に起因する問題であり、『風土』の魅力の源泉の一つであると同時に弱点ともなっている。坂部恵は和辻のこのような解釈学的方法をメルロ＝ポンティの「相貌的思考」と同様の身体論に基づいた「生きられる空間」論であると評価するが、[23] 一方、オギュスタン・ベルクは、『風土』の解釈学が「他の主体の主観性を内部から理解しようとするための努力の代わりに、その主観性を自身の主観性と混同してしまう」という解釈学的逆転に陥ってしまっていると批判している。[24]

以上、三つの論点はもちろん整然と区別されるようなものではなく、例えば解釈学的な恣意性が他者性の恣意的流用に結びついていくように、相互に関連しあいながら『風土』批判の問題設定を構成していると考えられる。しかしそれらは次節で試みるように、『風土』を和辻倫理学の全体的な展開と結びつけて批判的に読み解いてゆくうえで重要な手がかりを与えてくれると思われる。もちろんこのように和辻風土論を批判的に読み解くのではなく、そこに例えば環境知覚研究や比較文化論ないし異文化共生論的な可能性を見出し、積極的・現代的な意義を読みとろうとする方向性もあるだろう。[25]しかしそうした方向性が和辻風土論の問題含みではあるが重要な本質を忌避することにつながるのであれば、それはかえって和辻理解そのものを曇らせてしまうことになりかねないだろう。なぜなら和辻の著作に見られる対象認識の偏りや方法論的な疑わしさ、そして独我論的な他者理解といった、ある種の「いかがわしさ」や「胡散臭さ」は、それ自体、津田が指摘するように「たんに否定的な意味ではなく、むしろ和辻をして今なお問題的な思想家たらしめている要因であり、和辻の本質に属するもの[26]」と考えられるからである。

3 日本の「国民性」

よく知られるように、『風土』は一九二七年二月から一九二八年七月までの和辻のヨーロッパ留学の体験をもとにして、一九二八年九月〜一九二九年二月の京都大学での講義ノート「国民性の考察」として執筆され、その後、「モンスーン」や「沙漠」「牧場」などのいくつかの論考が『思想』をはじめとする二、三の雑誌や単行本に掲載され、さらに「国民道徳論」と題された京都大学での講義草案（一九三〇年四〜七月の公開講義および一九三一年四月から一九三二年二月までの通常講義）をもとにした論考が加えられ、一九三五年の『風土』の出版となった。[27]

ヨーロッパから帰国した直後に執筆された「国民性の考察」（一九二八〜一九二九年）は左記のような構成をとっており、[28]そこではまさしく「国民性 Nationalcharakter」が自然と文化の関係において問題となっていたことがわかる。

〔前文〕
（1）さまざまなる国土に於ける自然と文化の関係
（a）東亜細亜
（b）西亜細亜
（c）欧羅巴
（1）地中海地方
（2）西欧
（2）Nation及びNationalcharakterに関する在来の理論は〝ところ〟の問題をどう扱っているか

右の〔前文〕において、和辻はこの考察が（一）自分の体験や旅行中の印象、（二）国民性に関する従来の研究についての考察、（三）「生」あるいは「現存在」の構造の考察、という順序において展開されることを明記している。[29] ここではその後の『風土』における「風土の基礎理論」に見られるような体系的な理論化は未だなされておらず、むしろ自分の旅行の印象に基づく国民性の考察が中心に置かれていることがわかる。例えば「国民性の考察」の理論篇にあたる（2）「Nation及びNationalcharakterに関する在来の理論は〝ところ〟の問題をどう扱っているか」では、「現存在Dasein」の構造においては「内世界的なもの」としての環境的自然（例えば「寒さ」）が人間の「配慮」を導くもの、ないし「配慮」それ自体の具体的な内容としてあらわれることを指摘し、このような現存在の根源的な実存カテゴリーの様々な類型を「国民性」として把握すべきことを唱えている。[30] このことは、米谷が指摘するように、[31] 和辻の風土論が当初は「国民性論」として展開されていたことを示していると思われる。しかしここでの「国民性論」は、湯浅が指摘するような「世界の諸民族の国民性（民族性）を比較考察するための基礎理論」[32] などではない。前記の構成中（1）—

（a）「東亜細亜」の冒頭で、和辻が「日本は自分の出発点であると共に印象記の最後に来べきものである」[33]と明確に位置づけているように、和辻の関心の中心はあくまで「日本」の国民性にあったのである。

近年、幾人かの論者が『風土』の特徴の一つとして共通に指摘するのは、『風土』における和辻のまなざしが、一見すると比較文化論的な装いをとりながら、最終的には「日本」の特異性へと向けられているという点である。前述の津田によれば、「日本は『風土』執筆の起点であるだけでなく、その目的であり、さらに結論をなしている」[34]のである。「モンスーン」から始まり「沙漠」「牧場」という三つの風土類型を経て、「モンスーン的風土」における「日本の珍しさ」へと到達する『風土』の比較文化論を、港道隆は日本から出発して日本へと還《かえ》るテクストの「旅」になぞらえる。[35]『風土』の「三　牧場」において和辻がヨーロッパの気候を「湿度の弁証法」によって説明する左記の文中で用いるレトリックに、港道は着目する。

「我々の国土から出発して太陽と同じに東から西へ地球を回って行くと、まず初めにモンスーン地域の烈しい「湿潤」を体験し、次いで沙漠地帯の徹底的な湿潤の否定すなわち「乾燥」を体験する。しかるにヨーロッパに至ればもはや湿潤でもなければ乾燥でもない。否、湿潤であるとともに乾燥なのである。……（中略）…体験的に言えばそれは湿潤と乾燥との総合である。[36]」

港道によれば、このいささか強引な和辻の記述は、ヘーゲルの『歴史哲学』におけるアジアからヨーロッパへと至る歴史的発展の弁証法を相対化したものであるという。ヘーゲルは（一）遊牧生活と族長政治が展開する高原、（二）農業と大国家が発展し文化の中心地となる平野、（三）商業が発展し海外貿易によって世界に開かれた海岸国土、という三つの自然類型を設けて、アジアを（一）と（二）の並存、ヨーロッパを（三）および（一）と（二）の融合と位置づける。そのうえで（一）に始まり（三）へと至る世界史の発展を唱えるのであるが、和辻はそこにヨーロッパを歴史的発展の終着点と見るヨーロッパ中心主義を見出し、厳しく批判する。[37] それに対して和辻が唱える「湿度の弁証法」は、ヘーゲルと同じく東から西へと至る道筋をたどりながらも、その終着点はヨーロッパではない。なぜならそれは和辻自身認めるように、あくまで「旅行者の体験における弁証法」であり、それゆえ『風土』におけるテクストの旅の終着点は「我々の国土」日本である。

ヘーゲルのヨーロッパ中心主義的な世界史を批判して「世界史は風土的に異なる諸国民にそれぞれの場所を与え得なくてはならない」と唱える和辻の言葉[38]とは裏腹に、『風土』における和辻のまなざしが最終的に「日本」に向けられていることは、同書における「シナ」の記述からも明らかである。この部分は、当初一九二九年の『思想』七月号に「支那人の特性」と題して発表されたが、その末尾部分には次のように記されている。

「日本人がいかにシナ文化につちかわれたにもしろ、日本人はついにシナ的性格を帯びることなくして過ぎた。シナ文化が我々の内より引き出し展開せしめたものよりは、我々の国土が我々の内より引き出し展開せしめたものの方が、はるかに力強いのである。[39]」

ここに示されているのは、中国文明の真髄を解き明かそうとする中国文化論でもなければ、コスモポリタンな立場からの中日比較文化論でもない。それはモンスーン的風土の中でも独特の性質と役割を持ったものとして日本の国民性を描き出すための比較国民性論なのである。すなわち西洋的な近代文明と日本的な伝統が不釣合いなまでに接木された「日本の珍しさ[40]」という性質と、「それを止揚しつつ生かせることによって他国民のなし得ざる特殊なものを人類の文化に貢献すること[41]」という役割。言い換えればそれは、港道が指摘するように、「近代ヨーロッパにモンスーン地域で対抗しうる唯一の国‐民《ネイション》として日本を哲学的に肯定する運動[42]」として風土論を展開することである。そしてこの課題こそが「国民道徳論」における風土論の位置付けへとつながってゆくのである。

4　「国民道徳論」と風土論

「国民性の考察」における日本の国民的アイデンティティをめぐる比較文化論的な国民性論は、その後さらに「当為」としての国民道徳をめぐる議論へと発展してゆく。一九三〇年の公開講義「国民道徳論[43]」においては左に見るように一九三五年の『風土』の内容にあたるものが国民道徳論の原理的研究の一部として組み込まれている。

第一章　国民道徳の意義
　第一節　歴史的事実としての国民道徳
　第二節　国民道徳と倫理学
　第三節　当為としての国民道徳
　　一　人間の構造
　　二　人間の歴史性
　　三　人間の風土性
　　（イ）風土と人間の特殊性

（ロ）「砂漠」
（ハ）「豊葦原」
（ニ）「牧場」
四　歴史的風土的制約による人間構造の特殊性
五　人間の全体性とその形態。―国民としての全体性と階級としての全体性
六　国民道徳の原理として〔の〕人間性の原理
七　人間性の原理の具体的実現としての国民道徳
八　道徳の自覚と国民としての自覚
第二章　現代日本の世界史的意義
第一節　明治中期以降の日本の世界史的地位
第二節　明治中期以降の日本の社会的変遷
第三節　世界史上の日本の任務
第三章　日本の伝統に於て挙揚せられたる道徳的価値
第一節　明治維新の動機としての「尊皇」の意義
第二節　戦国時代の社会的大変革に於て完成せられたる「高貴」の道徳
第三節　武士階級勃興時代に形成せられたる「慈悲」の道徳
第四節　大化改新に於て顕揚せられたる国家の道徳的理想
第五節　記紀の伝説に現はれたる自然児の道徳と君主神の信仰
（以上、引用者により第一章第三節のみ項を列挙。その他の章節においては項を省略）

ここでは風土の問題がそれ自体で独立した比較文化論的な国民性論としてではなく、「当為としての国民道徳」を構成するものとして明確に規定されていることがわかる。米谷匡史が繰り返し指摘するように、この公開講義「国民道徳論」は、個人的・社会的な二重構造をもつ人間存在が歴史性・風土性の規定を受けて「国民」の全体性として具体化するという体系的な「人間学」の枠組みが確立し、和辻倫理学の基本構想が成立したことを示す重要なテクストと考えられる。[44] この「国民道徳論」は現在、「構想メモ」「講義筆記」「草稿」という形で残されているが（いずれも『和辻哲郎全集　別巻』一および二に収録）、それらは結局まとまった著作として発表されることはなかった。しかし湯浅泰雄も指摘するように、この「流産した」国民道徳論は諸国民の道徳観念に共通して内在していると考えられる道徳の普遍的原理（当為としての国民道徳）についての探求であり、その意味で和辻倫理学のいわば「原理論」にあたるものと考えられる。[45] そこにおいて人間存在の構造的契機として風土性をとらえる風土の基礎理論と風土の三類型が示されているという事実は、『風土』の基本構成が国民道徳論体系の骨格をなす「人間学」の一環として構想されたことを示す点で重要だろう（『風土』の副題「人間学的考察」はこのことを意味している）。なぜなら湯浅も率直に認めているように、従来の和辻研究では風土論と倫理学の理論的なつながりについて本格的な検討はほとんどおこなわれてこなかったからである。[46] むしろ一般には両者はそれぞれ独立した問題系として別々に議論されてきたと言えるだろう。そのことは実質的に『風土』を発展的に拡充することで執筆された『倫理学　下巻』（一九四九年）が、もっぱら和辻倫理学のテクストとしてのみ扱われ、風土論や環境論の文脈ではほとんど取り上げられてこなかったことにも端的にあらわれている。しかし右に見てきたように、和辻倫理学の原理論を構成する国民道徳論において、風土論はその骨格をなす人間学の重要な部分を占めていたのであり、そうした観点からの和辻風土論の再検討が求められるのである。

このことに関連して一つの問題について考えてみたい。従来、『風土』はその第一章「風土の基礎理論」

における理論的考察と第二章「三つの類型」および第三章「モンスーン的風土の特殊形態」における具体的考察とが、それぞれ別々に論じられる傾向が強かった。このことは納富信留が「体験的直観と理論的考察との断絶」と呼ぶように[47]、『風土』理解における一つの困難な問題とされてきた。しかしすでに見たように、風土論が国民道徳論体系の骨格をなす「人間学」の一環として構想されたことを考えれば、この問題はそれほど困難なものではない。『風土』は和辻自身、同書の「序言」で示唆するように、ハイデッガーの『存在と時間』が人間存在の構造を時間性として把握する試みであったのに対し、もっぱら空間性の問題としてそれをとらえようとする試みであったとされている。そこから、同書第一章「風土の基礎理論」における理論的考察は、そうした人間存在の空間的構造を現象学的に明らかにしたものと理解されることが多い。しかしここで忘れてならないのは、和辻が探求の対象としたのは決して抽象的・普遍的な「人」ではないということである。「ここに人間と呼ばれるのは単に「人」(anthrōpos, homo, homme, man, Mensch)ではない。それは「人」でもあるが、しかし同時に人々の結合あるいは共同態としての社会である。人間のこの二重性格が人間の根本的性格である。[48]」この「人間」の規定が『人間の学としての倫理学』や『倫理学』における個と全体の弁証法を通じて成立する「間柄」的な存在としての「人間」を意味するものであることは論を待たないだろう。このような意味での「人間」は家族から村落共同体、文化共同体、国家へと至る数次の人倫的組織を通じてその具体性を獲得するのであるが、和辻の場合、人間が個々の場面を通じて自己の存在に対する統一的な自覚を持ちうるのは、ただ一つ最高次の人倫組織としての「国家」を通じてである。[49]このような意味での「国民的自覚」を確立することが、和辻倫理学にとっての当面の課題だったわけだが、そうした課題は決して抽象的・理念的な人間において達成されるものではなく、歴史性と風土性に規定された具体的な諸国民の道徳的自覚として達成されなければならなかったのである。風土論が「国民道徳論」においてその原理的研究にあたる第一章「国民道徳の意義」に置かれたのはこのためである。そこでは「砂漠」「豊葦原」「牧場」という風土の三類型は単なる歴史的・地理的事実としての国民性を示すものとしてではなく、人間存在の普遍的原理が地理的・歴史的に規定された国民的全体性のもとに具体的に現れ出たものとして、すなわち「国民道徳」のあるべき姿として描かれたのである。そしてこの点にこそ和辻風土論の独自な意義がひそんでいると考えられる。

和辻の「国民道徳論」を詳細に検討した米谷は、第一章「国民道徳の意義」を国民道徳論の原理的研究として、第三章「日本の伝統に於て挙揚せられたる道徳的価値」を国民道徳の特殊形態である日本の道徳に関する歴史的研究としてそれぞれ位置づけ、両者をつなぐ要となるのが第二章「現代日本の世界史的意義」であると主張する。[50] 米谷によれば、この「現代日本の世界史的意義」は、十五年戦争下の日本において対内的には国家（国民）社会主義的な経済統制政策を通じて社会的正義の実現を目指し、対外的には西洋の植民地支配からアジアの諸国民を解放することを目指すべきことを説いたものである。言い換えれば、それは近代資本主義の克服と西洋植民地支配からの東亜の解放を日本が担うべき世界史的「使命」と位置づけ、その哲学的な基礎付けと歴史的な検証を同時におこなおうとするきわめて野心的な試みとして企図されたものと言えよう。第二章「現代日本の世界史的意義」の第三節「世界史上の日本の任務」[51] は、右のような「使命」を担いうるものが日本をおいてほかにないことを、日本の特殊性に基づいて説明している。

第三節　世界史上の日本の任務

一　日本において欧米化しきらぬもの

二　東洋、特に日本文化の伝統

三　西洋文化を理解しつつ、しかも東洋の伝統を内に活かせ得るものは日本のみなり

四　東洋人の解放と東西洋文化の統一

公開講義「国民道徳論」の講演筆記によれば和辻はこの第三節で、日本人は衣食住の形式がいかに欧米化しようが日本独特の精神文化を決して捨て去ってはおらず、むしろ、西洋文化を取り入れながら同時にいよいよ日本精神を自覚し発揚することができ、そうしたことが可能なのは世界中で日本人のみであると唱える。

「他を介して再び自己に帰るところの自覚運動は、彼ら（西洋人）には決してできないのである。これに反して日本人は西洋文化に没入しそれを理解することができる。かように西洋人はできないが日本人のみがなしうるところの任務があり、ここに日本の文化史的意義があるのである。」[52]（括弧内は引用者）

ここには本稿で取り上げた『風土』の問題がほとんど集約的に示されていると言ってよい。日本から始まり西洋を経て再び日本へと回帰するテクストの「旅」とは「他を介して再び自己に帰るところの自覚運動」であり、西洋的な近代文明と日本的な伝統が不釣り合いに接ぎ木された「日本の珍しさ」とは翻って「西洋文化を理解しつつ、しかも東洋の伝統を内に活かす」日本人のみが持ちうる特殊性の謂いなのである。ここにおいて『風土』は日本の特殊な国民性を描き出す比較国民性論から日本の世界史的意義に導かれた国民道徳論へと滑らかに接続してゆくのである。

5　おわりに

和辻が国民道徳論で高らかに宣言した「現代日本の世界史的意義」は、十五年戦争における日本の敗戦によって挫折を余儀なくされた。和辻は敗戦直後の一九四六年四月に『思想』誌上に発表された「人倫の世界史的反省―序説―」において、「太平洋戦争の敗北によつて近代日本を擔つていた世界史的地位は潰滅した。かゝる悲惨なる運命を招いたのは、理智に對する蔑視、偏狭なる狂信、それに基く人倫への無理解、特に我國の擔ふ世界史的意義に對する恐るべき誤解などのためである。」と述べ、「世界史の明かなる認識の下に我々の國家や民族性や文化を反省すること」の必要性を説いている[53]。しかしながら米谷も指摘するように[54]、こうした「反省」にもかかわらず、戦後に和辻倫理学の根本的な態度変更が実現されることはついになかったようである。そのことは一九四九年に刊行された『倫理学　下巻』（全集　第十一巻）においても、依然として歴史的・風土的規定に基づいて「国民の全体性」を説く和辻倫理学の基本的枠組が維持されていることからも明らかである。同書は『倫理学』体系の第四章「人現存在の歴史的風土的構造」にあたるものであり、「モンスーン」「沙漠」「牧場」という風土の三類型に「アメリカ」と「ステッペ」を加えた新たな風土論を展開している。また一九三五年の『風土』では「ヘーゲル以降の風土学」としてわずかにマルクスとラッツエルをあげたにすぎなかったが、『倫理学　下巻』ではフンボルトからヴィダル・ドゥ・ラ・ブラーシュへ至る近代地理学の諸理論が検討されている。前節でも述べたように、同書に対する検討は、従来、必ずしも十分なものとは言えず、とりわけ風土論・環境論の文脈での詳細な検討が望まれる。そうした検討は十五年戦争期に国民性論から国民道徳論へと展開した和辻風土論が、「人倫の世界史的反省」を経て、敗戦後にどのように変容した（あるいはしなかった）のかを明らかにするうえでも興味深いものとなるだろう。それは従来、『風土』のテクストのみをとりあげて和辻の風土論とみなしていたのに対し、「国民性の考察」から「国民道徳論」を経て『倫理学　下巻』へと至る一連のテクストの展開として和辻風土論をとらえなおす試みでもある。さらにそうした試みは、冒頭でも述べたように、近代日本の始まりから戦前・戦後期を経て現代に至るまで形を変えてたえず生産され続けてきた「国民環境論」の系譜の中に和辻風土論を位置づける作業となるだろう。

注

1—Koji Nakashima *Nationalizing nature: discourses of "Fudo" and national environmentalism in modern Japan.*『金沢大学文学部地理学報告』第十号、二〇〇二年、一一五—一二五頁。

2—安田喜憲『日本文化の風土』朝倉書店、一九九二年、四六頁。

3—前掲、安田『日本文化の風土』四二頁。

4—鬼頭秀一『自然保護を問いなおす—環境倫理とネットワーク—』筑摩書房、一九九六年。

5—掛谷　誠編『白神山地ブナ地帯における基層文化の生態史的研究』平成元年度科学研究費補助金（総合(A)）研究成果報告書、弘前大学人文学部、一九九〇年。

6—前掲、鬼頭『自然保護を問いなおす—環境倫理とネットワーク—』二三二—二三三頁。

7—佐々木高明『日本文化の基層を探る』日本放送出版協会、一九八二年。市川健夫『日本のブナ帯文化』朝倉書店、一九八四年。

8—鬼頭秀一「自然の権利訴訟が提起したもの—人間との「かかわり」を再考—」『朝日新聞』一九九六年十一月十一日付夕刊。

9—例えば以下を参照。梅原　猛『日本文化論』講談社、一九七六年。梅原　猛・安田喜憲編『森の文明・循環の思想—人類を救う道を探る—』講談社、一九九三年。安田喜憲『大地母神の時代』角川書店、一九九一年。

10—森岡正博『生命観を問いなおす—エコロジーから脳死まで—』筑摩書房、一九九四年、四六—五〇頁。

11—オギュスタン・ベルク著、篠田勝英訳『地球と存在の哲学—環境倫理をこえて—』筑摩書房、一九九六年、五二—五三頁。

12—津田雅夫『和辻哲郎研究—解釈学・国民道徳・社会主義—』青木書店、二〇〇一年、三五頁。カッコ内は引用者による。

13—和辻哲郎『風土—人間学的考察—』岩波書店、一九三五年（『和辻哲郎全集　第八巻』岩波書店、一九六二年に所収。以下、和辻の著作の引用は基本的に全集からとする）。

14—戸坂　潤『世界の一環としての日本』白揚社、一九三七年。内藤正典「地誌の終焉」『法政地理』第二二号、一九九四年、三二—四三頁。

15—飯塚浩二『飯塚浩二著作集六　人文地理学説史・地理学批判』平凡社、一九七五年。同『飯塚浩二著作集七　人文地理学・地理学と歴史』平凡社、一九七六年。同『飯塚浩二著作集八　世界と日本・わが国土』平凡社、一九七五年。上野　登『地誌学の原点』大明堂、一九七二年。

16—生松敬三「和辻風土論の諸問題」『理想』第四五二号、一九七一年、一四—二三頁。高島善哉『高島善哉著作集　第四巻　現代日本の考察』こぶし書房、一九九八年。内田芳明「和辻哲郎『風土』についての批判的考察」『思想』第九〇三号、一九九九年、一一八—一三一頁。

17—オギュスタン・ベルク著、星埜守之訳『日本の風土性』日本放送出版協会、一九九五年。前掲、ベルク『地球と存在の哲学—環境倫理をこえて—』。同著、中山　元訳『風土学序説—文化をふたたび自然に、自然をふたたび文化に—』筑摩書房、二〇〇二年。

18—港道　隆「和辻哲郎—回帰の軌跡—」『思想』第七九八号、一九九〇年、四—五一頁。酒井直樹『日本思想という問題—翻訳と主体—』岩波書店、一九九七年。

19—この論争は一九二六年一月に京都大学社会主義研究会の学生らが検挙された事件について和辻が『京大新聞』（同年九月二十一日）紙上で発表した「学生検挙事件所感」をきっかけとして、その後『社会問題研究』誌上において河上と和辻の間でたたかわされたものである。和辻哲郎「学生検挙事件所感」「河上博士に答う」『和辻哲郎全集　第十七巻』岩波書店、一九六三年、四二〇—四二三頁、四二四—四四〇頁。なお、同論争の紹介と意義については以下の文献が詳しい。湯浅泰雄『和辻哲郎—近代日本哲学の運命—』ミネルヴァ書房、一九八一年、一三〇—一六一頁。前掲、津田『和辻哲郎研究—解釈学・国民道徳・社会主義—』九七—一一二頁。

20—「マルクス主義の倫理的批判」（一九三〇年、文部省開催の思想問題講習会でおこなわれた講演の筆記原稿、『和辻哲郎全集　別巻二』岩波書店、一九九二年、九一—一四二頁）。「現代日本と町人根性」（初出は一九三五年刊の『続日本精神史研究』。『和辻哲郎全集　第四巻』岩波書店、一九六二年、四二四—五〇五頁）。

21—和辻哲郎「民本主義哺育の二法」「危険思想を排す」『和辻哲郎全集　第二十巻』岩波書店、一九六三年、三四四—三五〇頁、三五五—三六五頁。なお和辻による国粋主義批判・超国家主義批判については以下の文献が詳細な検討を加えている。米谷匡史「象徴天皇制の思想史的考察—和辻哲郎の超国家主義批判—」『情況』一九九〇年十二月号、三七—六三頁。

22—和辻哲郎「日本精神」前掲『和辻哲郎全集　第四巻』二八一—三二一頁。

23—坂部　恵『和辻哲郎—異文化共生の形—』岩波書店、二〇〇〇年、九七—一〇七頁。

24—前掲、ベルク『地球と存在の哲学—環境倫理をこえて—』一五五—一五六頁。ベルクによるこの批判は正鵠を得ているように思われる。

25—例えば以下の文献を参照。小林　茂「風土論と地理学」『経済地理学年報』第二三巻二号、一九七七年、三三—四四頁。前掲、坂部『和辻哲郎—異文化共生の形—』。佐藤康邦・清水正之・田中久文編『甦る和辻哲郎—人文科学の再生に向けて—』ナカニシヤ出版、一九九九年。

26—前掲、津田『和辻哲郎研究—解釈学・国民道徳・社会主義—』六一頁。

27—これらは「国民性の考察」ノート（抄）、「国民道徳論」構想メモ、「国民道徳論」草稿（抄）として『和辻哲郎全集　別巻二』岩波書店、一九九二年に、また講演筆記「国民道徳論」として『和辻哲郎全集　別巻一』岩波書店、一九九二年にそれぞれ収録されている。

これら資料の詳細については同別巻の末尾で米谷匡史と湯浅泰雄が詳しい解説を加えている。なお、『風土』の成立過程については大阪市立大学大学院の山野正彦教授より有益な示唆をいただいた。

28―前掲、『和辻哲郎全集 別巻二』三七四頁。

29―前掲、『和辻哲郎全集 別巻二』三七九頁。

30―前掲、『和辻哲郎全集 別巻二』三八八―三九四頁。

31―米谷匡史「和辻倫理学と十五年戦争期の日本―「近代の超克」の一局面―」『情況』一九九二年九月号、一〇三頁。米谷匡史「解説」『和辻哲郎全集 別巻二』四八一頁。

32―湯浅泰雄「解説」『和辻哲郎全集 別巻一』四七六―四七七頁。

33―前掲、『和辻哲郎全集 別巻二』四八三頁。

34―前掲、津田『和辻哲郎研究―解釈学・国民道徳・社会主義―』六三頁。

35―前掲、港道「和辻哲郎―回帰の軌跡―」二二五―二三〇頁。

36―前掲、『和辻哲郎全集 第八巻』六四頁。

37―前掲、『和辻哲郎全集 第八巻』二三一―二三二頁。

38―前掲、『和辻哲郎全集 第八巻』二三三二―二三三三頁。

39―前掲、『和辻哲郎全集 第八巻』二五五頁。

40―前掲、『和辻哲郎全集 第八巻』一五六―一六九頁。

41―前掲、『和辻哲郎全集 第八巻』二〇四頁。

42―前掲、港道「和辻哲郎―回帰の軌跡―」三〇頁。

43―前掲、『和辻哲郎全集 別巻二』四〇七―四一六頁、および前掲、『和辻哲郎全集 別巻二』五一―九〇頁。

44―前掲、米谷「和辻倫理学と十五年戦争期の日本―「近代の超克」の一局面―」一〇六―一〇七頁。米谷「解説」『和辻哲郎全集 別巻二』四八六―四八九頁。

45―前掲、湯浅「解説」四七七―四七八頁。

46―前掲、湯浅「解説」四七六―四七七頁。

47―納富信留「旅・風土・自己」納富信留・溝口孝司編『空間へのパースペクティブ』九州大学出版会、一九九九年、三三頁。

48―前掲、『和辻哲郎全集 第八巻』一四―一五頁。

49―和辻哲郎『和辻哲郎全集 第十巻』岩波書店、一九六二年（初出は『倫理学 中巻』岩波書店、一九四二年）。

50―前掲、米谷「和辻倫理学と十五年戦争期の日本―「近代の超克」の一局面―」一〇六頁。
51―前掲、『和辻哲郎全集　別巻二』四一〇―四一二頁。
52―前掲、『和辻哲郎全集　別巻二』七九頁。
53―和辻哲郎「人倫の世界史的反省―序説―」『思想』一九四六年、第二七三号、一頁。
54―前掲、米谷「和辻倫理学と十五年戦争期の日本―「近代の超克」の一局面―」一二〇頁。

●第12章 地域アイデンティティと歴史意識の交錯と変容

――沖縄における歴史修正主義に関して[1]

大城直樹

1 はじめに

本章では現代の沖縄におけるアイデンティティのあり方について、とくに政治的な言説に表される地域意識という局面から考えてみる。焦点となるのは、中央政府との関係において沖縄がどう位置付けられているのかということである。また、地域のアイデンティティが語られる際に必ず組み合わされる歴史的な説明についても関心を向けてみようと思う。いうまでもなく、地域を構成するのは特定の空間的広がりと歴史的文脈である。そしてその場において内外のさまざまな契機が絡み合うことによって独特の文化や、それと連動する形で郷土意識が構築される。この契機のひとつとして政治的な言説の介入を取り上げようと思うのである。この際、歴史的な文脈から恣意的に「本質」が抽出され、それが地域アイデンティティと結び付けられることがあること、また言葉を代えて「歴史認識」と「地域感情」というように表されることに注意しておきたい。その事例として取り扱うことになるのは、「沖縄イニシアティブ」なる政治的提言と、それが修正しようとした歴史意識(「歴史認識」)と地域アイデンティティないしは地域意識(「地域感情」)である。なお、本章では「郷土意識」と「地域意識」を区別し、前者をある一定の地域において対内的に作用するもの、後者を地域間ないしは中央―地方といった対外的な場において作用するものと措定しておく。もっぱら後者について検討を加えていくが、政治的局面でのアイデンティティをめぐる言説に注目する際にはこの弁別が必要となるはずである。

2 G8九州・沖縄サミットのあとで

二〇〇〇年七月二一日より二三日まで、九州諸県ならびに沖縄県で主要国首脳会議(サミット)が開催された。しかしながら、この会議で何が話し合われたのか、何がその焦点となっていたのか、そしてどのような成果をあげることが出来たのかについて把握している人はけっして多くはいまい。日本が議長国として果たしえたのは、結局、英国のメディアが批判したように「あまりにぜいたく」に多額のお金をかけて「ジャパニーズ・ホスピタリティ」とやらを期待にこたえて華美な演出とともにみせてやることだけであったのだろうか。[2] 東京以外でははじめての「地方」開催となったので、「周縁」的なイベントと受け取られていたのか。そもそも、あるべき未来へ向けて議論を調整するために参集したであろう「主要国」といわれもする諸国家の果たすべき役割をめぐる議論の舵取りを、ホスト国である日本は果たしえたのだろうか。[3]

予定されたスケジュールの消化に追われた森首相(当時)の言動ばかりが目立つこととなったこの真夏の饗宴は、じつに八一四億円をその費用として計上していたのであった。これはバーミンガムとケルンで行われた前二回のサミットの約五〇倍に相当する。[4] 前年（一九九九年）に行われたシアトルでのWTO会議の際の反対運動との衝突が再現することを恐れたのであろうか、全国から約二万二〇〇〇人の警察官をかき集め、陸では検問、海上には約一〇〇隻の巡視艇と四〇隻の特殊ボート、空にはP3C哨戒機といったように監視の網の目を張り巡らす一方で、[5] 沖縄本島北部振興策という名目の多額の予算と引き換えに、[6] 一九九五年に起きた米兵による少女暴行事件に端を発する日米地位協定の見直し要求運動で充満した反基地運動、さらには中央政府への対抗運動の熱気を封じ込めにかかったのである。無論、こうした動きにもかかわらず、嘉手納基地を人間の鎖で包囲したり、名護市に設けられたNPOセンターでのプレス発表や、沖縄各地で行われた集会などで、さまざまな批判や反対運動は行われたが、[7] シアトルのような派手な事件とはならず、マスメディアが大々的に取り上げることはなかった。[8]

ところで、その会場、とくに首脳会議の舞台が沖縄であったということは、歴史の皮肉といえよう。というのも、一九四五年に米兵また場合によっては日本兵によって追い詰められた沖縄の人々が命を捨て、旧日本軍の最終的抵抗の場ともなったまさにその地（糸満市摩文仁）で、米国のクリントン大統領（当時）によって米軍（そして日米同盟）にとっての沖縄の基地の重要性が再確認されたからである。この風景は一斉にその日のテレビや各種メディアで報道されたが、その演説の内容は「沖縄は、この日米同盟関係の維持のために、特に不可欠な役割を担ってきました」、また別の翻訳では、「沖縄は同盟の維持のために死活的な役割を担ってきた」、「日米同盟関係は維持されていかなければならないのです」といったものであった。[9] なぜその不公平な地位格差および米軍基地の意義がここで再認・再確証されなければならなかったのだろうか。

五年前、米兵による少女暴行事件を契機に、八万五千人を集める沖縄県民総決起集会が開催され、米軍基地の存続をめぐる県民投票を行い、基地の整理・縮小、日米地位協定の見直しを強く求める地域主義的な運動の高揚をみたのは事実である。だが、その運動は、結局は中央政府どころか地方政府である沖縄県においてさえ、継続的な効力を有するまでにはいたらなかった。いったいあの熱気はどこへ去ってしまったというのか。この数年の内に、何かあのときの意志や主張を変更しなければならない出来事でもあったのだろうか。

安全保障の名のもとでの地位格差の維持、また基地の存続を強く望む当の本人、クリントン前大統領を迎えての式典会場が「平和の礎《いしじ》」なる歴史的モニュメントにおいて行われたことは何か暗示的である。そこは、敵味方に関わりなく記録に残っている限りすべての死者の名前を刻みつけた黒い屏風状の石が同心円状に幾重にも配列されている場所であり、その中心に立つことはこれらおびただしい死者の名に囲まれることを意味する。この式典で地元を代表して「沖縄から発信される平和のメッセージが全世界の人々の心に届くことを願っています」と歓迎の辞を述べた高校生は、その後進学した大学で、「サミットが沖縄であったなんて、知らなかった」と語る友人の言葉を聞き、そのメッセージが全世界どころか日本にすら届くものでなかったと知って愕然とする。「あのサミットで、私って何だったんでしょう。大統領に花を渡すことに何の意味があったのでしょうか」と[10]。

国民国家「日本」のなかで周縁的・従属的位置付けをつねに与えられながらも、このサミット開催に至るまでに沖縄でおこった事態の根底にある契機として考えられるのは「保守派[11]」によるヘゲモニー奪取の試みである。ここではそれをめぐって生産された言説に言及しつつ、地域アイデンティティに「歴史意識」ないしは歴史認識がどのように関わってくるのか、換言すれば特定の種別的な地域アイデンティティと特定の種別的な歴史意識はどのように交錯するものなのかを検討していくことにする。

3 「沖縄イニシアティブ」とは何か

沖縄の地域アイデンティティや歴史意識に関わる領域において、これまでよく耳にし目にしてきた言説の代表は、革新系の前県知事大田昌秀氏のものに代表されるような「平和の島・沖縄」論とでも言うべきものであろう。[12]要約して言うと——沖縄は第二次大戦で非戦闘員の住民の三人に一人が死亡するという悲惨な経験を味わったにもかかわらず、現在にいたってもなお日本における在留米軍基地の七五%が集中して立地している。米軍がらみの事件は後を絶たず、日米地位協定のために犯罪者をまともに裁くことさえできないでいる。古来沖縄は武器を持たない平和の島なのであって、戦争を好まないし、事実、前近代においては、交易国家としてアジア中に出かけ、商品のみならず様々な文化を交流し合ってきた。今日は武器のない外交こそ探られるべきである。沖縄に基地は要らない。米軍は基地を撤去すべきなのである。言いかえれば、戦争で悲惨な目にあったことと、歴史的に平和を好んできたという事実を持って、沖縄を平和の象徴として位置付けようとするものである。

これに対し、保守派の立場からは、おおよそ次のような批判がなされてきた。[13]要約すれば——平和平和というだけで、日本一の失業率を返上するために、どうやって雇用を産み出していくのかは考えない。もちろん平和はあり難いことだが、日本政府に反発するだけでは、公共事業費が削減されていってしまうではないか。これ以上失業者を増やしてどうするのか。まずは食い扶持を確保することが先決だ、といったものである。

こうした理想的・理念的意見と現実的意見の対立の構図は、これまで何度となく表に出てきたものであるが、注目すべきなのは、この構図が、一九九八年一一月の県知事選挙の準備段階あたりから、すでに日本全国的に運動が展開され喧伝されていた歴史修正主義的な運動[14]とも連動しながら、これまでとは異なった趣向を前面に押し出してきたことである。つまり経済的即効性を訴える主張に、文化的な側面が加味され、それによって単に「現実」と「理想」との対立ではなく、理念的な論争をしかけることが可能になったことである。これまで幾度となく、米兵の引き起こす事件によって反米感情があおられ、安保条約見直しへと運動が展開していくといった集合的沸騰を繰り返してきた沖縄の状況に対し[15]、そうした「情念」から「論理」へと沖縄の方向性を探る際の重心を移していこうと目論むのが、「沖縄イニシアティブ」なる「保守派」のマニフェストである。これは琉球大学の三人の教授、高良倉吉、大城常夫、真栄城守定によって二〇〇〇年三月「アジア太平洋アジェンダプロジェクト・沖縄フォーラム」（主催：日本国際交流センター）において提唱されたものであるが、そこでの主張を簡単に紹介してみたい[16]。

提言の趣旨は、近代以来、沖縄は日本における辺境と見なされてきたし、中央政府の強い統治のもとにあって主体的に自らの立場を活用することができなかった。その結果、日本政府は「沖縄の位置付けを国内論理でのみ処理し」「沖縄が担うべき可能性をアジアを含む視野において検討してこなかった」。これは「最大の過失」である。日本が二一世紀にアジア太平洋地域において果たすべき貢献や役割を考えると沖縄の位置は重要であり、ここにおいて、沖縄は自ら主体的に自己評価を行い、イニシアティブを発揮すべきなのである。そこでわれわれ三人は今回その提言を行ってみた、というものである[17]。

沖縄における歴史意識

次に、この国民国家日本の中にあって、沖縄が強く独自のスタンスを示して見せることができる理由として、その「歴史問題」を挙げ、これを七つの主題——ａ「琉球王国」という独自の前近代国家の形成、ｂ独自の文化の形成、c日本本土からの「差別」、d戦争での拭い難い被害、e「異民族統治」、f日本復帰を求めたこと、g基地負担の面での不公平――に還元して概説している。[18] それぞれの説明の強調点は次のとおりである。

aでは、こうした歴史的経過が「日本本土とは異なる独自の前近代国家を形成した経験を有し、アジア世界の一員として活動した伝統を持っている、という認識」と「段階的な編入過程を通じて最も遅れて日本のメンバーになった者だ、との認識」。この「少なくとも二つの歴史認識」（傍点筆者、以下同）をもたらしたとする。

bでは、aを受けて、沖縄の「この文化的状況」が「「自分たち」（沖縄住民）と「彼らたち《ママ》」（日本本土の住民）を区別し」一線を画す意識、そして「自らの文化伝統に誇りを持ち、その継承について熱心であるべきだという意識」。この「少なくとも二つの意識を住民にもたらした」とする。とはいえ、沖縄文化は日本文化と「ルーツは同じだという意識も存在する」と留保している。

cについては、「近代日本は自らのアジア性を否定し、欧米先進国をモデルとする国家発展を追求したため、沖縄文化はむしろアジア的なもの、程度の低いものと見做《ママ》された」[19]。これにより、沖縄の人々は「自らの伝統文化に対する誇りと自信を失う危機を体験し」「独自の文化を保持するが故にかえって差別された」という経験を有していると措定する。

dについては、「多くの住民が日本軍とアメリカ軍の激しい戦闘に巻き込まれ」ただけでなく、「当時の日本軍が自国民であるはずの沖縄住民に差別的な感情を抱き、弾圧的な態度をとったばかりでなく、彼らを死に追いやる野蛮な行動をとることがあったこと」もあって、「住民のあいだで戦争を憎み、平和を求める意識は根強いものとなった」とする。

eについては、「敗戦の結果」「長期にわたるアメリカ統治のもとに置かれることになったことも人々の歴史意思《ママ》〔意識〕[20]のなかの重要な要素となった。軍事戦略上沖縄が重要であるというアメリカ政府の定義は、住民意思を無視した一方的なものであった」。その後「基地の島」となり「軍事戦略上の「太平洋の要石」となった現実に対し、沖縄の人々は深い疑念を抱いた」とする。

fについては、「自分たちを「アメリカに売り渡した」日本に対し、沖縄の人々はすっかり絶望しきったのではない」「大多数の人々は日本への復帰を希望した。近代七〇年を通じて日本の一員であったという歴史的集積と、それを支える文化的アイデンティティの問題が存在したからである」と説明し、「沖縄の住民は自らの所属すべき国家が日本であることを選択したのである」と強調する。

gでは、「復帰した後」も、「基地の島」は解消されず、日米間ですでに締結されていた「安全保障条約によって再定義され」「この同盟関係にとって根幹的な機能を果たす、と評価された。つまり日米双方の「国益」によって「基地沖縄」はオーソライズされた」わけだが、「「我々は相変わらず公平に扱われていない」、との不満」や「「国益」と住民意思の著しいギャップ」の露呈などにより、日米同盟の運用にはさまざまな問題があるとした。

歴史意識の批判から修正へ

しかしながら彼らは、これまで記したような「さまざまな歴史体験を「問題」として抱える」人々の「地域感情」を尊重しつつも、「私たち三人は」「「歴史」に対して過度の説明責任を求める論理とは、一線を画している」と自らのスタンスを訴える。また「確かに「歴史」は十分に尊重されなければならないが、そのことと現在を生きる者として引き受けるべき責任の問題はひとまず区別しなければならない」。「大事なことは、歴史に支配されたままでいることではなく、現在に生きる者としてその責任と主体に立脚して、歴史および未来にどう向かい合うかである」ともいう[21]。そして、歴史に過度の説明責任を求めず、現在を生きる者としての責任を引き受けるための手続きが次に示される。

まずは〈自己評価の普遍化〉の必要性を主張する。「戦争による被害やそこに基点を置く反戦・平和の思想を主張するとき、我々の被害は日本全体やアジア太平洋地域、世界における戦争被害、あるいは反戦・平和論とどのような関わりを持つのか、そのことを「普遍的な言葉」で語る努力を行うべきである」。「普遍的な言葉とは、自らを主張し相手を説得し得るような合理性、論理性を言葉に与えることであり、その具体的実践として言葉を武器とする対話・交渉・解決、すなわち「言力」を重視することを言う」[22]。

つまり自己評価を普遍化するためには、「『歴史問題』を基盤とする『地域感情』を沖縄だけの問題」とせずに、それを「日本全体」さらに「アジア太平洋地域や世界」のために「普遍的な言葉」で語る必要があり、そのためには「言力」も必要なのであって、このことを自覚せよというわけである。なお、単行本には記されていないが、先の文章の直後に「『普遍的な言葉』『言力』の必要性を、私たちは特に基地問題に関して痛感する」という一文も、新聞紙掲載時にはあった[23]。

次に〈「基地沖縄」の評価〉を行う。まず「国際社会の一員としての日本の安全保障のあり方をどう考えるか」という点については、「私たち三人は、アジア太平洋地域において、ひいては国際社会に対して日米関係が果たす安全保障上の役割を評価する場に立つものであり、この同盟が必要とする限り、沖縄の米軍基地の存在意義を認めている。つまり安全保障の面で沖縄はわが国のなかで最も貢献度の高い地域として存在する、との認識を共有している」と態度を表明し、ついで「戦争を否定し平和な世界を目指すという目標に対して」「それをどのように確実に実現できるか」といった点について、「『絶対的平和』論者とは意見を異にする」とし、「一定の範囲において国際的理解を得ながら軍事力を行使することもまた止むを得ない、との国連憲章の認識」を支持すると言う。その上で「我々は基地の告発者ではなく、安全保障に大きく貢献する地域として、その基地の運用のあり方を生活者の目線で厳しく点検する一方の当事者の役割を果たさなければならない」とする。

最後に、〈ソフト・パワーとしての沖縄〉を訴える。この場合、ソフト・パワーとは「自らの歴史・文化に誇りをもち、マイノリティとして扱われた痛みを具有し、戦争を憎み平和を愛する強い決意を抱き、そしてまた、このような経験を多くの人々にメッセージとして伝えたいとの願望を持つ地域であること、そのことを普遍的に語ること」を指す。そして「東京一極集中的ガバナンスがパワーダウンし、多元的なガバナンスの必要が求められている現在において、沖縄もまた独自のガバナンスを発揮すべき」とし、「その際に重視したいのは、沖縄が「歴史問題」を克服し「二一世紀において新たに構築されるべき日本の国家像の共同事業者となることである」」とする。さらにそのために果たすべき自己責任として、「「基地沖縄」の役割を評価しつつも、同時にその運用を厳しく点検するという役割」と「日本という国家的な枠組を超えて、アジア太平洋地域を視野に入れた独自の役割を発揮すること」つまり「沖縄というソフト・パワーを「戦略化」すること」を挙げる。またこうした認識の手続きを踏んで「来るべき国家像構築のためにむしろ沖縄が自己規定を行う必要がある」のであり、沖縄にとって最も必要な役割は「アジア太平洋地域の将来のあり方を深く検討するための知的インフラの拠点形成」であり「日本とアジア太平洋地域を結ぶ「知的な解決装置」」となることとするのである。[25]

4 マニフェストのコンテクスト

以上が「沖縄イニシアティブ」の概略である。一見して分かるように、沖縄が国民国家「日本」の一部であることを再認識し、日本のなかでの沖縄の役割を確認するために、彼らは彼らがイニシアティブの発揮にとって障害と見なすところの沖縄の「歴史認識」に修正を施そうとしているのである。このマニフェストはさまざまな批判を呼んだが[26]、その矢面に立たされているのが、沖縄を代表する歴史家高良倉吉であり、批判の多くは彼に向けられている。彼はその旺盛な執筆活動により、専門の前近代沖縄（琉球）に関する多くの著作を発表しつづけてきた[27]。史料の発掘による新知見の披露のみならず、沖縄における従来の歴史観に対し実証的な史料批判を通じて異議申し立てを行ってきたのも彼であった。一九九二年の「日本復帰二〇周年事業」の目玉であった首里城の復元に深く関わったのも彼であるし、その翌年のNHKの歴史ドラマ『琉球の風』（陳舜臣原作）を監修したのも彼であった。要するに彼はここ一〇数年間、沖縄の歴史研究の中心人物でありつづけてきたのであり、この間、日本の主要な出版社から沖縄の歴史・文化に関する著作を出版し、沖縄を代表する文化人としての地位を確立してきたのである。

しかしながら、「復帰二〇周年事業」を契機に行政的に県や国との関わりが深まって行った頃から、彼の言説は「保守派」のイデオローグとしての色を帯び始めてきた。たとえば、明らかに大田県政を批判する次の文章からそのことを感じとることができる。「私は沖縄が好きである。この土地で生活し、一定の貢献をなし、人生を終えることに意義を感じている。私はまた、沖縄のなかに含まれる「あの傾向」だけは嫌いである。何がしかの政治的主張を行うとき、沖縄の過去を持ち出し、あるいは沖縄の現実を示して、声高にさけぶ「あの傾向」のことである。（中略）ここ二年余の沖縄の動きを見ていると、「あの傾向」オンパレードといった形勢であり、私は以前にも増して不調和をおぼえた[28]」。さらにはっきりと「たとえば、今年〔筆者注：一九九六年〕七月、最高裁の大法廷で行われた大田昌秀沖縄県知事の意見陳述も、大半の時間を費やして歴史を語り、それを材料に基地重圧の不当性を訴えた」。またこの駐留米軍用地の強制使用にかかる土地調書・物件調書への署名押印（代理署名）拒否に際しての訴訟における「大田知事の主張の根拠になった歴史認識にはかなりの事実誤認が含まれている[29]」と批判してもいる。

彼はまた別の場所で、「沖縄の歴史の研究者は多くの場合、被害者として自己規定してきた研究者が多いが、自分はそれで見えてこないポイントに焦点を当て、沖縄が日本に帰属していることを再定義することを心がけている。また沖縄を如何に「経営」するかにも関心を有している」と自身のスタンスを語ってもいる。[30]そのことを端的に示すのが、「沖縄イニシアティブ」における歴史意識批判の諸点を事前に示すこととなった鼎談本である。[31]

『沖縄の自己検証』と題されたこの鼎談の参加者は、高良のほか、牧野浩隆、真栄城守定であるが、なかでも牧野はこの後一九九八年に稲嶺知事の副知事となる。この本の内容は、大田県政、とくに政府に対して要求した主要な三項目――「基地返還アクションプログラム」、「国際都市形成構想」、「基地緩和等産業振興特別措置に関する要望書」――について、つまり、基地撤去、国際都市形成、規制緩和の三つについて、微に入り細をうがち批判するものである。注目したいのはこの本が出版された時期である。この本は二月に出されるが、この年の一一月には沖縄県知事選挙が控えていた。つまり、自民党の強力な支援を得て次期の知事ポストを狙う稲嶺恵一派のプロパガンダとしての性格を多分に持っていたわけである。かくて知事選では日本有数の広告会社を動員し「県政不況」なるキャッチコピーを喧伝してキャンペーンを繰り広げ、米国大統領選挙まがいの足の引っ張り合いを行い、稲嶺氏は当選した。大田氏側の準備不足、見込み不足はもちろんその敗因の大きなポイントであろうが、沖縄県経営者協会会長として地元の経済界をバックにした資本力の差ということも決して見逃すべきではないだろう。

もちろん、このようなプロパガンダの応酬のみによって、大田氏が敗れたというわけではない。一九九六年九月八日の「日米地位協定の見直し及び基地の整理縮小に関する県民投票」は、投票率五九・五三%で、賛成と反対の比率が一〇対一という結果となり、確かに、基地問題さらに日米同盟に対する沖縄県民の異議申し立ての近年におけるひとつのピークとなったが、これは同時に大田県政のピークでもあった。これを受けて同年九月一〇日に行われた大田知事と橋本首相（当時）の会談では、「首相は基地の整理・統合・縮小や日米地位協定の見直し、沖縄振興に、政府が全力を挙げる姿勢を示し」、会談後「沖縄振興の特別調整費五十億円を早期計上するよう大蔵大臣に指示したことを明らかにした」。これも知事による「公告縦覧代行」への期待からであった。[32] だがその五日後に公告・縦覧代行に応じることを正式に表明した時点から、基地反対派によって、知事は「方針転換」したと批判を受け、下り坂に向かうことになった。これが結果として知事選の際の革新側の動揺を導くことになったのである。さらに普天間飛行場の代替施設である「海上へリポート」の名護市への移設問題にからんで、「建設反対」を表明したため、政府は、これを国策に抵抗するものと捉え、沖縄に対する締め付けを強化し、いったん約束した振興策を凍結するようになる。[33] これによって、自立可能な産業基盤を持たない沖縄では、政治的・経済的な閉塞感が充満していくことになった。これに便乗する形で「保守派」の声が大きくなって行ったわけである。[34]

5 レトリックの位相――「情念」から「論理」へ――

こうした政治・経済的コンテクストは別に、「沖縄イニシアティブ」なる言説のもつ修辞的側面についても検討しなければなるまい。この言説から看取されるのは、戦略的に稲嶺知事の政策を支持するべく、前知事および彼の同僚が進めてきた構想を脱臼させようとする意図であり、それをきわめて地政学的な言いまわしによって表明したものと考えることができる。「一九世紀末における地政学の誕生から」「その今日的な用い方に至るまで、地政学的記述に一貫してみられる歴史的特徴は、地政学が理想主義やイデオロギー、人間の意志に対立するという主張である」とオツァセール＆アグニューは述べる。[35] まさに「沖縄イニシアティブ」に見られるのはそうした傾向である。ある特定の地域を対象としつつも、そこにおける人々の理念や意志を棚上げし、「自然環境や国家の地理的な位置関係がその運命に大きな影響を与えるとする」地政学的論理をもってそれに置き換えようとするその行為は、地政学的実践以外の何ものでもない[36]。「理念」ではなく「現実」を強調するのがその常套手段であるが、このマニフェストの提唱者らは日米安保条約を前提とする国際関係のイメージに囚われ過ぎており、その関係性があくまでも歴史的構築物に過ぎないことを忘れてしまっている。いいかえると、国際関係のなかで日米同盟だけを前提とし、この関係が永久に続くものと考え、その覇権が何らかの形で衰微したり破綻することを考慮の外においているのである。それに国政レベルでの与野党逆転ないしは公共事業の見直しや予算削減といった政策変更の可能性を前提にしているとは思われない。

見てきたように、このマニフェストは、実質的に沖縄の人々に更なる国民統合を呼びかける言説であるが、我々はこの類の言説が別のかたちであらわれていたことをすでに知っている。たとえば一九三〇年代の「郷土教育運動」である[37]。それは、郷土の個性ないしは種別性、特殊性への自覚を称揚したが、そこで表象される郷土は、あくまで日本という国の個性を形作るひとつの部位として見なされるものに過ぎなかった。これを受けて言えば、沖縄のイニシアティブの発揮があくまでも日本国の内部事情を前提とし、日本の一部位としてあることによってはじめて可能になると想定するのがこのマニフェストなのである。海外に向けて、また海外への窓口としての個性発揮を謳いはするものの、結局それは、沖縄がいかに日本の役に立つものであるかをアピールするに過ぎない。発揮されるイニシアティブの実質的な土俵はあくまでも国家内に限定されているのである。日本とアジア太平洋地域を結ぶ「知的な解決装置」の看板をかかげたところで、対ロシア・朝鮮半島・中国への戦略的拠点として「現実に」巨大な米軍基地を抱える沖縄の独自の役割など、どうすれば信頼されるというのだろうか。

沖縄のジャーナリスト新川明はこの「イニシアティブ」は、「日本国による沖縄「統合」の施策」であって、統合の「その仕上げの段階におけるその作業は、物質的な充足を強調する経済的側面からではなく、いかにも学問的で、かつ「知」的な装いをもって呼応することで、より完全な形を整えることが出来る」と危機感を表明している。[38]

これに関連してひとつの事例を紹介しておこう。本章の冒頭で述べたクリントン大統領の演説が行われた「平和の礎」に隣接して、沖縄新平和祈念資料館が立地する。これは大田知事時代の一九九五年に計画され、稲嶺県政になった二〇〇〇年四月に開館したものであるが、その展示の点検の際に監修委員会の決定を覆す「改竄」が発見された。住民に向けられていた日本兵の銃剣をはずし旧日本軍に都合の悪い箇所を削除するなどの変更が、約一〇〇項目にもわたって知事ら県三役の指示で行われたというのである。一九九九年八月にこれが発覚して後、九月の県議会定例議会で集中審議が行われ、「見え消し」と呼ばれる原案の修正・削除に関する資料がすべて提出されるにまでいたったこの騒動は、副知事の謝罪により一応の決着を見た。こうした手口による「歴史の修正」の仕方をみれば、稲嶺県政の政治的方向性、またイニシアティブ派の目論見を理解することは容易い。[39]中央政府や政権政党に気配りの身振りを示すことで、抵抗的との反感を買うのを避けようとしているのである。

「沖縄イニシアティブ」は、確かに良くも悪くも、沖縄の人々の歴史意識の再考を促す上では刺激的なマニフェストであるといえるだろう。そして同時に、沖縄の人々の立場の複数性を他者に認識させる良い機会を提供したということもできる。大田前知事の言説に代表される「被害者的歴史観」[40]は、確かに沖縄の歴史の物語において確固たるヘゲモニーを握っている。そしてそれは、被害者としての立場を前面に押し出すことで、結果的には戦争に主体的に参加したという事実を隠蔽してしまうといった弊害さえ引き起こしてしまうだろう。[41]このようなヘゲモニーを握った「歴史観」は、なかば「公定」化されているものと言うことができよう。「沖縄イニシアティブ」はこの「公定」的な「歴史観」をいまだに突き崩してはいない。

だが、このこととは別の位相で熟考されなければならない問題も存在する。それは、このように公定化された「歴史」の語りとは「ずれ」ていく人々の「記憶」である。[42]生身の人間の「記憶」がそのコンテクストから切り離され集合的な「歴史」の一部となるとき、多くのものが「忘却」される。歴史となった記憶がまた思い起こされるとき、それはもとの記憶であるとは限らない。その忘却されたもの――たとえば加害者としての立場――を、戦争の直接の体験者ではない者がどう取り扱っていくか。これから慎重に検討していかねばならない重い課題といえる。「郷土」もまたひとつの（あるいは複数の）歴史を持つものであれば、その「忘却」された部分――記憶の領野――にも目を向ける必要がある。つまり何を「忘却」することによってそこが「郷土」となったのか、また郷土意識を持つようになったのか、それはたとえば個々の人々の記憶の位相にあるだろうし、またその領域内部における地域的差異であったりするものかもしれない。

いずれにせよ、「被害者的な歴史観」を相対化しつつ、国民として戦争に動員されることによって引き受けた加害者としての立場もまた忘却の深みから浮かび上がらせて精査する義務が、戦争を体験していない者たちに託されている。[43]「沖縄イニシアティブ」の提唱者たちに決定的に欠けているのはまさにこの認識である。彼らは国民国家の形式のみに執着し、その内実の歴史的考証を不問に付している。「被害者的な歴史観」を批判してやまない歴史家の高良が執拗に批判に曝されるのも故なきことではないのである。

6　おわりに

本章では「沖縄イニシアティブ」の提示した問題構成を批判的に検討してみたわけだが、むろん我々は、こうした一連の状況の中から、国民国家内部における「差異をめぐる政治」や歴史意識をめぐる「本質主義の効用」に関わるヘゲモニー争いのレトリックを看取しなければならない。だが、このことは沖縄だけの問題ではないはずである。グローバル化の進展によって却って局所的な地域意識が新たに顕揚されている地域は世界中に存在する。自分たちの地域の立場をいかにより良い状況へと向けていくか。このことは誰しもが追求することなのであり、この点において「沖縄イニシアティブ」を単なるアジテーションやプロパガンダとして切り捨ててしまうことはできない。さらにさまざまな角度から検討を行い、類似する問題を抱える地域との比較を行う必要があるだろう。このような「国」でもなく「市町村やあるいはその中の地区」でもなく、とりあえず「地域」としてしか示されえず、単なる行政領域として括ることもできない中間的な空間範域におけるアイデンティティをめぐる問題については、グローバル化による地政学的な脱／再領域化あるいは同一／差異化の重層的なせめぎあいとその混成的な編成とを注意深く見極めていくことで、そのポジショナリティを明らかにしていくことが大切である。[44]

注

1—本稿は2nd International Conference of Critical Geographers（Taegu, South Korea, 2000）で報告した原稿（Re-mapping the configuration of regional identity in Ryukyu islands）をもとに、加筆したものである。時事性の強い内容であったので、今となってはその後の政局の転換を予想しきれず隔靴掻痒の感を覚えないわけでもない。

2—*Drop The Debt*（*Jubilee 2000 Coalition*）のホームページより（http://www.summitwatch.net 二〇〇〇年七月二四日検索）。

3—このサミットの記録の一部およびコミュニケは、『九州・沖縄サミット首脳会合—沖縄開催記録誌—』沖縄県サミット推進県民会議、二〇〇一年に掲載されている。

4—前掲注2および「沖縄タイムス」（二〇〇〇年七月二二日）の記事より。また英国バーミンガムサミットの費用は六五〇万ポンドで、沖縄サミットは五億ポンドとも報道されている（「沖縄タイムス」二〇〇〇年七月二三日）。

5—「沖縄タイムス」（一九九九年八月二七日）の記事によれば、警察庁、海上保安庁、消防庁は、二〇〇〇年度の概算要求に、沖縄サミット関連経費として総額二九五億円を計上するとある。

6―二〇〇〇年度の大蔵原案では、米軍普天間飛行場移設候補地（名護市）を含む北部地域振興費に百億円が計上された。これはその後一〇年間の振興費（一〇〇〇億円）の初年度分に当たる（「沖縄タイムス」一九九九年一二月二〇日）。

7―その一部は『けーし風』第二七号、二〇〇〇年に掲載されている「沖縄サミットに向けて市民グループが予定しているさまざまな取り組み」（一八頁）や『インパクション』一一九号、二〇〇〇年に掲載されている「サミットに向けた各団体の沖縄現地での取り組み」（八五頁）でうかがうことができる。

8―シアトルでの抗議については、レイモンド、J.「シアトルの闘争―グローバリズムのモンスターと闘う―」『情況』八・九月号、二〇〇〇年、九七―一〇八頁およびチョスドフスキー、M.「シアトルとその向うに―新世界秩序の武装解除―」同上書、一〇九―一二〇頁を参照。地理学の立場からシアトルの出来事に触れたものも若干ながら見られる。最近のものでは、いずれも間接的なものではあるが、Merrifield, A.（2002）: Seattle, Quebec, Genoa : *Après le Déluge*… Henri Lefebvre ?, *Environment and Planning D : Society and Space* 20, pp. 127-134 および Glassman, J.（2001）: From Seattle（and Ubon）to Bangkok : the scales of resistance to corporate globalization, *Environment and Planning D : Society and Space* 19, pp. 513-533. など。

9―この演説は、朝日新聞社編『沖縄報告―サミット前後―』朝日新聞社、二〇〇〇年、に収録されている。

10―「沖縄新世代　見えぬ未来」（「朝日新聞」二〇〇二年一一月一八日）。

11―革新系の推薦で当選した大田昌秀前知事に対し、自民党推薦の稲嶺恵一現知事およびそのブレインを「保守派」と便宜的に括っておく。両者の対抗関係が明らかであるからであるが、あくまでも相対的なものであることに留意されたい。

12―大田昌秀『沖縄の民衆意識』弘文堂新社、一九六七年、同『沖縄のこころ』岩波書店、一九七二年、同『沖縄―平和の礎―』岩波書店、一九九六年、同『新版醜い日本人―日本の沖縄意識―』岩波書店、二〇〇〇年、など参照。

13―代表的なものとして、真栄城守定・牧野浩隆・高良倉吉『沖縄の自己検証―鼎談・「情念」から「論理」へ―』一九九八年、があげられよう。この鼎談については改めて後述する。

14―これらの動きとは、歴史教科書に顕著だった「自虐史観」に対して「自由主義史観」と称して保守的なナショナリズムの再興を喧伝する西尾幹二、藤岡信勝ら「新しい歴史教科書をつくる会」（一九九七年設立）によるキャンペーンのことを指す。また当初は『新ゴーマニズム宣言　戦争論』（幻冬舎、一九九八年）の小林よしのり（漫画家）もこれに参加していた。ただし、こうした運動の展開と「イニシアティブ」派の言説の直接的な思想的結び付きはほとんどないが、歴史観（歴史意識）をめぐる問題系にあえて仮想敵を設けて論難していくやり方、また歴史的構築物であるはずの「国民国家」の枠組を無媒介に前提とする態度には共通性を認めることができる。

15―新崎盛暉『現代日本と沖縄』山川出版社、二〇〇一年、同『沖縄現代史』岩波書店、一九九六年、など参照。

16―当初、二〇〇〇年五月三日から一一日まで「沖縄イニシアチブ・アジア太平洋で沖縄が果たす役割」として「沖縄タイムス」に七回（ほぼ同時期に「琉球新報」でも）連載されたが、二〇〇〇年九月には、この三人によって『沖縄イニシアティブ―沖縄発・知的戦略―』（ひるぎ社）として出版された。
17―括弧内は前掲『沖縄イニシアティブ』三八―四〇頁より引用。
18―前掲、『沖縄イニシアティブ』四〇―四六頁。この節の引用はすべてこの箇所からのもの。
19―文脈から判断すると、「見放された」の誤植と思われる。
20―「沖縄タイムス」（二〇〇〇年五月五日）版では「歴史意識」とある。
21―引用は『沖縄イニシアティブ』四七頁より。
22―前掲、『沖縄イニシアティブ』四八―四九頁。「言力」は word power の訳とされる。
23―「沖縄タイムス」（二〇〇〇年五月八日）。
24―原文に注があり、「ガバナンス」の説明が付されている。それによると「支配・統治・管理を意味する言葉。だが、近年ではこの言葉に含まれる契約性・協同性・自己責任性などの側面を積極的に意義づけ「協治」と訳されることがある」（三八頁）とある。
25―前掲、以上の引用は、『沖縄イニシアティブ』四九―五五頁より。
26―『沖縄イニシアティブ』の出版以前までの批判については、同書一七〇―一七五頁にリストアップされている。
27―たとえば以下のようなものを参照。高良倉吉『琉球の時代』筑摩書房、一九八〇年、同『琉球王国の構造』吉川弘文館、一九八七年、同『琉球王国』岩波書店、一九九三年。
28―高良倉吉『「沖縄」批判序説』ひるぎ社、一九九七年、の「まえがき」。
29―前掲、『「沖縄」批判序説』一一六頁。
30―小渕首相（当時）の委嘱によって設置された「二一世紀日本の構想」懇談会第一分科会「世界に生きる日本」第七回会合（一九九九年七月二八日）での報告（http://www1. kantei. go. jp/jp/21century/990810bunka1-7. html二〇〇〇年六月二三日検索）。
31―前掲注13。
32―沖縄タイムス社編『沖縄から―米軍基地問題ドキュメント―』朝日新聞社、二四七頁。
33―前掲、『沖縄報告―サミット前後―』朝日新聞社、二〇〇〇年、三二八―三二九頁。
34―金子　勝「切り裂かれる沖縄」『世界』八月号、二〇〇〇年、一三九―一四九頁、姜尚中・吉見俊哉「混成化社会への挑戦（六）：さざめく新たな公的空間―沖縄の問い―」『世界』五月号、二〇〇〇年、一六〇―一七五頁。
35―オツァセール、G.、アグニュー、J.「地政学と言説」『空間・社会・地理思想』三、一九九八年、一五六頁（O Tuathail, G. and J.

Agnew（1992）: Geopolitics and discourse, *Political Geography*, 11 pp. 190-204.）

36―同上、一九一頁。

37―本書の各章および、伊藤純郎『郷土教育運動の研究』思文閣出版、一九九八年、などを参照されたい。

38―新川　明「「沖縄イニシアティブ」を読む（上）」「沖縄タイムス」（二〇〇〇年五月一六日）。

39―沖縄新平和祈念資料館の「見え消し」や改竄問題については、安里英子「平和祈念資料館の改竄問題のいま」『インパクション』一一九、二〇〇〇年、五四―六〇頁、同「沖縄県平和祈念資料館問題の背景とゆくえ」『アソシエ』二、二〇〇〇年、一八三―二〇一頁。なお主要な「見え消し」項目については「沖縄タイムス」（一九九九年一〇月八日）紙上に掲載されている。また、石原昌家・大城将保・保坂廣志・松永勝利『争点・沖縄戦の記憶』社会評論社、二〇〇二年、も参照。

40―先の懇談会における高良の報告から。注28参照。

41―こうした事実を指摘し批判することは大変困難な作業である。たとえば「戦後沖縄の反戦平和の虚妄を暴」き「汚れなき沖縄の精神的聖域「ひめゆり伝説」の偽善的平和を暴く」とする吉田　司『ひめゆり忠臣蔵』太田出版、一九九三年は、出版されるや、激しい批判を受け、翌年削除改訂版が出されることとなった。また二〇〇〇年には増補新版が出された。

42―記憶の問題については、近年多くの議論が行われている。たとえば、岡　真理『記憶／物語』岩波書店、二〇〇〇年、参照。

43―この問題に積極的に取り組んでいるのが、小説家目取真俊《めどるましゅん》である。目取真もまた「沖縄イニシアティブ」について舌鋒鋭い批判を行っている。目取真俊『沖縄／草の声・根の意思』世織書房、二〇〇一年にその多くが収録されている。

44―本章のもととなった学会発表の原稿作成時には参考にできなかったが、井上雅道「グローバル化のなかの「沖縄イニシアティブ」論争」『思想』九三三、二〇〇二年、二四六―二六七頁、小熊英二「起源と歴史―戦後五五年と社会の変動―」『ＥＤＧＥ』一一、二〇〇〇年、四〇―五五頁、屋嘉比収「植民地状況、歴史認識、沖縄のアイデンティティ」『ＥＤＧＥ』一一、二〇〇〇年、四〇―五五頁、などは、「沖縄イニシアティブ」批判に関する興味深い論考・講演記録である。

●郷土教育関連年表

（関戸明子・福田珠己作成）

		教育・学術関係の事項		一般事項
明治 五年	一八七二	学制の頒布。	一八七一	廃藩置県
明治一四年	一八八一	小学校教則綱領制定、地理は中等科から課されて実地における観察力の養成が求められる。	一八七九	沖縄県の設置
明治一六年	一八八三	若林虎三郎『地理小学』刊、ペスタロッチの直観教授など新しい方法が取り入れられる。		
明治二三年	一八九〇	教育勅語の発布。小学校令公布、尋常小学校で地理が随意科目になる。	一八八九	市制・町村制施行
明治二四年	一八九一	小学校教則大綱制定、地理において郷土の事物による直観教授の指導法が説かれる。	一八九四〜九五	日清戦争
明治三三年	一九〇〇	小学校令改正、義務教育四年に統一、地理は尋常小学校の科目からはずれて郷土教材に関する事項も除かれる。		
明治三六年	一九〇三	国定教科書制度の成立。棚橋源太郎『尋常小学に於ける実科教授法』刊。	一九〇四〜〇五	日露戦争
明治四〇年	一九〇七	小学校令改正、義務教育六年に延長、地理が必修科目になる。	一九〇八	地方改良運動の推進
明治四三年	一九一〇	柳田國男・小田内通敏らにより郷土会の活動開始。	一九一〇	韓国併合
大正 元年	一九一二	牧口常三郎『教授の統合中心としての郷土科研究』刊。		
大正 二年	一九一三	柳田國男ら『郷土研究』創刊（〜一九三四、途中休刊期間あり）。	一九一四〜一八	第一次世界大戦
		大正期の新教育運動の中で、教育の実際化、郷土化が主張される。	一九一九	史蹟名勝天然紀念物保存法制定
大正一〇年	一九二一	アチック・ミューゼアム創設（昭和一七年「日本常民文化研究所」に改称）。		
大正一一年	一九二二	柳田國男『郷土誌論』刊。『地理教材研究』創刊（〜一九三一）。		
大正一四年	一九二五	『民族』創刊（〜一九二九）。『地理学評論』創刊。	一九二五	治安維持法公布
昭和 二年	一九二七	文部省が全国の小学校に対して「郷土教授に関する調査」を実施。	一九二七	日本新八景の選定
昭和 三年	一九二八	博物館事業促進会（後の日本博物館協会）設立、機関誌『博物館研究』創刊、郷土博物館の意義などが提唱される。『旅と伝説』創刊（〜一九四四）。『農村教育研究』創刊（〜一九三〇）。	一九二九	国宝保存法制定

昭和　五年	一九三〇	尾高豊作・小田内通敏らが郷土教育連盟を設立、月刊誌『郷土』（翌年『郷土科学』に改称、昭和七年『郷土教育』に改称）を創刊。小田内通敏『郷土地理研究』刊。	一九三〇	農村恐慌の深刻化
昭和　六年	一九三一	昭和五〜六年度、文部省が師範学校に郷土研究施設費を交付。師範学校規程の改正、地理科に実地調査を重視する「地方研究」を導入。『工藝』創刊（〜一九五一）。	一九三一	国立公園法制定
昭和　七年	一九三二	文部省が郷土教育講習会を開催。小田内通敏『郷土教育運動』刊。海後宗臣ほか『我国に於ける郷土教育と其施設』刊。棚橋源太郎『郷土博物館』刊。『郷土風景』（翌年『郷土芸術』に改称）創刊（〜一九三五）。	一九三二	満州国成立、農林省に経済更生部設置
昭和　九年	一九三四	柳田國男『民間伝承論』刊。郷土教育連盟『郷土教育』終刊。		
昭和一〇年	一九三五	教学刷新評議会の設置。柳田國男『郷土生活の研究法』刊、柳田國男ら「民間伝承の会」設立。和辻哲郎『風土』刊。	一九三五	国体明徴運動
昭和一一年	一九三六	日本民藝館の開館。	一九三七	日中戦争開始
昭和一三年	一九三八	教育審議会が国民学校案を答申。	一九三八	国家総動員法公布
昭和一四年	一九三九	『民藝』創刊。		
昭和一五年	一九四〇	小田内通敏『日本郷土学』刊。	一九四〇	大政翼賛会の発会、皇紀二六〇〇年記念事業
昭和一六年	一九四一	国民学校令公布、初等科第四学年に「郷土の観察」を課す。	一九四一	太平洋戦争開始
昭和一九年	一九四四	初等科児童の集団疎開の開始。	一九四三	学徒戦時動員体制確立要綱の決定
昭和二〇年	一九四五	ＧＨＱの指令により軍国主義的な教科・教材の削除。	一九四五	第二次世界大戦終結
昭和二二年	一九四七	教育基本法・学校教育法の公布。	一九五〇	文化財保護法制定

（参考文献）文部省編『学制百年史　資料編』帝国地方行政学会、一九七二年
中川浩一『近代地理教育の源流』古今書院、一九七八年
伊藤純郎『郷土教育運動の研究』思文閣出版、一九九八年
小林千枝子編『「農村教育研究」別冊』緑蔭書房、一九九九年
椎名仙卓『日本博物館発達史』雄山閣、一九八八年

雑誌の（〜年）は終刊年を示す

あとがき

ここのところ、教育基本法改正をめぐる議論でにわかに郷土愛や愛国心といった言葉が巷間に流布し始めている。本書はこうした動きに対して、これらの言葉が独り歩きを始めることの危険性に警鐘を鳴らす、いわば批判的な立場をとるものであるが、これが単純な全面否定ではないことを断っておきたい。現にそういう感情を持ち、それに心を動かされたり、それが煽動の道具として遣い回されたりすることについては重々知っているつもりである。本書において欠落しているのは、この特定の空間的範域（実体であれ想像物であれ）に特定の情動が喚起されるその仕組みの考察である。これについては心理学ないしは精神分析学、はては大脳生理学的な領野にも関心を向けていく必要があるだろうが、現時点のわれわれにははなはだ荷の重い課題である。よって、そうした感情が所与のものというよりは、構築されたものであるという点を確認する段階に留まって、その広がりを俯瞰してみたというわけである。郷土をめぐる問題系が地理的想像力と密接に関連している以上、この課題については、少しずつではあっても継続的に取り組んでいく必要があろう。

カバーにカンディンスキーの絵を用いたのも、実はこのことと無縁ではない。一見抽象的な幾何学的な組み合わせのように映る彼の絵は、実は風景を写しているのではないか。印象派の絵のような描き方とはまた別な仕方で風景の構成性というものをむき出しにしているように思われる。きわめて示唆的なこの絵をゆっくり眺めていただきたい。郷土の風景もまた別な眺めとなるやも知れない。

本書成立の経過について少しだけ触れておく。一九九八年岡崎公園の京都会館で人文地理学会の懇親会が行われたが、創立五〇周年記念の大会ということもあって、立食でありながら大変混んでいたことを思い出す。その会場の片隅で、島津俊之さんと本書の執筆者である関戸と談笑していた際、たまたま三人の関心が一致して、「郷土」に関する研究会をやってみようということになった。もとをただせばそれが本書のきっかけである。その後、話がとんとんと進み、翌月神戸元町で第一回の合宿研究会がもたれた。これを機に長野県穂高町、琵琶湖畔、修善寺、有馬、蒲郡と、二〇〇一年六月まで、半年に一度ずつ六回行われることとなった。最初の合宿時には、荒山、福田が加わり五人でスタートした。二回目には、金子、中島を加え、三回目には、石崎、小畠、また神田孝二氏（大阪市大・院）にも発表していただいた。四回目には加藤、五回目には山口、そして社会学者の竹中が加わった。各回この全員が参加したわけではないが、その都度、郷土をめぐる問題系の奥行きや深さを共有できたと思っている。本書はこの六回の研究会と、その際の報告・話題提供をもとに構成されている。また潟山はイングランドでの在外研究、帰国後の学内業務で合宿への参加は叶わなかったが、稿を寄越してくれた。逆に島津さんの寄稿は多忙のため相成らぬ結果となった。かえすがえすも残念である。

この研究会は第三回までは、水内俊雄先生が主催された科研グループ「地政学・植民地主義との関連から見た近代日本の国家形成および地理・空間の思想」（基盤Ⓐ）のサブグループとして活動させていただいた。また、平成一四年度からは山野正彦先生主催の科研グループ「ポストモダンの景観論・空間論」における「文化論的転回」の影響とその評価に関する研究」（基盤Ⓐ）という、様々な知的刺激の場にメンバーの何人かは参加させていただいている。知的刺激という点では空間論研究会の皆さんからも、研究会やその著作で大いに受けさせていただいている。

どうにか出版にこぎつけた。これが偽らざる気持ちである。最初の合宿から四年半近く、また最後の合宿から二年近く経ってしまった。ひとえに研究会の連絡係であった私の仕事の（事務手続きも原稿も）遅さのためである。さっさと原稿を送ってくれたメンバーには大変な迷惑をかけてしまい、申し訳なく思っている。

また、嵯峨野書院編集部の竹内祐子さんには、何度お詫びのメールを送ったか知れない。この本が形になって世に送り出すことができたのは竹内さんの力以外の何ものでもない。ここに記して感謝いたします。

二〇〇三年四月

研究会メンバーを代表して　大城直樹

執筆者紹介（執筆順）

●第１章
関戸明子（1962年愛知県生まれ、群馬大学教育学部助教授）

●第２章
加藤政洋（1972年長野県生まれ、流通科学大学商学部専任講師）

●第３章
小畠邦江（1972年大阪府生まれ、倉敷民藝館学芸員）

●第４章
福田珠己（1965年大阪府生まれ、大阪府立大学総合科学部助教授）

●第５章
荒山正彦（1962年岐阜県生まれ、関西学院大学文学部助教授）

●第６章
金子直樹（1969年神奈川県生まれ、関西学院大学非常勤講師）

●第７章
潟山健一（1964年鹿児島県生まれ、同志社女子大学現代社会学部助教授）

●第８章
石崎尚人（1962年東京都生まれ、駒澤大学高校講師）

●第９章
山口　覚（1971年愛知県生まれ、関西学院大学文学部専任講師）

●第10章
竹中　均（1958年大阪府生まれ、神戸市外国語大学外国語学部助教授）

●第11章
中島弘二（1962年佐賀県生まれ、金沢大学文学部教員）

●第12章
大城直樹（1963年沖縄県生まれ、神戸大学文学部助教授）

郷土―表象と実践―　　《検印省略》

2003年6月30日　第1版第1刷発行

編　者　「郷土」研究会

発行者　中村忠義

発行所　嵯峨野書院

〒615-8045 京都市西京区牛ヶ瀬南ノ口町39　電話(075)391-7686　振替01020-8-40694

共同印刷工業・兼文堂

ISBN4-7823-0383-1